Erik Bosch, Ellen Suykerbuyk
Aufklärung – Die Kunst der Vermittlung

Edition Sozial

Erik Bosch, Ellen Suykerbuyk

Aufklärung –
Die Kunst der Vermittlung

Methodik der sexuellen Aufklärung
für Menschen mit geistiger Behinderung

Übersetzung aus dem Niederländischen
von Regina Humbert

2. Auflage 2007

Juventa Verlag Weinheim und München

Angaben zu den Autoren finden sich am Ende des Bandes.

Titel der Originalausgabe:
Seksuele voorlichting aan mensen met een verstandelijke handicap. De kunst van het verstaan.
© Uitgeverij H. Nelissen B.V., Baarn, 2. Auflage 2000

Eine Veröffentlichung in Kooperation mit der
Bundesvereinigung Lebenshilfe für Menschen mit
geistiger Behinderung e.V.

Bibliografische Information der Deutschen Nationalbibliothek

Die Deutsche Nationalbibliothek verzeichnet diese Publikation in der Deutschen
Nationalbibliografie; detaillierte bibliografische Daten sind im Internet über
http://dnb.d-nb.de abrufbar.

1. Auflage 2006
2. Auflage 2007

© 2006 Juventa Verlag Weinheim und München
Umschlaggestaltung: Atelier Warminski, 63654 Büdingen
Umschlagabbildung: Bruno Grimm, Künstler der Lebenshilfe: „Sex" 2004
Printed in Germany

ISBN 978-3-7799-2064-9

Vorwort

Die Autorin und der Autor haben sich an der Erasmus-Universität in Rotterdam kennen gelernt. Erik hielt dort eine Vorlesung ab, und darauf folgte ein Gespräch über sexuelle Aufklärung für Menschen mit geistiger Behinderung. Ellen war Teilnehmerin in der Gruppe für die grundlegende sexuelle Aufklärung. Im Gespräch zwischen uns beiden klickte es plötzlich. Wir erkannten, dass zwar sexuelles Aufklärungsmaterial vorhanden ist, auch speziell für Menschen mit geistiger Behinderung, aber wir vermissten ein Buch, das sich mit der Beantwortung der Frage beschäftigte: „Wie kann ich sexuelle Aufklärung in Bezug auf einen einzelnen, ganz spezifischen Menschen gestalten?" Unseres Erachtens besteht nämlich die Kunst darin, die Geschichte eines Klienten gut zu verstehen, diesen einen Menschen mit seinen vielen persönlichen Gegebenheiten zu sehen, damit angemessene, auf diese Person zugeschnittene sexuelle Aufklärung möglich wird. Das ist die Entstehungsgeschichte dieses Buchs.

Aus unseren Praxiserfahrungen heraus mussten wir leider feststellen, dass für viele Menschen mit geistiger Behinderung quasi sexueller Notstand besteht und umgekehrt bei Begleitern und Eltern und anderen Verwandten Handlungsverlegenheit. Glücklicherweise wussten wir aber auch, dass man mit adäquater, methodisch vermittelter sexueller Aufklärung vielen Fragen von Menschen mit geistiger Behinderung gerecht werden kann. Das verlangt eine offene Haltung, eine klare Sicht auf Sexualität und präzise Kenntnis des Menschen, um den es schließlich geht.

Dieses Buch unterscheidet sich von dem Titel „Sexualität und Beziehungen von Menschen mit geistiger Behinderung" (Bosch 1995). Beide Bücher brauchen einander, sie verweisen aufeinander. In „Sexualität und Beziehungen" widmen wir uns Vorstellungen von Sexualität und Beziehungen im Leben von Menschen mit einer geistigen Behinderung. Das Buch geht auch auf Normen und Werte ein, die eigenen und die von Kollegen, auf Grenzen, auf Selbsterkenntnis. Dieses Buch geht aber immer davon aus, dass der Beziehung etwas vorangegangen ist, denn es ist immer nötig, eine diskutierte, geteilte Sicht auf Sexualität und Beziehungen von Menschen mit geistiger Behinderung zu haben, um angemessen sexuelle Aufklärung geben zu können. Gibt es diesen gemeinsamen Blick (noch) nicht, dann empfiehlt es sich, erst gemeinsam daran zu arbeiten. Schließlich ist jeder Klient, jede Klientin davon abhängig.

Dieses vorliegende Buch richtet sich an Betreuer und Assistenten in der Behindertenhilfe, an Eltern und Verwandte von Menschen mit geistiger Behinderung und an Studierende der Heil- und Sonderpädagogik.

Der Inhalt dieses Buchs wird sehr deutlich, wir verhüllen nichts. Wir bezwecken damit keine Konfrontation, der Gegenstand bringt das aber mit sich. Eine Klientin oder ein Klient hat nämlich das Recht darauf, zu wissen, was – zum Beispiel – klitorale Stimulation ist oder die Funktion des Vorspiels. Wissen ist Macht, es führt zu Wahlmöglichkeiten, zu mehr Regie über das eigene Leben. Darüber hinaus: Sie können gar nicht konkret genug sein, wenn es um sexuelle Aufklärung geht, das gilt in jedem Falle so bei Menschen mit geistiger Behinderung angesichts ihres geringeren Abstraktionsniveaus. Visualisierung und Konkretisierung können folglich bei ihnen gar nicht weit genug gehen.

Wir haben mit großem Vergnügen fast ein Jahr am Zustandekommen dieses Buchs gearbeitet. Wir hoffen und gehen davon aus, dass wir unseren Leserinnen und Lesern mit diesem Buch brauchbare (methodische) Anhaltspunkte zum Erteilen sexueller Aufklärung anbieten können. Dabei lautet unser Ziel: Jeder Mensch kann – auf seine oder ihre eigene Art und Weise – sich selbst genießen, andere und die Beziehung, die man miteinander hat, genießen. Angemessene sexuelle Aufklärung kann dazu einen wichtigen Beitrag leisten.

Viel Vergnügen beim Aufklären!

Ellen Suykerbuyk, Arnhem
Erik Bosch, Wierden
Im Dezember 1999

Inhalt

1. Einleitung: Sexualität, ein sensibles Thema 11

2. Auf der Suche nach dem Klienten, dem Individuum –
   einige Kategorien..17
   2.1 Einleitung...17
   2.2 Die geistige Entwicklung.......................................18
       2.2.1 Menschen mit einer leichten geistigen Behinderung 18
       2.2.2 Menschen mit einer mäßigen geistigen Behinderung 22
       2.2.3 Menschen mit schwerer geistiger Behinderung 25
       2.2.4 Menschen mit sehr schwerer geistiger Behinderung..........27
   2.3 Einige Anmerkungen über „das Soziale" und „das Emotionale" ..28
   2.4 Das emotionale Niveau..29
       2.4.1 Einleitung..29
       2.4.2 Die ersten Phasen nach der Theorie Erik Eriksons 31
   2.5 Das soziale Niveau...38
       2.5.1 Einleitung..38
       2.5.2 Die soziale Entwicklung von der Geburt
             bis zu einem Jahr..38
       2.5.3 Die soziale Entwicklung vom ersten bis
             zum dritten Jahr...39
       2.5.4 Die soziale Entwicklung vom dritten bis
             zum fünften Jahr...39
       2.5.5 Wenn die soziale Entwicklung scheinbar
             höher ist als die emotionale.............................39
   2.6 Diskrepanzen der Persönlichkeitsstruktur.......................40
       2.6.1 Einleitung..40
       2.6.2 Ein Beispiel: Albert......................................40
   2.7 Die Erziehungs- und Entwicklungsgeschichte....................42
       2.7.1 Einleitung..42
       2.7.2 Karl 43
       2.7.3 Alexander 43
       2.7.4 Marian 44
       2.7.5 Josefine 45

3. Sexuelle Aufklärung für Menschen mit geistiger Behinderung............47
   3.1 Einleitung...47
   3.2 Wozu sexuelle Aufklärung?......................................47
       3.2.1 Sexuelle Aufklärung zur Verwirklichung einer Vision.......47
       3.2.2 Sexuelle Aufklärung zur Förderung der Emanzipation
             der Klienten...48
   3.3 Einige konkrete Ziele sexueller Aufklärung 49
       3.3.1 Information...49

3.3.2 Stärkung der Selbstbehauptung 51
3.3.3 Verbesserung eines positiven Selbstbilds 51
3.3.4 Beziehungen knüpfen und unterhalten 52
3.3.5 Der Umgang mit Normen und Werten 52
3.3.6 Pfleglich mit dem eigenen und dem Körper
      anderer umgehen 53
3.3.7 Prävention 53
3.3.8 Sexuellem Missbrauch vorbeugen 54
3.3.9 Raum für Vielfalt 54
3.3.10 Ängste und Tabus abbauen 55
3.4 Im hermeneutischen Kreis 55
    3.4.1 Einleitung 55
    3.4.2 Das narrative Menschenbild 56
    3.4.3 Die Methode des hermeneutischen Kreises
          als Hilfsmittel 56
    3.4.4 Das Ziel der Methode des hermeneutischen Kreises...........57
    3.4.5 Der hermeneutische Kreis 57
    3.4.6 Unsere Methodik des hermeneutischen Kreises.................59
3.5 Sexuelle Aufklärung in der Praxis 59
    3.5.1 Einleitung 59
    3.5.2 Das Körperbild 60
    3.5.3 Normen und Werte 83
    3.5.4 Beziehungen 106
    3.5.5 Selbstbehauptung 148

4. Einige spezielle Kapitel bezüglich Sexualität und
   Beziehungsformen von Menschen mit geistiger Behinderung 165
   4.1 Einleitung...165
   4.2 Geistige Behinderung, Sexualität und Autismus 165
       4.2.1 Einige Merkmale autistischen Verhaltens........................165
       4.2.2 Der Kontakt, die Sprache und das auffällige
             Verhalten autistischer Menschen verlangen
             eine besondere Ausrichtung sexueller Aufklärung 167
       4.2.3 Geistig behindert, autistisch und in einer Beziehung........169
   4.3 Sexueller Missbrauch..170
       4.3.1 Einleitung 170
       4.3.2 Das ideale Opfer...171
       4.3.3 Definition sexuellen Missbrauchs 171
       4.3.4 Die Grauzone 172
       4.3.5 Bewusst und verantwortlich mit Grenzen umgehen..........173
       4.3.6 Sexuellen Missbrauch erkennen und ihm zuvor-
             kommen durch Kenntnis vom eigenen Körper,
             von Normen und Werten; damit und mit Beziehungen
             angemessen umgehen und sich selbst behaupten..............173
       4.3.7 Hinweise erkennen...174

4.4 Homosexualität 174

    4.4.1 Einleitung 174

    4.4.2 Akzeptanzprobleme und Identitätsprobleme 175

    4.4.3 Homosexualität in Einrichtungen 175

    4.4.4 Die Bedeutung offener, konkreter und
            ausdrücklicher Aufklärung 175

    4.4.5 Kondome mit Geschmack: Die große Bedeutung
            des Kondomgebrauchs 177

4.5 Kinderwunsch 178

    4.5.1 Erfahrungen 178

    4.5.2 Der Betreuer nimmt Papa an die Hand 178

    4.5.3 Aufklärung im Hinblick auf Kinderwunsch 180

4.6 Pädophilie, Exhibitionismus und Fetischismus 181

    4.6.1 Pädophilie 181

    4.6.2 Exhibitionismus 184

    4.6.3 Fetischismus 186

4.7 Sexsucht 186

5. Das Profil derjenigen, die sexuelle Aufklärung geben 189

Literatur 191

Sexualität und Partnerschaft – eine Literaturauswahl ab 2001 193

Die Autoren 195

9

1. Einleitung: Sexualität, ein sensibles Thema

Samstagabend.

Jana und Kurt sitzen auf dem Sofa und schauen interessiert einen spannenden Film an. Am Mittag schon hatte Kurt seiner Fantasie freien Lauf gelassen: „Ich habe Lust, heute Abend mal wieder mit Jana ins Bett zu gehen. Dafür schaffe ich erst eine kuschelige Atmosphäre. Gardinen zu, Kerzen an, gemütlich miteinander aufs Sofa. Ja, eine intime Atmosphäre, das kommt bei Jana gut an ..." Er denkt daran, wie sie manchmal beieinander liegen, wie sie einander festhalten, wo und wie sie sich berühren, wie aufregend, spannend und entspannend das alles ist. Den Kopf voller sexueller Erwartungen startet Kurt in den Abend.

Jana hat Wein eingeschenkt. Der Kamin brennt. Kurt legt einen Arm um Janas Schulter. Er bemerkt, dass sie darauf positiv reagiert. Seine Hand wandert herunter zu einer ihrer Brüste und umfasst sie. Jana schiebt die Hand weg. Nach kurzem Schweigen erkundigt sich Kurt interessiert nach Janas Arbeit. „Sind die Probleme gelöst? Kommst du klar?" Jana fängt an, enthusiastisch zu erzählen. Kurt bemerkt den Stimmungswandel; die Aufmerksamkeit, das schöne Gespräch – Kurt genießt das auch – tut ihr offensichtlich gut. Eine erfreuliche Entwicklung, bemerkt er. Er reagiert darauf mit weiteren Annäherungsversuchen.

Ein intimes Spiel beginnt. Kurt passt sein Verhalten an Janas Reaktionen an. In der entspannten Atmosphäre wird Jana empfänglicher, und Grenzen weichen auf. Sie erlebt stärkere Intimität, hat das Gefühl, die Dinge mit Kurt zu teilen.

Ein sensibles Spiel. Kurt kann immer noch abgewiesen werden. Das könnte ihn verunsichern. Kurt und Jana verstehen einander manchmal nicht. Manchmal findet Jana die gemeinsame Intimität eigentlich ausreichend. Sie möchte den zunehmenden intimen Austausch zwischen ihr selbst und Kurt lieber anhalten, aber Kurt kann das nicht mehr ... Er ist ziemlich leidenschaftlich, sexuell aufgedreht und drängend. Jana erkennt das. Sie zweifelt. Sie findet Kurt anziehend, möchte ihn auch anziehen, aber momentan ist ihre Grenze erreicht, sie will Abstand.

In diesem Augenblick werden Kurts Einfühlungsvermögen gegenüber seiner Partnerin und die Beherrschung seiner Triebe hart auf die Probe gestellt ...

Was für ein sensibles Gebiet! Was kann nicht alles schief gehen in diesem Spiel zweier Menschen, Menschen ohne geistige Behinderung ...

– Es ist klug, das eigene Handeln zu reflektieren und zu begreifen, welchen Effekt Ihr Handeln auf das Wohlbefinden des Anderen hat, was es beim Anderen bewirkt.
– Klug ist auch, die eigenen Triebe einigermaßen zu beherrschen.
– Es ist gut, wenn Sie angemessen mit widersprüchlichen (intimen, sexuellen) Wünschen und Erwartungen, seien sie ausgesprochen oder auch nicht, umgehen können.
– Es ist auch gut, wenn sie empathisch sind, wenn Sie sich gut in die Erlebenswelt Ihres Partners hineinversetzen können.
– Es ist auch klug ...

In Beziehungen, in gemeinsamer Intimität, im Austausch von Botschaften, spielt Kommunikation eine wichtige Rolle.

Jana und Kurt sind Menschen ohne geistige Behinderung. Schon in Bezug auf sie und uns wäre die nötige Strategie für einen guten Umgang miteinander ganz schwer zu bestimmen. Wie liegen die Dinge dann bei Menschen mit einer geistigen Behinderung?

Nehmen wir zum Beispiel Jan und Marian, beide so um die vierzig. Sie sind Menschen mit einer mittelschweren geistigen Behinderung. Tatsächlich betrachten sie die Welt mit dem Blick etwa fünfjähriger Kinder. Zumindest sofern wir die Möglichkeiten ihres Verstandes betrachten. Denn körperlich gesehen sind sie ganz normal 41 und 43 Jahre alt. Es hapert nicht an ihren körperlichen Möglichkeiten, unabhängig von der Tatsache, dass sie davon wenig Ahnung haben.

Seit kurzem wohnen Jan und Marian zusammen, „gemeindenah" in der Sprache der Einrichtungen. Das hat ihre Lebensumstände enorm verändert. Bis vor kurzem hatten sie in einer Gruppe von neun Menschen in einer Wohnstätte gewohnt, und diese Menschen hatten sie nicht ausgewählt. Nun aber wohnen sie auf eigenen Wunsch zusammen.

Jan hat regelmäßig eine Erektion. Er verhält sich häufig unruhig. Jan und Marian schlafen miteinander, „schön bumsen" sagen sie. Sie machen es immer auf dieselbe Art und Weise, nämlich so, wie sie es zufällig in einem Pornofilm gesehen haben. Ziemlich unbeholfen drängt Jan Marian dann auf das Bett. Weil es irgendwie selbstverständlich zu sein scheint (die Macht der Selbstverständlichkeit), macht Marian dabei mit. Es gehört sich doch so? Jan fragt nie nach ihren Bedürfnissen – auf den Gedanken ist er noch nie gekommen. Marian spricht nicht darüber. Kennt sie überhaupt ihre Bedürfnisse? Weiß sie, was möglich ist, was man darf, was schön ist oder schön sein könnte? Ebenso wenig benennt sie ihre

Grenzen. Hat man jemals mit ihr darüber gesprochen? Hatte sie je die Möglichkeit bekommen, ihre Grenzen kennen zu lernen?

Immer öfter will Jan „schön bumsen". Das war doch mal schön, aber Marian fängt an, es immer weniger schön zu finden. Sie entwickelt körperliche Beschwerden: Weil es kein Vorspiel gibt, hat ihre Vagina zu wenig Zeit, feucht zu werden und wird irritiert. Sie reagiert vaginistisch, also entzündlich, und ihre Beckenbodenmuskeln verkrampfen.

Jan ist ziemlich körperlich eingestellt (Timmers-Huigens 1995) und geht bei dieser Interaktion nach festen Verhaltensmustern vor. Schließlich lässt sich sein Penis nicht mehr in Marians Vagina einführen. Er sucht daraufhin sein Glück bei einer anderen Klientin, die von der selben Einrichtung versorgt wird. Jan und Marian hatten nie sexuelle Aufklärung.

Was für ein sensibler Bereich! Auch im Fall von Jan und Marian sehen wir die Bedeutung von Reflexion, Beherrschung der Triebe, vom Umgang mit widerstreitenden (sexuellen) Bedürfnissen und Erwartungen, Empathie und Kommunikation. Dieses Praxisbeispiel, eines von vielen, die in diesem Buch genannt werden sollen, zeigt uns, wie abhängig Menschen mit einer geistigen Behinderung von ihren Eltern und anderen Betreuern sind oder sein können, in diesem Falle auf dem Gebiet der Sexualität und der Beziehungsbildung. Genauer gesagt: *Menschen mit einer geistigen Behinderung sind enorm abhängig von sexueller Bildung!*

Betrachten wir Jan und Marian: Es ist wichtig, diese Menschen zu kennen. Wer sind diese Personen? Wie gehen sie mit der Welt um? Aus unserer Praxiserfahrung im Umgang mit Menschen mit geistiger Behinderung wissen wir, wie sinnvoll und notwendig es sein kann, unter anderem das geistige, emotionale und soziale Niveau des Funktionierens eines Menschen zu kennen. Diese Kenntnis ist nötig, um angemessene sexuelle Aufklärung geben zu können.

Wir sagten eben bewusst: *unter anderem.* Denn wir möchten einen Menschen nicht auf sein soziales und emotionales Niveau reduzieren. Doch sind dies wichtige Hilfsmittel. Jemandem gerecht werden, auch auf sexuellem Gebiet, erfordert unseres Erachtens ein ganzheitliches Menschenbild. In diesem Buch interessieren wir uns folglich für jeden einzelnen einzigartigen Menschen in seinem spezifischen (und historischen) Kontext. Wir alle sind geworden, was wir heute sind. Unsere einzigartige Erziehungs- und Entwicklungsgeschichte trägt dazu bei, *auf welche Weise jemand Kontakte knüpft, sich binden kann, Intimität und Sexualität erlebt.* Diese Phänomene sind auch von großem Einfluss auf die Art und Weise, wie jemand das Spiel von Nähe und Distanz spielt, und auf die Art, wie Grenzen benannt und erlebt werden.

Wie klären Sie eine bestimmte Person mit geistiger Behinderung in der Praxis auf?

Und wo beginnen Sie? Welche Worte gebrauchen Sie, welche Materialien, welche Hilfsmittel? Das ist natürlich stark von der Antwort auf die Frage abhängig, wie dieser eine individuelle Mensch ist und warum er sich in der gegebenen Weise verhält. In diesem Buch werden wir klare Analysen von Individuen vornehmen – jede Person in ihrem einzigartigen Kontext – die unserer Begleitung anvertraut sind. Darin unterscheidet dieses Buch sich von anderen, sehr hilfreichen Aufklärungsmethoden.

Danach werden wir eine Reihe von Methodiken nennen, mit deren Hilfe ein Klient oder eine Klientin im Hinblick auf sein bzw. ihr Erleben von Sexualität und Beziehung besser verstanden werden kann. Dadurch wollen wir ermöglichen, (noch) besser und kreativer mit Aufklärungsmaterial umzugehen, nämlich speziell abgestimmt auf die (Un-)Möglichkeiten des einen, einzigartigen Menschen.

- *Der Inhalt* dieses Buchs legt den Fokus auf den einzelnen Menschen. Wir versetzen uns immer wieder aktiv in dessen Erlebenswelt auf sexuellem Gebiet und trachten danach, ihn oder sie besser zu ergründen.
- *Die Methode* dieses Buchs beschreitet zweierlei Wege. Einerseits gehen wir methodisch auf die Suche nach dem Hilfebedarf des Klienten. Andererseits versuchen wir, vorhandene Aufklärungsmaterialien kreativ zu verwenden. Wir sind stolz darauf, in diesem Buch die Methodik des hermeneutischen Kreises (wieder) einzuführen (siehe Kapitel 3.4.3 bis 3.4.5). Dies ist ein Hilfsmittel, mit dem der individuelle Mensch besser verstanden werden kann, um ihm oder ihr angemessene sexuelle Aufklärung zu garantieren.

In Kapitel 2 gehen wir aus verschiedenen Blickrichtungen (unterschiedliche Hilfsmittel) auf die Suche nach unserem Klienten: dem einzigartigen Menschen. Als ersten Schritt haben wir die Blickrichtung auf die geistige Entwicklung gewählt. Der Grad der geistigen Einschränkung beeinflusst das Wissen und das Erleben der infrage stehenden Person. Darüber hinaus wird sie die Art und Weise der Unterstützung beeinflussen, die in der sexuellen Aufklärung angeboten werden muss.

In Kapitel 2.3 stellen wir Überlegungen über das Soziale und das Emotionale an. Anschließend gehen wir auf die emotionale und soziale Entwicklung ein (Kapitel 2.4 und 2.5). Danach werden Diskrepanzen, Widersprüche zwischen dem Geistigen und dem Sozial-emotionalen angesprochen (Kapitel 2.6). Auch die Kenntnis von Erziehung und Entwicklungsgeschichte des einen Menschen kommt in Kapitel 2 an die Reihe (Kapitel 2.7). Es wird sich zeigen, dass diese verschiedenen Herangehensweisen ein individuelleres Verständnis bewirken.

In Kapitel 3 befassen wir uns ausführlich mit der ganz konkreten sexuellen Aufklärung für Menschen mit geistiger Behinderung. Dabei vermengen sich die drei Stränge der geistigen Entwicklung, eines Themas und der hermeneutische Kreis:

- Der Einfachheit halber unterscheiden wir Menschen mit einfacher, mittelgradiger, schwerer und sehr schwerer geistiger Behinderung;
- wir befassen uns mit vier Themen: Körperbild, Normen und Werte, Beziehungsgestaltung und Selbstbehauptung;
- wir führen den hermeneutischen Kreis wieder ein, eine Methodik, um klarer auf ein Individuum und dessen individuellen Kontext schauen zu können.

Spezielle Themen bezüglich Sexualität und Beziehung von Menschen mit einer geistigen Behinderung kommen in Kapitel 4 an die Reihe. Da behandeln wir Fragen geistiger Behinderung, Autismus und Sexualität, sexueller Missbrauch, Homosexualität, Kinderwunsch vieler Menschen mit geistiger Behinderung, Pädophilie, Exhibitionismus, Fetischismus und die Sucht nach Sex. Dies alles wird in Kürze behandelt. Es geht aber um Themen, zu denen viele Fragen an uns gerichtet werden. Im Zentrum dieses Buchs steht die sexuelle Aufklärung (Kapitel 3). In einer späteren Publikation werden wir ausführlicher auf die Themen des Kapitels 4 eingehen.

Kapitel 5 zeichnet das Profil eines idealen Aufklärers.

Das Buch schließt mit Informationen über die Autorin und den Autor und mit einer Literaturliste. (Für die deutsche Ausgabe wird auch eine Literaturliste beigefügt, die allerdings nicht Grundlage der hier vorliegenden Arbeit ist.)

Wir hoffen, dass viele Menschen, die Personen mit einer geistigen Behinderung begleiten, z. B. Eltern und andere Verwandte, Begleiter, Menschen in Bildungseinrichtungen, Nutzen aus diesem Buch ziehen können. Wir hoffen, dass dieses Buch über sexuelle Aufklärung eine Unterstützung in dem Sinne ist, dass es einen Beitrag liefert, die bereichernden Gefühle von Sexualität und Intimität zu erleben. Ein wichtiger Beitrag zur Lebensqualität, selbstverständlich auch im Leben von Menschen mit einer geistigen Behinderung!

2. Auf der Suche nach dem Klienten, dem Individuum – einige Kategorien

2.1 Einleitung

In diesem Kapitel wollen wir einige Kategorisierungen als Aufhänger benutzen, von denen aus wir jeden individuellen Menschen besser verstehen können. Wir sind uns dessen bewusst, dass wir mit solchen Ansätzen Menschen gewissermaßen nach Schubladen einteilen und ziemlich stereotyp vorgehen; diese Ansätze sind aber als Hilfsmittel zu verstehen. Es wird damit bezweckt, den möglichen Hilfebedarf eines einzelnen Menschen im Bereich der Sexualität in dessen einzigartigem Kontext zu verdeutlichen.

Selbstverständlich ist ein Mensch mehr als sein Verstand, mehr als seine Emotionen oder seine mehr oder weniger gut funktionierenden Abwehrmechanismen, mehr als die Kenntnis seines Körperbildes. Aber die Kenntnis dieser Dinge bewirkt ein besseres Verständnis von dieser eigenartigen Person. Darüber hinaus wird sich zeigen, dass die genannten Kategorien zwar voneinander unterschieden werden müssen, aber nicht zu trennen sind: Sie wirken unauflöslich aufeinander ein. Wir werden uns deswegen in einem besonderen Kapitel mit den Diskrepanzen zwischen den genannten Kategorien befassen.

In Kapitel 2.2 gehen wir auf die geistige Entwicklung ein. Kapitel 2.3 befasst sich mit dem Sozialen und dem Emotionalen. Kapitel 2.4 geht auf die emotionale Entwicklung ein. Dabei kommt die Theorie von Erik Erikson zum Einsatz. In Kapitel 2.5 ist die soziale Entwicklung an der Reihe. Im Abschnitt 2.6 zeigen wir Beispiele darüber, wie widersprüchlich ein Klient oder eine Klientin sich als Persönlichkeit fühlen kann. Es stehen die geistige, die soziale und die emotionale Entwicklung oft in einem Spannungsfeld zueinander, so dass wir als Begleiter häufig in die Lage geraten, einen Klienten zu überfordern oder zu überschätzen.

Es ist sonnenklar, dass unsere Erziehungs- und Entwicklungsgeschichte von großem Einfluss auf unser Wohlbefinden ist. Wir alle sind geworden, was wir sind. Gleichermaßen trägt die Kenntnis dieser Geschichte zu einem klaren Blick auf den Menschen, der unserer Betreuung anvertraut ist, bei. Sexuelle Bedürfnisse kommen dann klarer ins Rampenlicht. Wir gehen ein auf Fragen der Sozialisierung, auf Normen und Werte, auf Tabus und befassen uns mit der Frage, ob die betreffende Person eine sexuelle Aufklärung bekommen hat (Kapitel 2.7).

Nacheinander behandeln wir also:

- Die geistige Entwicklung,
- die emotionale Entwicklung,
- die soziale Entwicklung,
- Diskrepanzen auf diesen Gebieten,
- die Erziehungs- und Entwicklungsgeschichte.

2.2 Die geistige Entwicklung

Man kann den Grad einer geistigen Behinderung in Verbindung zu einem bestimmten Entwicklungsalter der „normal verlaufenden Entwicklung" sehen. Wir beziehen uns auf van Keersop und van de Kerkhof (1994, Seite 10) und deren Einteilung. Diese sieht folgendermaßen aus:

- 1. Menschen mit einer leichten geistigen Behinderung:
  IQ (Intelligenzquotient): 55–70, Entwicklungsalter 8 bis 12 Jahre
- 2. Menschen mit einer mittelschweren geistigen Behinderung:
  IQ 40–55, Entwicklungsalter 5,5 bis 8 Jahre
- 3. Menschen mit einer schweren geistigen Behinderung:
  IQ 20–40, Entwicklungsalter 3 bis 3,5 Jahre
- 4. Menschen mit einer sehr schweren geistigen Behinderung:
  IQ 0–20, Entwicklungsalter 0 bis 3 Jahre.

„Wir verwenden die Begriffe Intelligenzquotient und Entwicklungsalter als Hilfsmittel, nicht mehr und nicht weniger, als eine Methode, um jemanden besser einschätzen zu können. Genauer gesagt als eine Möglichkeit, diesen individuellen Menschen besser verstehen zu können. Wenn ich weiß, auf welchem Niveau ich einen bestimmten Menschen mit einer geistigen Behinderung ungefähr einschätzen kann, gelingt es mir bestimmt besser, mich an seine Stelle zu versetzen und die Welt mit seinen Augen zu sehen. Das vergrößert mein Akzeptanzvermögen und folglich die Chance, ihn auf eine Weise zu begleiten und ihm entgegenzutreten, die seiner Erlebenswelt und seinen Möglichkeiten entspricht" (Bosch 1996, S. 33 f.).

2.2.1 Menschen mit einer leichten geistigen Behinderung

> Menschen mit einer leichten geistigen Behinderung haben einen IQ von ungefähr 55 bis 70 und infolgedessen ein Entwicklungsalter von acht bis zwölf Jahren. Im Hinblick auf den Verstand betrachten sie folglich die Welt mit den Augen eines Kindes von acht bis zwölf Jahren. Ihr logisches Denkvermögen ist an konkrete Vorstellungen gekoppelt.

Kinder dieses Entwicklungsalters „haben schon ein reiches Fantasieleben (Fantasien über das Verliebtsein)" (Rutgers Stichting 1996). Es gibt bereits

„einige Neugier nach Fakten über Sexualität ..." Kinder dieser Altersphase finden es interessant, was man über den Sex der Erwachsenen herausbekommen kann (wie sie aussehen, was sie tun). Erwachsene mit leichter geistiger Behinderung zeigen ebenso solches Wissen und solche Neugier, wobei sie darüber hinaus über eine größere Lebenserfahrung sowie einen auf sexuellem Gebiet erwachsen reagierenden Körper verfügen.

Gert ist ein Mann mit leichter geistiger Behinderung. Er wohnt allein in einer Wohnung. Gert guckt sich regelmäßig Pornofilme an, die er bei der örtlichen Videothek ausleiht. Gert formt sich ein Bild von Sexualität. Er fantasiert über Frauen. Gert möchte gerne eine Prostituierte besuchen. Kai, sein Begleiter, fragt sich, welches Frauenbild Gert hat. Er versucht zu erklären, dass die Bilder, die Gert sieht, nicht direkt mit der Wirklichkeit übereinstimmen, dass Wirklichkeit und Fiktion in einem spannungsgeladenen Verhältnis zueinander stehen. Gert versteht Kai und passt seine Vorstellungen dem an. Verstandesmäßig ist Gert in der Lage, Kais Erklärungen und Instruktionen zu folgen. Kai klärt Gert sexuell auf. Bei dieser Aufklärung wird unter anderem über den Unterschied zwischen Freundschaft und fester Beziehung gesprochen, über Normen und Wertvorstellungen, über Safer Sex, Homosexualität und Heterosexualität, Masturbation usw.

Dann hat sich Gert verliebt. Er spricht darüber mit Kai. Kai ist froh, dass er in der Lage ist, Gert etwas über dessen eigene und die Sexualität anderer und über die eigene Sexualität im Zusammensein mit einem anderen Menschen beizubringen.

Es überrascht Kai, dass Gert noch nie einen Orgasmus hatte. Die beiden bleiben darüber miteinander im Gespräch. Kai bemerkt, dass Gerts emotionale Entwicklung einem möglichen Orgasmus im Wege steht. – In Kapitel 2.4, in dem es um emotionale Entwicklung geht, kommen wir hierauf zurück.

Dieses Kapitel behandelt Fragen des Verstands, des Abstraktionsvermögens eines Menschen. Verstandesmäßig gesehen, kann man mit Gert über solche Dinge sprechen. Er fand zum Beispiel die Tatsache erstaunlich, dass es Männer gibt, die andere Männer schön finden und sie lieben. Gemäß Gerts Auffassungsvermögen konnte man ihm dies gut erklären. Er fand diese Sache mit den Männern allerdings ziemlich seltsam. Aber Kai sagte, dass Menschen recht unterschiedlich sind. „Zum Glück", sagte er noch. Darüber muss Gert noch oft nachdenken.

Auch der 54-jährige Karl hat eine leichte geistige Behinderung. Nachts hat er regelmäßig einen Samenerguss und versteht nicht, was ihm da passiert. Er schämt sich, dass er ins Bett gepinkelt hat. Aber er hat darüber noch nie mit irgendjemandem gesprochen. Eines Abends wird über sexuelle Aufklärung geredet und unter anderem das Thema Masturbation und Samenerguss besprochen. Die Pädagogin erklärt – wobei sie sehr konkretes Material verwendet –, dass spontane Samenergüsse regelmäßig vorkommen, wenn jemand nicht masturbiert. „Und das ist ganz normal", sagt sie. Karl ist verblüfft. Und erleichtert.

Karl hat sich nicht selbst befriedigt. Das hatten nämlich sein Vater und seine Mutter verboten. Die beiden sind schon lange Jahre tot, aber immer noch schauen sie ihm über die Schulter. In Kapitel 2.7 werden wir auf Karls Erziehungs- und Entwicklungsgeschichte zurückkommen.

Über Klara gibt es nichts Außergewöhnliches zu sagen. Sie wohnt mit ihrem Freund, der ebenso wie sie eine leichte geistige Behinderung hat, in einem Einfamilienhaus in einem kleinen Dorf. Klara und Johann haben eine zufriedenstellende Beziehung und sind auch sexuell aktiv. Sie sprechen mit ihrer Betreuerin ziemlich offen über Sex. Sie lesen selbst einfache Aufklärungsbücher. Während der Aufklärung zeigen sie sich – nicht ohne einigen Wissensdurst – über die bis zu diesem Augenblick unbekannte Tatsache erstaunt, dass es mehrere Möglichkeiten gibt, einander sexuellen Genuss zu bereiten. Verschiedene Haltungen beim Geschlechtsverkehr, oralen Sex und die Bedeutung des Streichelns werden der Reihe nach besprochen. Die Beziehung, die sie doch schon als bereichernd erlebt hatten, erhält dank der sexuellen Aufklärung tiefere Dimensionen. Man konnte ihrem Hilfebedarf auf diesem Gebiet besser gerecht werden.

Regelmäßig begegnen wir Menschen, die von der Voraussetzung ausgehen, dass die Gruppe der Personen mit leichter geistiger Behinderung im Allgemeinen in Bezug auf Sexualität und Beziehung weiß, „wo Barthel den Most holt". Schließlich haben sie nur eine leichte geistige Behinderung. So einfach ist die Praxis aber meistens nicht. Eine stattliche Gruppe von Menschen mit leichtem geistigen Handicap weiß wenig oder nichts über dieses Thema. Zwei Beispiele:

Marinus ist ein Mann von 40 Jahren, der gerne lacht. Er weiß sich gut zu helfen. Kürzlich hat er den Führerschein bekommen. Marinus beschäftigt sich andauernd mit technischen Apparaturen. Sein Betreuer zieht ihn daher regelmäßig zurate. Marinus hat die Unart, sich grenzüberschreitend zu verhalten: Er greift (vor allem neuen) Mitarbeiterinnen an die Brust. Dafür wird er zurechtgewiesen.

Unlängst kam es auch zu Klagen aus der Nachbarschaft. Offensichtlich weiß Marinus nicht, sich zu benehmen, und Nachbarn fühlen sich bedroht. Diese beunruhigenden Signale führten anlässlich eines Studientags dazu, dass die Betreuer realisierten, dass sie mit den Bewohnern offener über solche Themen sprechen müssten. „Die Bewohner sind doch enorm abhängig von unserer Haltung, von unserem Vorbildverhalten", wurde festgestellt. Mithilfe eines Fachpädagogen begann man mit der sexuellen Aufklärung. Es folgt ein Fragment aus dieser Veranstaltung.

Marinus und sein Begleiter Kai sitzen am Tisch. Der Betreuer beginnt damit, den Unterschied zwischen Männern und Frauen zu betrachten (Bewusstmachung des eigenen Körperbildes, siehe Kapitel 3, „Wie sieht dein eigener Körper aus?"). Dafür hat er zunächst einige Bilder von nackten Männern auf den Tisch gelegt. Marinus, der eindeutig interessiert ist, benennt Körperteile.

„Hast du auch einen Pimmel?", fragt Kai im passenden Augenblick.
Marinus bestätigt das. Auch scheint sein Pimmel manchmal schlaff und manchmal steif zu sein. Marinus sagt, dass er auch manchmal mit seinem Pimmel spielt. Und manchmal kommt nachts auch etwas aus seinem Pimmel heraus, „weißes Pipi", nennt Marinus das, „wenn ich wach werde".
„Hab ich vielleicht Krebs?", fragt Marinus besorgt. „Nein", sagt Kai. Er erklärt, was der nächtliche Samenerguss bedeutet. Marinus ist sehr erleichtert.
Später fragt Kai nach Unterschieden zwischen Männern und Frauen. Einige kennt Marinus. Männer haben Bärte, Frauen nicht. Und Frauen tragen Röcke. Und haben Brüste.
„Und hat eine Frau auch einen Pimmel?", fragt Kai weiter.
Darüber muss Marinus ziemlich nachdenken. Er runzelt seine Stirn, grübelt lange.
„Ich glaube ja!", beendet Marinos seine Grübelei. *„Warum denkst du das?"*
Wieder denkt Marinos heftig nach.
„Eine Frau muss doch auch pinkeln!", sagt er schließlich triumphierend.
Kai ist sehr verblüfft. „Sollen wir ein paar Bilder von nackten Frauen angucken?", schlägt er vor.

Nun liegen ein paar Bilder auf dem Tisch. Pimmel gibt es darauf nicht zu sehen. Nun ist Marinus an der Reihe, verblüfft zu sein. So hat er das noch nie gesehen. Mit einfachen Worten erklärt Kai, wie die Vagina einer Frau aussieht.

Marinus ist enorm erleichtert. Hatte er sich doch in den letzten Jahren ziemlich den Kopf über die Frage zerbrochen, warum es in den Cafés, die er manchmal besucht, getrennte Toiletten für Männer und Frauen gibt. Das kann er jetzt besser verstehen. Kai seinerseits ist auch sehr erstaunt. Marinus guckt abends nämlich regelmäßig erotisch gefärbte Programme. Aber er hat noch nie den Rückschluss auf seinen eigenen Körper oder auf den Körper einer Frau gezogen.

Man kann doch nicht konkret genug sein. Und wie leicht können wir Marinus verkehrt einschätzen. Der Schein trügt.

Durch den Unterricht für Marinus in Bezug auf Körperbild, Masturbation, Vorstellungsbildung, Grenzen, Normen und Werte verschwindet sein auffälliges Verhalten gegenüber Frauen. Die Mitarbeiter erkennen, dass die im Wohnviertel entstandene Stigmatisierung Marinus' zum Teil eine Folge mangelnder sexueller Aufklärung war. „Wir tragen eine große Verantwortung", sagt der Einrichtungsleiter.

Marcel ist ein stämmiger Mann, beherzt, kurz geschoren und tätowiert. Er wohnt selbstständig. In der Begegnungsstätte spricht er regelmäßig mit derben und schmutzigen Wörtern über „die Frauen". Wenn man seinen Geschichten und Anekdoten zuhört, könnte man schnell den Eindruck bekommen, dass er auf sexuellem Gebiet enorme Erfahrungen hat. Während der sexuellen Aufklärung zeigt sich, dass Marcel regelmäßig eine Erektion hat. Das ist soweit in Ordnung, aber er hatte noch nie einen Orgasmus. Marcel weiß überhaupt nicht, wie das geht.

2.2.2 Menschen mit einer mäßigen geistigen Behinderung

> Menschen mit mittelschwerer geistiger Behinderung verfügen über einen IQ von ungefähr 40–55 und infolgedessen haben sie ein Entwicklungsalter von fünfeinhalb bis acht Jahren. Auf verstandesmäßiger Ebene betrachten sie also die Welt mit den Augen eines Kindes von fünfeinhalb bis acht Jahren. Das Denken solcher Menschen ist noch ziemlich egozentrisch in dem Sinne, dass sie noch Schwierigkeiten haben, sich in andere Menschen einzufühlen.

Die Gruppe von Menschen, mit der wir uns jetzt befassen (und das ist natürlich etwas ganz anderes als ein Individuum, eine Persönlichkeit), kann bemerkenswert spontan sein. Bei einer Anzahl von Menschen mit mittelschwerer geistiger Behinderung sprechen wir von einem beginnenden Bewusstsein für Schamgefühl, bei anderen wiederum gibt es dies offenkundig noch nicht.

Lisa, 22 Jahre alt, ist eine Frau mit einer mittelschweren geistigen Behinderung. Sie hat das Down-Syndrom. Sie ist verliebt in Leonardo di Caprio, den Star aus dem Film Titanic. Seit Jahren spricht sie davon, ihn zu heiraten oder vielleicht erst einige Jahre zusammenzuwohnen: „Wir müssen uns aneinander gewöhnen, nicht wahr!", sagt sie und guckt verschmitzt. In ihrer kindhaften Unschuld und Wehrlosigkeit ist Lisa ziemlich verletzlich: Eine leichte Beute für (sexuellen) Missbrauch. Sie läuft einfach mit anderen Klienten mit, wenn die sie darum bitten, ist sich überhaupt nicht möglicher übler Interessen bewusst. So reagiert sie spontan auf Annäherungsversuche von Jost, die klare sexuelle Absichten enthalten.

Lisas Bewusstsein für Normen und Werte ist nicht so stark entwickelt: Sie geht z. B. nackt über den Flur, wenn sie sich duschen will („Bademantel anziehen, Lisa!"), sie lässt die Tür ihres Zimmers offen oder sitzt mit gespreizten Beinen auf dem Sofa, das Nachthemd hochgerutscht.

Dass die anderen Klienten zwischen ihre Beine schauen können, ist ihr nicht klar.

Für Lisa ist es von großer Bedeutung, mit Grenzen umgehen zu lernen, angemessene Normen und Werte kennen zu lernen und sich selbst besser zu schützen. Sie wird bald mit drei anderen Frauen einen Selbstverteidigungskurs besuchen.

Lisa kennt sexuelle Gefühle. Sie sitzt ungeniert auf dem Sofa mit ihren Händen zwischen den Beinen.

Lisa ist neugierig. Und sie muss noch einiges erklärt bekommen. Zum Beispiel über Körperhygiene, unter anderem zur Versorgung während der Menstruation. In der Toilette hängen gut verständliche Bilder über die Reihenfolge der Handlungen, die dann nötig sind.

Wie häufig sind doch Menschen mit geistiger Behinderung von unserer Haltung abhängig. Lisa kann sich auf den Gebieten von Normen und Werten, Grenzen, Selbstschutz, körperlicher Versorgung wie gewünscht verhalten. Sie muss hierauf aber ständig durch Betreuer aufmerksam gemacht werden. So bleibt sie von externer Kontrolle stark abhängig.

Mareike, 23 Jahre alt, auch mit einer mittelgradigen geistigen Behinderung, sucht viel körperlichen Kontakt, sie ist eine Schmusekatze. Sie mag gern bei Peter, ihrem Betreuer auf dem Schoß sitzen. Dann spielt sie manchmal ein bisschen Verliebtsein, aber echt ist das nicht. Ihr Körperkontakt hat eine ganz klare Bedeutung: Sie sucht Geborgenheit, Bestätigung (wer täte das nicht?). Dieses Signal wird aber nicht von jedem klar verstanden: Einige andere Klienten verstehen Mareikes Verhalten als Werbung, als Herausforderung, miteinander anzubändeln. Ebenso wie Lisa ist Mareike ziemlich leicht zu manipulieren und wehrlos.

Mit einer einfachen Aufklärung können wir Mareike den Unterschied zwischen einem Mann und einer Frau erklären. Damit dieser Unterschied gut verständlich ist, brauchen wir einige Stunden. Für viele Menschen mit geistiger Behinderung sind solche einleuchtenden Erklärungen nötig. Dabei werden Bilder verwendet. Auch ein kurzer Videofilm wird gezeigt. Mareike ist überrascht und begeistert. Wie Fortpflanzung gemacht wird, ist für Mareike eine enorme Entdeckung. Samenerguss und Menstruation, das begreift sie mit Mühe, nach viel Einsatz ihrer Betreuer.

Marion wohnt schon seit drei Jahren mit Vincent zusammen. Beide haben eine mittelgradige geistige Behinderung. Sie sagen, dass sie das selbstständige Wohnen „viel gemütlicher" finden. „Hier sind wir unser eigener Herr", sagt Marion herausfordernd. Vincent stimmt dem wortlos zu, er ist kein Vielsprecher. Marion dagegen ist nicht auf den Mund gefallen. Sie hat ein gepflegtes Äußeres und gute Manieren. Gegenüber anderen Menschen verhält sie sich hilfsbereit und achtsam.

Ihr Freund Vincent hat starke sexuelle Interessen, er drängt sich Marion oft und heftig auf (zwingt sie so regelrecht zur Geschlechtsgemeinschaft). Das ist einer der Gründe, dass diese Beziehung intensiv begleitet wird. Es hat sich nämlich gezeigt, dass Marion dieser sexuellen Bedrängnis nicht gewachsen ist. Tatsächlich sind die beziehungstiftenden Möglichkeiten der beiden Zusammenwohnenden überschätzt worden, das geben die Betreuer offen zu. Doch Marion wirkt verbal immer so stark. Darüber hinaus gibt sie häufig die sozial erwünschten Antworten. Wenn eine Betreuerin einmal vorsichtig bei ihr nachfragt, wie es mit der Beziehung auf sexuellem Gebiet geht, wirkt sie immer sehr begeistert. „Sorgt Vincent gut für dich?" „Ja klar!" „Berücksichtigt er auch deine Wünsche?" „Natürlich!" „Wenn er mit dir ins Bett will und du nicht, sagst du das dann?" „Natürlich!"

Mit der Zeit bekommt Marion Beschwerden. Sie wird stiller, zieht sich mehr zurück, pflegt sich nicht mehr so gut. „Es sieht aus, als ob sie verwahrlost", sagt eine Betreuerin. „Was ist los? Das passt gar nicht zu ihr." Marion wirkt auch unsicher und bricht dann und wann in Tränen aus.

Das Team versucht, den Betreuungsbedarf zu klären. Eine Analyse führt zu folgenden Schlüssen: Es gibt Probleme auf sexuellem Gebiet. Das erfordert eine intensive Aufklärung und Betreuung der Beziehung. Dabei ergibt sich, dass Marion viel über Schmerzen klagt. Vincents Penis passt nicht in ihre Vagina. „Der ist viel zu groß", sagt sie mit schuldbewusstem Tonfall. Bei weiteren Gesprächen darüber zeigt sich, dass das Vorspiel ungewöhnlich verläuft. In früheren Gesprächen hatte die Betreuerin gesagt, dass man dafür gemeinsam genügend Zeit braucht, damit die Vagina feucht wird. „Nur dann kannst du Liebe machen, jedenfalls wenn du das möchtest", hatte sie noch gesagt. Aber viel Zeit wird für das Vorspiel nicht verwendet. Und das Feuchtmachen der Vagina geschieht auf eine ziemlich unorthodoxe Weise. Es war der Betreuerin bereits aufgefallen, dass es manchmal recht seltsam im Schlafzimmer von Marion und Vincent roch. Es schien Uringeruch zu sein. Vincent uriniert gegen die Vagina von Marion, damit die feucht wird. Wenn sein Penis dann steif ist, dringt er ein.

Die Betreuer kommen zu folgendem Schluss:

– Bei Marion besteht eine große Diskrepanz zwischen ihren verstandesmäßigen Möglichkeiten einerseits und ihren emotionalen Möglichkeiten andererseits. Im Hinblick auf Emotionalität ist Marion ein kleineres Mädchen als man – angesichts ihrer verstandesmäßigen Entwicklung – von ihr erwarten würde. Sie hat ein niedrigeres emotionales Entwicklungsalter erreicht. Diesbezüglich ist sie nur wenig belastbar, ist schnell gestresst und, was in der Beziehung zu Vincent natürlich fatal ist, sie nennt ihre Grenzen nicht, sie kann sich nicht wehren. In Kapitel 2.4 werden wir auf das Thema emotionale Entwicklung eingehen.

- Die Aufklärung, unter anderem zum Thema Vorspiel, hätte viel konkreter und detaillierter sein müssen. „Man kann nicht konkret genug sein!", sagt eine Betreuerin. „Konkretisierung und Visualisierung ist dringend nötig" (Bosch 1995, S. 84–86, 102–103).
- Wichtig ist auch, dass diese Aufklärung sehr gut methodisch vorbereitet und schrittweise angeboten werden muss. Die Aufklärung muss Informationen über den eigenen Körper anbieten, wie etwas aussieht, wie etwas funktioniert. Wie das Vorspiel nun tatsächlich, ganz konkret abläuft. All das nach einem Stufenplan mit wöchentlicher Evaluation.
- In Bezug auf Vincent sollten dessen soziale Fähigkeiten bearbeitet werden. Er sollte diesbezüglich ein Training angeboten bekommen. Darüber hinaus wird er auch intensiver auf diesem Gebiet begleitet. Dieses Thema wird zu einem wichtigen Punkt in Vincents Betreuungsplan.
- Die Betreuer zogen daraus den Schluss, dass sie zu einem früheren Stadium spezifischere und detailliertere sexuelle Aufklärung hätten anbieten müssen. Das müsste man eigentlich immer tun, bei jedem Klienten. Darüber entsteht im Team eine temperamentvolle Diskussion: „Ist es denn wirklich nötig? Sollte man nicht zuerst Signale abwarten?" Festzuhalten bleibt, dass die Beantwortung dieser Frage viel damit zu tun hat, wie man Menschen (geistig behindert oder nicht) betrachtet.
- Die Beziehung von Marion und Vincent klappt nun ziemlich gut. Die Unterstützung auf sozial-emotionalem Gebiet und die regelmäßigere Auswertung des sexuellen Erlebens sowohl von Marion als auch von Vincent bleiben wichtige Aufgabenstellungen, die dazu beitragen, dass Marion und Vincent so normal wie möglich wohnen und sich als ihre eigene Herren fühlen können. Ein Leben in Eigenregie verlangt in dieser Situation viel Unterstützung von Seiten der Betreuung.

2.2.3 Menschen mit schwerer geistiger Behinderung

Menschen mit einer schweren geistigen Behinderung verfügen über einen IQ von ungefähr 20–40 und infolgedessen über ein Entwicklungsalter von drei bis fünfeinhalb Jahren. Sie betrachten also die Welt mit den Verstandesmöglichkeiten eines Kindes von drei bis fünfeinhalb Jahren. Menschen dieses Entwicklungsalters können sich noch kaum in andere hineinversetzen. Sie sind – natürlich – sehr egozentrisch ausgerichtet. Sie sehen sich selbst als den Mittelpunkt der Welt.

Peer masturbiert bei jeder Gelegenheit, sogar im Flur der Einrichtung. Dagegen, dass Peer regelmäßig masturbiert, haben die Mitarbeiter(innen) der Einrichtung eigentlich nichts einzuwenden, das gehört halt zu ihm. Aber dass er es im Flur tut, wird gar nicht geschätzt. Saskia, eine Betreuerin, fragt sich, wie seine Familienmitglieder darauf reagieren würden, wenn sie es zu sehen bekämen. Und was für eine Wirkung hat es auf die anderen Bewohner der Gruppe? „Selbst wenn wir dieses Argument nicht vorbrächten", reagiert Kollegin Marian, „etwa wenn Peer keine Familienmitglieder hätte, würde ich das Masturbieren im Flur trotzdem belastend finden. Schließlich ist Selbstbefriedigung etwas, was zur Intimität des eigenen Körpers gehört. Das macht man in einem Raum, der einem allein zur Verfügung steht. Die Privatheit soll gewährleistet sein."

Darauf reagiert jemand wie folgt: „Ich glaube nicht mal, dass die Mitbewohner sich daran stören. Ist das nun solch ein Problem?" „Selbst, wenn sie es nicht einmal merken würden", antwortet Marian, „dann geht noch immer die Privatheit vor. In dieser Hinsicht gelten für alle dieselben Regeln." Es folgt eine Diskussion. Es wird verabredet, dass man Peer, wenn erkennbar ist, dass er sich selbst befriedigen möchte, vorsichtig in sein Zimmer lotst. So wird verfahren. Eine Folge davon ist, dass Peer nicht mehr masturbiert. Das macht die Mitarbeiterinnen und Mitarbeiter ratlos. Haben sie ihm diese natürliche Bedürfnisbefriedigung abtrainiert? Hat er vielleicht das Gefühl, bestraft worden zu sein? (In Kapitel 3.5.3 kommen wir ausführlich auf die Problematik zwischen Peer und seiner Betreuung zurück.)

Die Nachtwache stellt eines Morgens fest, dass sich Gerda, eine 64-jährige, sonst immer fröhliche, spontane Frau, ängstlich in ihrer Nähe hält. Sie macht einen sehr verunsicherten Eindruck. Nach und nach wird erkennbar, dass Gerda noch mehr auffällige Verhaltensweisen zeigt. So zieht sie sich regelmäßig zurück („Gerda will nicht!", reagiert eine Betreuerin. „Was ist da bloß los?"), sie bleibt morgens länger im Bett, will manchmal überhaupt nicht mehr aufstehen, geht mittags plötzlich ins Bett, versteckt ihren Kopf unter den Decken. Sie fängt an, weniger zu essen. Oder gerade besonders viel, geradezu zwanghaft! Ein seltsames, unverständliches Verhalten. Ab und zu reagiert Gerda aggressiv. Gerda hört auf zu sprechen. Einmal beschmiert sie die Wände des WCs und des Badezimmers mit Kot. Deutlich ist ein regressives Verhalten zu erkennen: Gerda zeigt Verhaltensweisen, die zu einem früheren Entwicklungslebensalter gehören. Der Heilpädagoge glaubt an eine reaktive Depression, die auf ein traumatisches Ereignis zurückzuführen sein müsste. Der Psychiater bestätigt das und verordnet Medikamente.

Eines Abends hilft eine Betreuerin Gerda beim Duschen. Gerda schnappt sich den Duschkopf, steckt ihn zwischen ihre Beine und schreit: „Geil, geil!" Die Betreuerin ist sehr überrascht und auch etwas schockiert, sie kann dieses Verhalten nicht einordnen. Gerda hatte noch nie klare sexuelle Bedürfnisse gezeigt, und dieses Verhalten gehört auch nicht direkt in ihr Entwicklungsalter. Denselben Abend noch kommt Gerda zur Betreuerin und verhält sich, so scheint es, schuldbewusst: „Sorry, ja, nicht sagen, ja! Alles wieder gut, hä?" Und später kommt sie noch einmal zur Betreuerin, schiebt sich auf ihren Schoß und sagt, dass sie etwas erzählen will. Aber sie erzählt nichts.

Alle Zeichen weisen deutlich auf sexuellen Missbrauch hin (siehe auch Kapitel 4). Ein Beratungsteam wird informiert und um Hilfe gebeten. Nach einiger Zeit („als ob sie wieder etwas Zuverlässigkeit erlebt hätte", mutmaßte die Betreuerin) erklärt Gerda, wenigstens dreimal von einem Familienmitglied vergewaltigt worden zu sein. Mit der Zeit gab sie auch detailliertere Beschreibungen. So musste sie ein „großes Ding" in den Mund nehmen, „da kam weißes Zeug raus". Und sie hatte Schmerzen zwischen ihren Beinen, „bei dem schwierigen Wort, dass du gesagt hast" (Gerda meinte das Wort Vagina, sie hatte vor einigen Monaten ihre erste sexuelle Aufklärung erhalten).

Gerda geht nun in eine psychomotorische Therapie. Ihre Betreuer(innen) haben sich gefragt, was eine frühzeitige sexuelle Aufklärung für Gerda hätte bringen können. Hätte sie dann ihre Grenzen verteidigen können? „Jedenfalls hätte sie gewusst, was sich gehört und was sich nicht gehört", sagt ein Betreuer. „So aber wusste sie nicht einmal, dass sie sexuell missbraucht wurde."

2.2.4 Menschen mit sehr schwerer geistiger Behinderung

Menschen mit einer sehr schweren geistigen Behinderung verfügen über einen IQ bis zu ungefähr 20, infolgedessen über ein Entwicklungsalter von null bis drei Jahre. Auf der Ebene des Verstandes betrachten sie folglich die Welt mit dem Blick eines Kindes von null bis drei Jahren. Diese Menschen erkennen vertraute Personen wieder und können sehr an ihnen hängen. Konkrete, unmittelbare Erfahrung ist für sie von wesentlicher Bedeutung.

Rob, ein Mann mit einem beachtlich großen Körper, wohnt in einer Einrichtung in einer Gruppe von acht Personen. Rob lacht oft. Aber er kann auch auffallend aggressiv sein, gegenüber anderen oder gegenüber sich selbst: Kratzen und Stoßen sind dann die auffälligsten Verhaltensweisen.

Rob ist inkontinent. Deswegen trägt er ständig eine Windel. Er findet es herrlich, wenn er in seinem Rollstuhl sitzt und nahe an der Eisenbahnschranke den Zug ankommen sieht. Dann winkt er entzückt, schüttelt seinen Kopf überschwänglich und kräht vor Vergnügen. Geballte Freude, Explosionen von Glück.

Rob hat regelmäßig Erektionen. Die bekommt er, wenn er sich wohl fühlt, z. B. beim Snoezelen und manchmal, wenn er zufällig sein Glied berührt. In der Mitarbeiterschaft hat man darüber diskutiert. Die Frage war folgende: Wenn jemand eine Erektion bekommt, muss sich diese Person dann auch berühren können? Schließlich hat Rob immer eine Windel an und folglich keine Bewegungsfreiheit. Auch wird die Frage aufgeworfen, ob jemand mit einem Entwicklungsalter wie Rob überhaupt Bedarf hat „an sexuellen Experimenten", wie jemand sich ausdrückte. „Wecken wir nicht Bedürfnisse, die es gar nicht gibt?" Das Team geht davon aus, dass jeder Mensch ein sexuelles Wesen ist. Man kann für jemanden sexuelle Gelegenheiten schaffen, man kann es lassen; hinter beiden Wahlmöglichkeiten verbirgt sich eine Vision.

Zu manchen Zeiten des Tages trägt Rob nun keine Windel mehr. Und nach einiger Zeit entdeckt Rob zufällig, dass er einen Samenerguss bekommen kann, wenn er seine Hand auf und ab bewegt.

Betreuerinnen und Betreuer von Menschen mit einer – insbesondere schweren und sehr schweren – geistigen Behinderung stehen regelmäßig vor der Frage, wie sie auf (offenkundige) sexuelle Erregung reagieren sollen, z. B. während des Snoezelens oder anderer entspannender Momente in intimer Atmosphäre. Während des Snoezelens kann jemand, neben dem Sie liegen, eindeutig erregt erscheinen. Wie reagieren Sie darauf? Sind Sie damit gemeint? Handelt es sich einfach um ein Gefühl des Wohlfühlens? Es ist nur vernünftig, dass Betreuerinnen und Betreuer frei miteinander sprechen, dass sie ihre individuellen und kollektiven Grenzen klar angeben. Offene Kommunikation ist nötig.

Elsbeth hat eine sehr schwere geistige Behinderung. Sie geht nicht immer zu einer Tagesbetreuung, in der Regel hält sie sich im Wohnzimmer auf. Körperlich gesehen ist Elsbeth in die Pubertät gekommen: Die Geschlechtshormone fangen an, eine deutliche Rolle zu spielen. Auch in ihrem Verhalten kommt diese Entwicklung klar zum Vorschein. Seit kurzem vollführt Elsbeth „Reitbewegungen" auf der Lehne des Sofas und stößt dabei allerhand Geräusche aus. Während dieser Bewegungen wird ihr Gesicht rot und schwitzig. Es wäre schwierig, Elsbeths Verhalten zu korrigieren, sofern man das wollte. Die Mitarbeiterinnen und Mitarbeiter sind der Meinung, dass sexuelle Triebe diesem Verhalten zugrunde liegen, die Elsbeth aber eher belasten als erfreuen. Sie erregt sich selbst mit ihren zielgerichteten Bewegungen auf der Sofalehne, nur führt das nicht zu einer Befriedigung. „Was müssen wir denn tun, um ihr zu helfen?", fragen sich die Betreuer. Sie wissen keine Lösung.

Kennen Sie das geistige Funktionsniveau der Klienten, die Ihrer Sorge anvertraut sind?

2.3 Einige Anmerkungen über „das Soziale" und „das Emotionale"

Kognition, Verstand hat mit Wissen zu tun. Wissen ist Macht. In gewisser Weise hat Verstand mit Können und Begreifen zu tun. Begreifen schafft Zugriff, Macht. Kognition wie auch praktische Fertigkeiten bilden das Können. Dem Können muss man aber auch gewachsen sein, es ertragen können. Diese Gedanken führen zum „Sozialen" und zum „Emotionalen", einem Duo, das häufig in einem Atemzug genannt wird: Die sozio-emotionale Entwicklung.

Einer Sache gewachsen zu sein, verweist auf die Basis, die Tragfähigkeit einer Person. Können und Gewachsensein stehen aber häufig in einem Spannungsverhältnis zueinander. In Kapitel 2.6 werden wir einige der Widersprüchlichkeiten, die sich bei Personen mit einer geistigen Behinderung zeigen können, konkret nennen. Um ein angemessenes Bild zu bekommen, aus dem sich eine angemessene Einschätzung der Möglichkeiten eines Klienten entwickeln lässt, ist es wichtig zu wissen, dass die emotionale Entwicklung in der Regel hinter der kognitiven zurück bleibt. Viele Menschen mit geistiger Behinderung haben ein geistiges Entwicklungsalter von noch nicht einmal vier oder fünf Jahren. Wie sieht es dann mit ihrem emotionalen oder sozialen Entwicklungsalter aus? Es ist hilfreich, dass wir uns dessen bewusst sind. Dann müssen wir Menschen mit geistiger Behinderung nicht mehr überfordern. Der (manchmal nur scheinbaren) Macht des Kognitiven, des Verstandes, steht häufig eine Ohnmacht des Sozial-emotionalen gegenüber; häufig können Klienten nicht das leisten, was sie verstandesgemäß doch zu schaffen scheinen. *Unterstützung muss dann auch auf dem sozial-emotionalen Gebiet stattfinden.*

In den folgenden Kapiteln halten wir bewusst das Soziale und das Emotionale auseinander, um den einen Menschen, um den es schließlich geht, etwas besser zu verstehen und kennen zu lernen. Verstehen führt zu Aktionen, zu angemesseneren Antworten auf den Hilfebedarf.

Das *Emotionale* richtet sich auf das Erleben, auf das Gefühl, auf die Gemütsverfassung. Wie erlebt jemand sich selbst?

Das *Soziale* richtet sich mehr an ein Gegenüber und äußert sich im Verhalten in Relation zu diesem Anderen. Wie geht jemand mit anderen um?

Das Emotionale und das Soziale beeinflussen einander sehr stark. Sie unterscheiden sich voneinander, sind aber in ihrem Wesen nicht voneinander zu trennen.

2.4 Das emotionale Niveau

2.4.1 Einleitung

In diesem Kapitel lassen wir uns von den Erkenntnissen über die Entwicklung in den frühen Kindheitsjahren leiten, die wir dem Psychoanalytiker Erik Erikson verdanken (Erikson 1968). Eriksons Theorie erweist sich in der Alltagspraxis als ausgezeichnetes Hilfsmittel, mit dem Sie das emotionale Niveau eines Ihrer Betreuung anvertrauten Klienten ziemlich gut einschätzen können.

Im Mittelpunkt der Erikson'schen Theorie steht der Trieb. Nach psychoanalytischer Auffassung sind Menschen triebgeleitete Wesen, kontinuierlich darauf aus, ihre Triebe zu befriedigen und Gefühle von Unausgewogenheit zu beseitigen. Wenn das Ich, der Wille sich entwickelt, wird dieser für den Rest unseres Lebens damit beschäftigt sein, zwischen unseren verschiedenen Trieben einerseits und dem Gewissen andererseits zu manövrieren, unsere innerliche Stimme, die um das vierte, fünfte Lebensjahr in Erscheinung tritt.

Es ist aber die Frage, ob jemand für diese innere Stimme erreichbar ist. Angenommen, Sie sehen eine schöne Frau oder einen schönen Mann. Greifen Sie dann sofort zu? Ihr Trieb gibt Ihnen das möglicherweise so ein. Und in Ihrer Fantasie erleben Sie möglicherweise schon allerlei schöne, aufregende Dinge mit ihr oder ihm. Aber Ihr Ich, Ihre innere Polizei, Ihr Wille wird gehemmt und durch Ihr Gewissen bestimmt. Das Gewissen sagt: Tu das nicht, folge den sozial verantwortbaren Normen und Werten. Enttäuscht pfeifen Sie sich zurück. Oder schnappen Sie doch zu? Wir wissen nicht, wie es um Ihr emotionales Funktionsniveau bestellt ist. Es ist aber von großer Bedeutung, dass wir wissen, wie es um das emotionale Funktionsniveau jedes einzelnen Klienten bestellt ist. Das Wissen darüber führt zum Verstehen und zum Handeln. Es ist immer die Frage, ob jemand das Entwicklungsalter für eine innere Stimme erreicht hat.

Zu den Trieben: Sie trinken abends zwei Schnäpse. Sie möchten gern auch noch einen dritten oder vierten. Aber etwas passiert in Ihnen: Morgen muss ich bei der Arbeit sein. Schade! Taktisch pendelt Ihr Ich zwischen den aufkommenden Trieben und der Norm. Und trifft schließlich seine Wahl.

Sie halten Ihren inneren Kontrolleur mitunter für einen elenden Schuft, Sie könnten ihn würgen. Aber etwas geschieht in Ihnen: Wenn ich mich gehen lasse, kostet mich das vielleicht meinen Job oder einen Auftrag. Das Ich pendelt zwischen Spontaneität und Bedachtsamkeit, zwischen Trieb und Gewissen. Bildlich ist das folgendermaßen darzustellen:

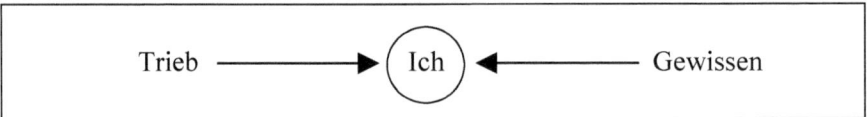

Abbildung 1: Das Ich, pendelnd zwischen Trieb und Gewissen

Es gibt keine Beweise für Eriksons Theorie (oder auch die von Freud). Es handelt sich um ein theoretisches Konstrukt, ein theoretisches Denk- und Handlungsmodell, für das wir uns im Zweifel gern entscheiden: Wir können in der Praxis immer gut damit arbeiten. Jemanden in diesem Spannungsfeld zwischen Trieb und Gewissen gut einschätzen zu können, vergrößert das Verständnis für dessen emotionales Erleben, für dessen Belastbarkeit. Wenn wir dadurch jemand besser verstehen können, führt das zu adäquateren Antworten auf seinen Hilfebedarf, auch auf dem Gebiet von Sexualität und Beziehungsgestaltung.

2.4.2 Die ersten Phasen nach der Theorie Erik Eriksons

Im Gegensatz zu Freud hat Erikson die Phasen, die ein Mensch in seinem Leben durchlebt, bis zum Tod ausgearbeitet (acht Phasen). Wir werden nicht alle acht in diesem Buch behandeln. Die meisten Menschen mit einer geistigen Behinderung durchleben eine oder einige dieser Phasen. Es ist für uns sinnvoll, uns darauf zu beschränken, wobei wir uns immer in den einen individuellen Menschen hineinzuversetzen versuchen. Wir befassen uns also mit der oralen, der analen und der ödipalen Phase.

Die genannten Phasen sind sexuell geprägt. Sie haben einen sexuellen Unterton und wurden von drei entwicklungsbestimmenden und zeitlich aufeinander folgenden erogenen Zonen hergeleitet und beschrieben: Mund, Anus und Genitalien. Diese drei Phasen gehen der Latenzphase voraus (die sich über die Grundschulzeit erstreckt), diese Periode, in der Sexualität latent unter der Oberfläche verbleibt und sich nicht sichtbar manifestiert, um schließlich, unter anderem durch den Einfluss der Hormone, in der Pubertät kräftig anzuwachsen.

Die orale Phase: Die Säuglingszeit, von der Geburt bis zu einem Jahr
Ein Baby kommt auf die Welt als ein Bündel von Trieben, das schreiend Befriedigung verlangt. Ein Baby äußert sich mit Geschrei, zeigt seine Bedürfnisse, wenn es umsorgt werden will, liebkost und gewiegt. Ein Baby kreischt und schreit, wenn es Hunger hat. Es wird wütend. Es macht sich vernehmbar, wenn es die Brust oder die Flasche will.

Der Begriff „oral" verweist auf den Mund. Für ein Baby ist die Welt in erster Linie nicht viel größer als das, was sich rund um den Mund abspielt. Die Welt wird mit dem Mund abgetastet. Lustbefriedigung findet durch den Mund statt.

Ein Baby lernt sich selbst durch die Augen seiner Eltern zu sehen. Die Art und Weise, wie Eltern oder andere Bezugspersonen dem Kind gegenübertreten, bewirkt beim Kind ein bestimmtes Erleben. Wenn Eltern und Bezugspersonen auf warme, affektive, wiedererkennbare, vorhersehbare und verlässliche Weise mit dem Kind umgehen, entsteht beim Baby das Erleben von Vertrauen, eine Basissicherheit. Gelingt dies (aufs Ganze gesehen) nicht, sind Eltern ziemlich unberechenbar und ist sogar von Verwahrlosung die Rede, dann entsteht eher ein Gefühl des Misstrauens, eine sehr unsichere Basis, um in die Welt hinauszuziehen.

Im Zentrum dieser Phase steht die Befriedigung von Bedürfnissen. Aufschub der Befriedigung ist (beinahe) unmöglich.

Das Baby ist symbiotisch mit der Mutter, mit der Umgebung verbunden, quasi festgeleimt. Tatsächlich schwimmt das Baby auf der Haltung seiner Umgebung. Das Baby ist ohne Grenzen. Logischerweise gibt es in seinem Erleben auch keine Grenzen. Auch seine Bedürfnisse sind unstillbar. Ein Baby ist gierig auf seine Umgebung ausgerichtet. Menschen mit einer geistigen Behinderung, die sich in diesem emotionalen Stadium befinden, sind – ungeachtet ihres Lebensalters, ihres geistigen Niveaus oder ihrer Selbstständigkeit – ebenso gierig. Und ebenso wenig können sie die Befriedigung ihrer Bedürfnisse aufschieben. Verständnis für dieses emotionale Funktionsniveau liefert einen guten Beitrag für die angemessene Einschätzung des Hilfebedarfs und für respektvolle Begegnung. Wir müssen uns nicht moralisch entrüsten, wenn wir wissen, dass jemand sich absolut nicht anders verhalten kann als er es tut, da dies sich logisch aus seiner Individualität ergibt.

Zurück zu Peer, dem Mann mit der sehr schweren geistigen Behinderung. Er masturbiert bei jeder Gelegenheit im Flur der Wohngruppe. Etliche Betreuer hatten anfangs Schwierigkeiten mit diesem Verhalten: „So was macht man doch nicht öffentlich?" Aber bei Peer hat sich kein Normenverständnis entwickeln können. Er reagiert ganz ursprünglich auf seine aufsteigenden Triebe, kann das Bedürfnis nach deren Befriedigung nicht aufschieben, verfügt nicht über das emotionale Vermögen dazu. Dies zu erkennen, führt zu mehr Verständnis: Man kann sein Verhalten nun besser einordnen.

Und über Rob, den Mann mit der sehr schweren geistigen Behinderung, schrieben wir, dass er nun Gelegenheit bekommt, eine mögliche sexuelle Erregung zu erleben. Dieses Erleben war auch sehr elementar. Lust und Unlust stehen im Zentrum seines Lebens.

Die anale Phase: Die Kleinkindzeit, ein bis drei Jahre

In dieser Zeit steht das Ich im Mittelpunkt.

Das Baby war fest an seine Mutter, an seine Umgebung gebunden. In der Kleinkindzeit löst das Kind sich aus dieser Symbiose und entwickelt eine (noch sehr frühe) Identität gegenüber bzw. neben anderen schon entwickelten Identitäten. Das Spiel von Freiheit in Gebundenheit entsteht.

Im Hinblick auf erogene Zonen heißt das: Stand während der oralen Phase der Mund im Mittelpunkt, ist es nun der Anus, der die Aufmerksamkeit an sich zieht. Der Begriff „anal" verweist auf den Anus. Während der Kleinkindzeit erlebt das Kind, dass es seine Ringmuskeln um den Anus anspannen und beherrschen lernen kann. Es kann den Stuhlgang zurückhalten, es kann ihn herauslassen. Ein Gefühl, ein Erleben von Willen, von Wahlfreiheit entsteht. Wenn ein Kleinkind diese Periode auf angenehme Weise durchlebt, entsteht daraus ein Gefühl von Autonomie (Auto = das Ich). Ist dies nicht der Fall, drängen Scham und Zweifel in den Vordergrund.

Symbolisch erkennen wir das Genannte in der Sauberkeitserziehung wieder. Eltern können darin zu stark lenkend auftreten, allzu sehr dressieren. Wenn die Dressur vorherrschte, wenn das Kind tatsächlich zu wenig Raum bekam, um selbst zu erleben, dass es eine Individualität hat, dass es entscheiden kann, dann wird es sich für seinen eigenen Willen, für seine eigenen Triebe schämen und sich anpassen, weil es sich nun einmal so gehört. Schwere Durchsetzungskämpfe können auch eine Folge sein. (Ein Kleinkind befindet sich in der Trotzphase, was an sich eine gesunde Entwicklung ist.) Es verlangt den Eltern gute Steuerungskünste ab, zwischen dem entstehenden Willen des Kindes – es strebt seine Freiheit an – und der Überwachung von Regeln und Sicherheit, d. h., der Bindung zu manövrieren. Geschickte Eltern geben dem Kind das Gefühl, dass sein Ich auch wertvoll ist, dass es sehr gut neben anderen Ichs bestehen kann, dass es willkommen ist.

Ein Kleinkind erprobt Gefühle des Festhaltens und Loslassens. Das Kind erlebt die Grenze zwischen sich selbst und den anderen und beginnt, damit zu experimentieren. Faktisch tastet ein Kleinkind sehr häufig die Grenzen zwischen sich selbst und den anderen ab (Das Kleinkind stellt eine Frage: „Ist mein Ich der Mühe wert? Bin ich jemand?). Vollkommen logisch: Das Kind hat diese Grenzen gerade entdeckt und erlebt, dass es, frei(kommend) von dem bedeutungsvollen Anderen, auch eine Identität hat, einen Willen, ein eigenes Ich.

Bernd, ein großer, meist finster schauender Mann von 25 Jahren, wohnt seit kurzem in einer Wohnstätte. Bernd hat eine leichte geistige Behinderung. Sein größter Wunsch ist es, mit Saskia, seiner Freundin „aus diesem Gefängnis zu verschwinden", wie er es unlängst wütend formulierte. In solchen Momenten baut er sich drohend vor einem auf, und seine Augen scheinen einen zu durchbohren.

Bernd ist einer vom Typ „raue Schale – weicher Kern". Er kann sehr wütend werden, ungewöhnlich trotzig. Dieser Trotz hat eine bestimmte Bedeutung: Emotional gesehen ist Bernd wie ein Kleinkind. Er ist dann auch schnell trotzig. Man muss gar nichts tun, um mit ihm uneins zu sein. Bernd bekommt schnell das Gefühl, abgewiesen zu werden. Auch er ist von der Haltung seiner Umgebung abhängig. Wenn die Betreuer Bernds emotionales Niveau nicht durchschauen, den Menschen hinter dem Verhalten nicht finden, werden sie ihn verlieren. Sein Äußeres ist schließlich das eines normal aussehenden Mannes. Seine leichte geistige Behinderung sieht man ihm nicht an. Das Innere aber ist ein Bündel von Gegensätzlichkeiten, ein emotionaler Hitzkopf, jemand, der unablässig auf der Suche nach der Antwort auf die Frage ist: „Wie verhalte ich mich dir gegenüber, wie sieht die Grenze zwischen dir und mir aus?" Diese Frage stellt er z. B., indem er jemanden übelst beschimpft. Die Kunst besteht dann darin, die Frage hinter diesem Geschrei zu erkennen. Faktisch schreit er: „Gib mir Autonomie!" Der Streit um Grenzen, der Schrei nach Autonomie, das gehört alles zur analen Phase.

Bernd will häufig „mit Saskia bumsen", das erzählt er dem Betreuer. Während der sexuellen Aufklärung sprechen sie miteinander über den Gebrauch von Wörtern. Nun möchte er häufig „mit Saskia schlafen", aber Saskia will das nicht so oft. Das kollidiert miteinander. Weil Bernd sich schnell abgewiesen fühlt, hat er auch die Neigung, Saskia anzubrüllen. Saskia hat Angst vor diesen explosiven Entladungen Bernds. Saskias Eltern sind wenig von Bernds Auftritten angetan. Sie verlangen, dass „die Betreuer die Beziehung lösen. Das ist doch keine Gleichberechtigung!" Die Betreuer erkennen aber eine andere Bedeutung hinter Bernds explosiven Ausbrüchen: „Gib mir Autonomie, sieh meine Individualität". Wenn Sie als Begleiter diese Bedeutungen nicht erkennen, haben Sie ein großes Problem, Sie können dann keine Antwort auf den Hilfebedarf finden.

Das Verhandlungsmodell:
Eine Grundvoraussetzung für adäquate sexuelle Aufklärung

Die Betreuer gehen einem Kräftemessen aus dem Wege. Sie stellen nicht ihr starkes Ich dem schwachen Ich entgegen und lassen sich auf keinen Streit ein. Sie reagieren nicht mit moralischem Recht auf die schwankenden Suchbewegungen zur Stärkung des Ich. Die Betreuerinnen und Betreuer suchen das Gespräch mit Bernd, Saskia und deren Eltern. Sie verhandeln. Das tun sie eigentlich immer. Verhandeln setzt eine bestimmte Vision voraus und spiegelt diese wider. Eine Vision, mit der – in ungleichgewichtigen Beziehungen – Gleichwertigkeit erstrebt wird. Bei Menschen, die emotional auf dem Niveau eines Kleinkinds funktionieren, die in der analen Phase quasi steckengeblieben sind, wirken Verhandlungen besonders gut: Weil sie die Verbindung miteinander unterhalten, die Beziehung zueinander offen halten, nicht polarisieren, sondern durch ihre Haltung zeigen, dass das Ich des Anderen okay ist.

Das Verhandlungsmodell ist, neben der Tatsache, dass es eine wichtige Vision vom Umgang mit Menschen widerspiegelt, eine Grundvoraussetzung, um angemessene sexuelle Aufklärung geben zu können.

„Bernd, du bist in Saskia verknallt, und sie meistens auch in dich, aber nun hat sie Angst vor dir ... wie soll das weiter gehen? Du möchtest oft mit ihr schlafen, sie möchte das viel seltener ..."

Bernd ist sehr empfänglich dafür, ernst genommen zu werden (wer wäre das nicht?). Statusgewinn gibt ihm auch ein Gefühl von Stärke. Es wird ein Token-System über die Häufigkeit seiner sexuellen Annäherungen angelegt. Einmal pro Woche wird abends ein ernstes Gespräch mit Bernd und Saskia geführt. Es geht darum, genau nach den Wünschen der beiden Partner zu fragen. Den Wunsch des anderen, in diesem Falle Saskias Wunsch zu honorieren, ergibt ein Token. Nicht brüllen ergibt auch ein

Token. Eine bestimmte Anzahl von Tokens ergibt eine abgesprochene Prämie. Bernd ist dafür sehr empfänglich.

Ein Betreuer stellte die Frage, ob Bernd und Saskia dieses Verfahren nicht kindisch fänden. Es geht aber um den Grundton des Gesprächs. Bernd verbucht Punkte für seinen erwachsenen Umgang mit Saskia, für die Tatsache, dass wir „Verabredungen miteinander treffen können". Bernd und Saskia haben ihre gesamte Aussteuer zusammengespart. Sie wohnen nun zusammen in einer Wohnung, mit Unterstützung auf sozial-emotionalem Gebiet. Der Heilpädagoge fragte Bernd, ob das Token-System nun abgeschafft werden könnte: „Es geht so gut, großartig, Bernd." Aber Bernd möchte das nicht. Er ist stolz auf das System und auf die Leistung, die er vollbringt.

Das Token-System half auch bei dem Plan, der erarbeitet wurde, damit die beiden miteinander Urlaub machen konnten.

Die ödipale Phase: Die Vorschulzeit, drei bis fünf Jahre

In dieser Phase steht das Über-Ich, das Gewissen, im Mittelpunkt.

Es wurde bereits gesagt, dass die Phasen nach Erikson einen sexuellen Akzent haben. Logisch: Der Trieb steht darin im Mittelpunkt, Menschen sind triebgesteuerte Wesen. In der oralen Phase ging es um den Mund, in der analen Phase um den Anus. In der ödipalen Phase geht es um die Genitalien, ums männliche oder weibliche Geschlecht. Kinder in der Vorschulzeit beschäftigen sich mit vielen Rollen. Sie machen sich Rollen zu eigen, versuchen, sich damit zu identifizieren. Eine Reihe bekannter Rollen wären: Pilot, Postbote, Eltern, Kind, Betreuer(in), aber auch Vater und Mutter. Im Spiel machen sich Kinder diese Rollen zu eigen, üben, experimentieren damit: Väterchen und Mütterchen. In der Vorschulzeit entdecken Kinder auch, ob sie einen Penis haben oder nicht und sind darüber erstaunt. Sie ähneln Papa oder Mama und werden sich dessen bewusst, ob sie ein Mann oder eine Frau sind. Wenn man diese Phase auf angenehme Weise durchlebt, erzeugt das ein Gefühl von Initiative. Verläuft diese Phase weniger glücklich, können Schuldgefühle den Ton angeben.

Die Idee der Schuld ist kein so sonderbarer Gedanke. Schließlich entsteht in dieser Periode der Identifikation mit verschiedenen Rollen, darunter auch der von Vater und Mutter, das Gewissen, die innere Stimme, die uns sagt, was sich gehört und was sich nicht gehört. Ein Kind mit dem emotionalen Niveau eines Vorschulkindes holt sich z. B. nicht ungefragt Bonbons aus der Dose, weil Mutter oder Vater anwesend sind; die Eltern fungieren dann als ein externes Gewissen. Ein Kind, das die emotionale Phase des Vorschulkindes hinter sich hat, verfügt über die Möglichkeit, sich selbst zurückzuhalten, sozusagen über eine innere Bremse, kurzum: ein internes Gewissen. Die Vorstellung davon, was sich gehört und was sich nicht gehört, hat sich dann internalisiert. Ist das gelungen, bedeutet das, dass die emotionale Belastbarkeit gigantisch angewachsen ist. Das Kind ist in der Lage, direkte Bedürfnisbefriedigung aufzuschieben, weil es aus innerer Erkenntnis Normen und Werte beiträgt. Das Ich manövriert angemessen zwischen aufkommenden Trieben (dem Es) und verschiedenen Normen und Werten der Umgebung (dem Über-Ich).

Nach Auffassung der Psychoanalytiker gehen der Bildung des Gewissens mehrere innere Konflikte voraus. Ein sehr bekannter Konflikt mit symbolischer Bedeutung ist der Ödipus-Komplex. Damit ist Folgendes gemeint:

Ein Junge identifiziert sich mit der Rolle des Vaters. Er versetzt sich in ihn, möchte ihm gleich sein. Wie steht es mit Vater? Der gehört zu Mutter. Der Junge möchte auch bei der Mutter sein, möchte zu ihr gehören. Aus psychoanalytischer Sicht: Er möchte sie besitzen, geradeso wie der Vater. Nun gerät der Junge in einen Gewissenskonflikt: Schließlich gehört der Vater schon zur Mutter, also ist der Vater sein großer Rivale. Der Junge fängt an, sich schuldig zu fühlen. Ein innerlicher Konflikt ist entstanden. Er kommt zu der Einsicht (und das ist eine schmerzhafte Erfahrung!), dass es vernünftig ist, von diesem Trieb, dieser Lust Abstand zu nehmen, dass es – realistisch gesehen – nicht gut wäre, Vater im Weg zu stehen. So dicht bei der Mutter zu sein, das gehört sich nicht, das darf man nicht. Und die Normen und Werte, die die Familie, die Gesellschaft aufgestellt hat, erfordern es, starke Lustgefühle beiseite zu schieben. Und so geschieht es, mit viel Schmerz und Mühen.

Der Junge tauscht das Lustprinzip gegen das Realitätsprinzip und lebt nach den Normen und Werten, die die Umgebung ihm auferlegt. Das Gewissen entsteht. Das geschieht ungefähr im Alter von vier bis fünf Jahren.

Bei Mädchen ist es gerade entgegengesetzt. Sie möchten mit dem Vater sein. Darum versetzen sie sich in die Rolle ihrer Mutter und legen mithilfe ihres Gewissens, das nach innerlichen Konflikten internalisiert wird, dem Lustprinzip Zügel an, sie verinnerlichen die Norm.

Im Leben der Vorschulkinder stehen sozialvertretbare Normen und Werte im Mittelpunkt. Ihre emotionale Belastbarkeit ist enorm gewachsen.

Vorschulkinder befassen sich sehr stark mit Normen und Werten. Sie experimentieren damit. Logisch: Es ist eine neue Phase in der Entwicklung ihrer emotionalen Leistungsfähigkeit. Es erfordert mit viel Schmerz und Mühe einhergehende Übung, diese Kunst in den Griff zu bekommen. Seine Lust zu unterdrücken ist ein eigenartiger Prozess, Kultiviertheit eine barbarische Angelegenheit!

Zurück zu Lisa (vgl. 2.2.2). Verständnis für Normen und Werte ist bei ihr nicht sehr stark entwickelt. (Sie sitzt mit geöffneten Beinen auf dem Sofa, geht nackt über den Flur zur Dusche). Lisa kann sich zwar im Sinne von Normen und Werten wünschenswert verhalten, um aber zu einer tatsächlichen Verinnerlichung dieser Normen und Werte zu kommen und ein internes Gewissen zu erreichen, fehlt ihr das nötige emotionale Niveau; in diesem Sinne steht das Lustprinzip bei ihr noch viel zu sehr im Vordergrund. Daher werden bei ihr externe Kontrolle und eine regelmäßige positive Bekräftigung gewünschter Normen und Werte immer von Bedeutung bleiben: Ein externes Gewissen.

Wenn jemand die ödipale Phase angemessen durchlebt hat, kann der bzw. die Betreffende sich anpassen an Normen und Werte, die im Umfeld von ihm oder ihr verlangt werden. Der oder die Betroffene glaubt daran, und kann sich demnach verhalten. Die Normen und Werte sind verinnerlicht. Das Realitätsprinzip ist in Kraft getreten.

Das ist auch bei Chris, einem Mann mit leichter geistiger Behinderung der Fall. Während der Aufklärungsstunden sagt er, dass er gerne eine Freundin haben möchte. Das beschäftigt oft seine Fantasie. Etliche Frauen erregen ihn maßlos. „Ich finde Frauen mit Lederhosen so schön!" Er strahlt enthusiastisch. „Ich möchte selbst auch eine Lederhose haben." Chris träumt von diesen Frauen. Aber er weiß genau, dass er sie nicht anfassen darf, wenn er ihnen begegnet. Geschweige denn, dass er noch weitergehen dürfte, sei er auch noch so erregt. Chris kann seine sexuellen Triebe sehr gut regulieren, indem er masturbiert. Er kann Grenzen gut benennen und handelt danach. Dieser Umgang mit Grenzen ist Teil seines Gewissens (geworden).

Sexueller Missbrauch und sexuell grenzüberschreitendes Verhalten gibt es häufig (van Berlo 1995), und zwar bei Menschen mit oder ohne geistige Behinderung. Wenn keine innere Norm entwickelt wurde, kann man auch nicht danach leben. Wenn die emotionale Kraft fehlt (die emotionale Entwicklung), ist es auch sehr schwierig, sie im Verhalten zu zeigen (soziale Entwicklung), vielleicht geht das eine Weile, aber nicht lange; die Belastbarkeit fehlt. Das Soziale und das Emotionale sind ein zusammenarbeitendes Duo. Jemand, der die Belastbarkeit nicht entwickelt hat, handelt aus seiner Ohnmacht heraus, nicht, weil er es will.

Marcel hat ein schweres Delikt verübt. Das waren sexuelle Übergriffe gegenüber zwei Mädchen. Eine von ihnen hat er vergewaltigt, die andere hat er mehrmals gegen ihren Willen angefasst. Marcel hat kein Gewissen entwickelt. Emotional gesehen, ist er ein Kleinkind. Das verlangt von seinen Betreuern ständige externe Kontrolle und viel Bekräftigung, damit er von grenzüberschreitendem Verhalten abgehalten wird. Marcel steht auf einer Warteliste für die Therapie von Sexualstraftätern.

2.5 Das soziale Niveau

2.5.1 Einleitung

In Kapitel 2.3 sprachen wir darüber, dass das Soziale und das Emotionale ein Duo bilden, das häufig in einem Atemzug genannt wird: Das sozial-emotionale Niveau. Es geht dabei um das Gewachsensein, das (Ver)Tragen eines Gegenübers im Gegensatz zum Können hinsichtlich der Kognition und der Fähigkeit für sich zu sorgen. Häufig treffen wir in der Persönlichkeitsstruktur unserer Klienten ein Spannungsfeld zwischen Können und Gewachsensein an.

- Beim Emotionalen ging es um Gefühl, Erleben, Gemütsverfassung. Wie erlebt jemand sich selbst? Was kann jemand verkraften, was kann er tragen? Ist er leicht gestresst?
- Beim Sozialen geht es um die Frage, wie jemand anderen gegenübertritt. Wie geht jemand mit anderen um? Was kann jemand aushalten?

Was jemand auf sich nimmt, muss er (er)tragen, bei größerer Belastbarkeit kann man mehr aushalten und mehr (ver)tragen. Selbstverständlich kann sich die infrage stehende Person mit Zunahme ihrer Belastbarkeit leichter nach den herrschenden Werten und Normen in einem bestimmten Kontext verhalten. Dadurch wird es einfacher, sich an Anforderungen, die die Umgebung stellt, anzupassen. Es ist sehr hilfreich zu durchschauen, wie das soziale Funktionsniveau eines Betroffenen ist und welche emotionale Welt sich dahinter verbirgt.

Wir folgen in diesem Kapitel der Einfachheit halber dem Verlauf der emotionalen Entwicklung, wie wir sie eben zeichneten, also die orale, die anale und die ödipale Phase. Die soziale Entwicklung läuft häufig parallel dazu. Das Verhalten entspricht häufig der Belastbarkeit.

2.5.2 Die soziale Entwicklung von der Geburt bis zu einem Jahr

Emotional gesehen, steht in der Zeit von der Geburt bis zum ersten Lebensjahr der Trieb im Mittelpunkt. Der schreit nach Befriedigung. Der Mensch ist gierig, unersättlich.

In sozialer Hinsicht gibt es die Symbiose. Der Betroffene ist quasi an seine Umgebung angeheftet, ist eins damit, ist im Kern seines Wesens grenzenlos. Der Betreffende lebt aus, was ihn ausmacht: seine Triebe. Ein Klient stößt deswegen z. B. mit einem anderen zusammen. Er kann sich nicht benehmen. Er wird kein sozial angepasstes Verhalten zeigen. Der Klient kann sich auch nicht in einen anderen hineinversetzen. Er schließt von sich auf andere, kann nicht gut zwischen sich selbst und einem anderen unterscheiden.

Folglich masturbiert Peer wann immer es ihm gefällt im Flur. Wir werden in Kapitel 3.5.2 und in Kapitel 3.5.3 ausführlich auf Peers Verhalten eingehen.

2.5.3 Die soziale Entwicklung vom ersten bis zum dritten Jahr

In emotionaler Hinsicht steht in der Zeit vom ersten bis zum dritten Lebensjahr das Ich im Mittelpunkt. Das Kleinkind löst sich aus der Symbiose. Es entwickelt Identität und beginnt, sich dessen bewusst zu sein, dass es ein Ich hat. Mit der Erkenntnis der zwei Ichs, also mit der Grenze zwischen dem Du und dem Ich wird experimentiert: Es entstehen Grenzkonflikte. Das Ich wird an den anderen Ichs in der Umgebung erprobt. Verschiedene Identitäten begegnen einander.

Dieses Erleben, diese Emotionen sehen wir auch in der sozialen Entwicklung. Der Kampf um Autonomie wird im Verhalten sichtbar. Einerseits ist sich der Klient in dieser Phase der Entwicklung der Anwesenheit anderer und vielleicht bestehender Normen, Werte und Regeln bewusst, andererseits kann er sehr eigensinnig und herausfordernd sein (wie ein Kleinkind). Der Klient „spielt noch neben dem anderen", das heißt, es gibt noch keine wirkliche Zusammenarbeit, eher ein Abtasten. Der Klient kann sich noch nicht besonders gut in einen anderen hineinversetzen.

2.5.4 Die soziale Entwicklung vom dritten bis zum fünften Jahr

In der Zeit vom dritten bis zum fünften Lebensjahr geht das schon entschieden besser. In emotionaler Hinsicht steht in dieser Phase das Gewissen im Mittelpunkt. Das Kind beginnt, mit Normen und Werten, mit dem, was sich gehört und was sich nicht gehört, zu experimentieren. Dieses Erleben spiegelt sich im sozialen Verhalten. Direkte Bedürfnisbefriedigung kann aufgeschoben werden, mit der Zeit verhält sich der Klient entsprechend den allgemein geltenden Normen und Werten. Ein Mensch mit dem sozialen Entwicklungsniveau eines Vorschulkindes kann sich auch schon besser in andere Menschen hineinversetzen. Über das Spielen nebeneinander und gegeneinander hinaus können wir auch schon vom Miteinander-Spielen sprechen, vom Zusammenarbeiten. Sich nach geltenden Normen und Werten verhalten, angepasstes Verhalten zeigen und sich immer mehr in andere hineinversetzen und dementsprechend reagieren: Das Vorschulkind macht sich die sozialen Mechanismen zu eigen.

2.5.5 Wenn die soziale Entwicklung scheinbar höher ist als die emotionale

In unseren bisherigen Ausführungen hielten die emotionale und die soziale Entwicklung miteinander Schritt. Regelmäßig sehen wir aber auch, dass ein Klient eine im Vergleich zu seiner emotionalen Entwicklung anscheinend höhere soziale Entwicklung zeigt. Dass jemand sich z. B. sehr anständig benimmt, beispielhaftes und sozial erwünschtes Verhalten zeigt. Für sich genommen ist das natürlich prima und verdient ein Kompliment an die Erzieher und Betreuer. Die Umgangsformen, die soziale Anpassung kommen dem Eindruck, den man von einem Klienten gewinnt, zu Gute. Sie vereinfachen den sozialen Kontakt und bewirken angenehme Interaktionen zwischen dem Klienten und anderen. Aber wir haben in der Überschrift bewusst gesagt: scheinbar. Denn mit diesem sozialen Verhalten hält man häufig Dinge aufrecht, die man emotional gar nicht so gut verkraften kann.

Folglich besteht zwischen dem Sozialen und dem Emotionalen häufig ein Spannungsfeld. Dann tun wir gut daran zu realisieren, dass das Vorführen von sozial adäquatem, gewünschtem Verhalten für den Betroffenen Überforderung beinhalten kann, quasi ein permanenter Gang auf Zehenspitzen ist. Bei einem solchen Spannungsfeld ist die Unterstützung von großer Bedeutung: Wichtig sind Bestätigung, Bekräftigung und die Vorgabe von Verhaltensnormen.

2.6 Diskrepanzen der Persönlichkeitsstruktur

2.6.1 Einleitung

Bisher ging es in diesem Kapitel um die geistige, emotionale und soziale Entwicklung. Kenntnis dieser Entwicklung eines Klienten führt zu besserem Verständnis. Verständnis leitet unsere Aktionen. Bei vielen Klienten – so erweist sich in der Praxis – laufen die geistige, die emotionale und die soziale Entwicklung ziemlich auseinander und nicht parallel. So bleiben die emotionale und die soziale Entwicklung häufig hinter der geistigen zurück, und die emotionale Entwicklung steht hinter der sozialen. In diesen Fällen sprechen wir von einer diskrepanten (widersprüchlichen) Persönlichkeitsstruktur.

Für den professionellen Umgang mit einem Klienten ist die Kenntnis von derartigen Widersprüchen in der Persönlichkeitsstruktur entschieden notwendig. Häufig werden Klienten falsch verstanden und ungerecht eingeschätzt. Häufig hören wir von Überforderung, was des Öfteren herausforderndes Verhalten oder gestörte Beziehungen zur Folge hat. Wir sehen darin klar das Spannungsfeld zwischen der Außen- und der Innenseite einer Person, zwischen dem, welchen Anschein eine Person erweckt, und dem, was sie tatsächlich leisten kann, wer sie tatsächlich ist.

2.6.2 Ein Beispiel: Albert

Albert hat eine sehr leichte geistige Behinderung. Im Hinblick auf den Verstand ist er also ziemlich gescheit. Er wirkt intelligent, kann seine Dinge regeln. Jedenfalls, wenn es nicht zu lange dauert. Kürzlich ist er bei einer Wohnstätte mit einem Porsche vorgefahren. Mit seinen flotten Sprüchen hatte er dem Verkäufer des Autohauses eine Probefahrt abgeschwatzt. Er hatte den Verkäufer schnell beeindruckt. Albert ist sehr geschickt: Er ist der Techniker einer Band und kann alles regeln. Wenn Sie

Albert sehen, würden Sie denken, dass er mit der Welt klarkommt. Aber so ist es nicht. Im Gegenteil.

Albert, ein schwerer, großer Mann, kam zur Krisenintervention wegen ernst zu nehmender Spielsucht und zwanghaften Trinkens in die psychosoziale Beratung der Wohnstätte. Er schrie, er schlug beim geringsten Anlass um sich, er fühlte sich sehr schnell bedrängt und zeigte eine niedrige Frustrationstoleranz. In ernsthaften Stresssituationen – und es ist oft so, dass Albert sich gestresst fühlt – reguliert er seine Spannungen durch Trinken und Spielen ohne Maß und Grenzen. Unter Spannung schwitzt und zittert er, seine Wut ist unmittelbar. Diese Zwanghaftigkeit sahen Betreuer auch während der Ferien: Albert brachte sein Urlaubsgeld in nur ein paar Stunden durch. Ungeachtet seiner positiven Erscheinung, kann Albert Bedürfnisse nicht aufschieben. Alle seine beruflichen Versuche missglückten: Im Straßenbau, als Be- und Entlader, Jobs als Auslieferer, er hielt nicht durch. Das Spannungsfeld zwischen Können und Gewachsensein ist zu groß.

Dieses Spannungsfeld erkennen wir auch auf sexuellem Gebiet. Albert hat Sex für sein Leben gern. Er findet es schön, über Sex zu reden. In guten Zeiten hat er bestimmt fünfmal pro Woche sexuellen Kontakt mit seiner Freundin. In besseren Perioden verhält er sich auch nicht grenzüberschreitend; dann ist er auch auf den Umgang mit seiner Freundin ansprechbar.

Aber Albert hält dieses Verhalten nicht lange durch. Regelmäßig wird er im Hinblick auf Sex obsessiv, so wie die Betreuer es auch schon im Umgang mit Alkohol und Geld sahen. In solchen Momenten kann Albert sich grenzüberschreitend verhalten und sogar seine Freundin vergewaltigen. Albert fehlt es an emotionaler Belastbarkeit; emotional gesehen handelt er oft aus oralen und analen Motiven. Und das ist dann ziemlich asozial. Oral heißt: „Befriedige meine Triebe, ich kann nicht länger darauf warten, es muss sofort geschehen." Anal bedeutet: „Ich sträube mich gegen deinen Widerstand, ich erkunde kontinuierlich deine Grenzen." Wenn man Albert auf emotionalem Gebiet nicht richtig unterstützt, wird er oft über die Grenzen anderer hinweggehen. Emotional gesehen hat Albert das ödipale Stadium nicht erreicht. Und zwar ungeachtet seines Porsche, der durch den bestürzten Autoverkäufer wieder abgeholt wurde, ungeachtet seiner flotten Sprechweise und der technisch versierten Betreuung seiner Band.

Auf sexuellem Gebiet braucht Albert eine sehr spezifische Betreuung, die auf sein sozial-emotionales Funktionsniveau ausgerichtet ist. Es bedarf einer Atmosphäre des Verhandelns und der Aussendung der Botschaft, dass es uns miteinander gut geht. Dass er Platz für seine Eigenheiten hat, für seine Persönlichkeit, und dies muss in einer Struktur der

Verabredungen im Hinblick auf sein sexuelles Erleben erfolgen (in Kapitel 3 kommen wir auf Albert zurück).

Kurz zusammengefasst sieht Alberts Persönlichkeitsstruktur folgendermaßen aus:

– Auf dem Gebiet des Verstandes ist Albert mit einem neunjährigen Kind zu vergleichen. Das überrascht übrigens die meisten Menschen. Im Hinblick auf seine Redegewandtheit und seine flotte Sprache würde man auf diesem Gebiet anderes vermuten (der Schein trügt).

– Sozial gesehen ist Albert ungefähr so weit entwickelt wie ein dreijähriges Kind. Er ist egozentrisch eingestellt. Er findet es schwierig, sich in das Leben eines anderen hineinzuversetzen. Es liegt ihm nicht daran, er kann es auch kaum.

– In emotionaler Hinsicht ist Albert mit einem ein- bis zweijährigen Kind zu vergleichen, also mit einem Baby oder mit einem Kleinkind. Wer das weiß, wird ihn anders ansehen und anders handeln.

Kennen Sie die Persönlichkeitsstruktur des Klienten, der Ihrer Betreuung anvertraut ist?

Wir hoffen das für Ihren Klienten und für die Beziehung, die Sie mit ihm oder ihr haben.

Heute, nach zwei Jahren – Albert wohnt selbstständig in der Nachbarschaft der Wohnstätte – hat er einiges Vertrauen in die Betreuer entwickelt, die bei ihm vorbeikommen. Vertrauen ist vielleicht ein großes Wort. Auf jeden Fall hat Albert entdeckt, dass er sich ziemlich sicher fühlen kann, wenn die Betreuer verlässlich sind, wenn sie sich also konsequent verhalten.

2.7 Die Erziehungs- und Entwicklungsgeschichte

2.7.1 Einleitung

Wenn Sie nach einer ganzheitlichen Menschensicht denken und handeln, gehen Sie davon aus, dass ein Mensch mehr ist als seine Gewandtheit, mehr als sein geistiges, soziales oder emotionales Funktionsniveau, mehr als seine körperlichen Möglichkeiten. Ein Mensch ist mehr als die Summe aller Teile.

Eines der Teile mit großem Einfluss darauf, wie ein Mensch sich erlebt und verhält, ist z. B. seine Erziehungs- und Entwicklungsgeschichte. Wir alle sind geworden, was wir heute sind. Die Kenntnis der Erziehungs- und Entwicklungsgeschichte lässt uns anders auf Menschen blicken, vergrößert die Chance, dass wir sie verstehen, ist sogar von Einfluss auf die Art und Weise, wie wir Menschen, die von unserer Betreuung abhängig sind, sexuell aufklären. Denn diese Kenntnis begleitet uns natürlich, sie beeinflusst unsere Haltung, unseren methodischen emotionalen und sozialen Ansatz während der Aufklärung in hohem Maße.

2.7.2 Karl

In Kapitel 2.2.1 sprachen wir schon über Karl, den Mann, der glaubte, dass er ins Bett gepinkelt hätte. Es ging aber um Samenergüsse. Karl war sehr erleichtert, als er hörte, dass das etwas Normales ist. Er hatte sich nie selbst befriedigt. Das ist aber auch kein vorgegebenes Ziel. „Aber", sagt eine Betreuerin, „wir würden gern emanzipatorisch mit Klienten umgehen. Wir stellen sie in den Mittelpunkt, wir wollen ihre Wünsche und Möglichkeiten als Ausgangspunkt nehmen. Aber etwas macht die Sache schwierig", fährt sie fort, „seine Eltern schauen ihm noch immer über die Schulter." Dabei sind sie schon lange tot. Doch in Karls Wahrnehmung sind sie noch springlebendig, und er sieht die Welt mit den Augen seiner Eltern.

Karl hatte überhaupt keine sexuelle Aufklärung. Sein Vater hatte ihm einige negative Vorstellungen auf dem Gebiet von Sexualität und Beziehung mitgegeben. „Junge, das ist alles schmutzig", hatte sein Vater gesagt. Karl vergöttert seinen Vater noch immer. Darum kämpft er auch mit seinen Gefühlen gegenüber Frauen. Es kann doch nicht gut sein, dass er zu oft daran denken muss.

2.7.3 Alexander

Alexander sagt auch, dass ihm das Schwierigkeiten bereitet. Alexander ist 45 Jahre alt und hat eine leichte geistige Behinderung. Er hat sich zu Gesprächen mit dem Heilpädagogen getroffen. Alexander hatte der Betreuerin gemeldet, dass er „Angst hat, zu explodieren". Es zeigt sich, dass Alexander regelmäßig eine Erektion hat. Aber es gab noch nie einen Samenerguss. Angenommen, er würde auseinander platzen! Alexander guckt besorgt. Ein steifes Glied zu haben, das kann doch nicht sein. Seine Mutter hatte ihm früher gesagt, dass er so etwas Schmutziges nicht zeigen dürfte: „Das gefällt Gott nicht, Alexander." In der Schule sah Alexander ebenso interessiert wie eine Anzahl seiner Mitschüler in Pornoheftchen. Oh, geil, die nackten Frauen. Und was für tolle große Brüste sie haben! Aber er fühlte, dass etwas nicht stimmte. Er nahm die Hefte mit nach Hause und versteckte sie unter seiner Matratze. Mutter fand sie beim Saubermachen. „Raus mit diesem Dreck, oder du fliegst raus!", war ihre Reaktion. Die Pornoheftchen flogen raus.

„Mutter guckt zusammen mit Gott aus dem Himmel auf mich", sagt Alexander. Sexuelle Gefühle zuzugeben ist für ihn in diesem Moment dasselbe, als würde er Mutter und Gott im Stich lassen. Und er will doch später wieder zu Mutter. Und Gott liebt er auch.

2.7.4 Marian

Marian hat eine leichte geistige Behinderung, sie wohnt seit kurzem, aus Anlass einer Krisenintervention, in der Wohnstätte. Sie ist eine liebe und hilfsbereite Frau. Marian braucht viel Bestätigung und Unterstützung, manchmal fordert sie Aufmerksamkeit. Nach einigen Wochen fängt Marian an, auffällige Verhaltensweisen zu zeigen. Sie ist mehr und mehr in sich gekehrt, starrt immer wieder geistesabwesend vor sich hin, vergisst manchmal vom Tisch aufzustehen und entwickelt die seltsame Obsession, immer wieder ihre Unterwäsche kontrollieren zu wollen, ob die sauber ist. Das tut sie bis zu sechs mal pro Stunde auf der Toilette. Es fällt auch auf, dass Marian immer starrer geht, die Beine gegeneinandergepresst. Die Betreuer finden es schwierig, herauszufinden, was die Bedeutung dieses Verhaltens ist. Marian sagt, dass „etwas mit Sex" geschehen ist, aber weiter geht sie nicht darauf ein. Man vermutet schon, dass sich besondere Dinge ereignet haben: Marian ist nämlich manchmal sehr freundschaftlich zu männlichen Betreuern, manchmal sogar maßlos, bei anderen Gelegenheiten ist sie sehr zurückhaltend, wenn nicht gar ängstlich. Es ist seltsam.

Es wird ein Sexualkundler zurate gezogen. Nach mehreren Gesprächen wird klar, dass Marians Erfahrungen auf sexuellem Gebiet ausschließlich negativ sind; von Haus aus weiß Marian nur, dass Sex eine schmierige Angelegenheit ist, schmutzig, etwas, über das man gewiss nicht redet. Sie hat mitbekommen, dass Sex etwas mit Heiraten zu tun hat. „Aber du heiratest doch nicht, Marian, dann passiert etwas mit Sex und dann kriegst du auch ein Kind." Marian hat ein sehr negatives Bild im Hinblick auf Sexualität entwickelt.

Später wohnt Marian in einer Wohnstätte. Joris, ein Mitbewohner, findet Marian süß. Er sagt, er möchte sie gern zur Freundin haben. Marian genießt die Aufmerksamkeit und reagiert freundlich, offen. Joris ist über ihre offenherzige Reaktion glücklich und fängt an, Marian spontan zu küssen und über ihre Brüste zu streicheln. Marian reagiert ängstlich. Sie hat etwas mit Sex gemacht! Nun kriegt sie bald ein Kind! Marian entwickelt zwanghafte Handlungen, reagiert manchmal sogar psychotisch. Regelmäßig untersucht sie ihre Unterwäsche, ob die noch sauber ist. „Warum?", fragt der Sexualkundler. „Um zu sehen, ob das Kindchen schon da ist", antwortet Marian bedrückt. „Es kann jeden Moment kommen!"

In Kapitel 2.6 sprachen wir über Diskrepanzen in der Persönlichkeitsstruktur. Auch bei Marian sehen wir eine derartige Diskrepanz. Schließlich geht es hier um eine Frau mit einer leichten geistigen Behinderung, jemanden mit einem geistigen Entwicklungsalter von ungefähr acht Jahren (die übrigens denkt, dass man vom Küssen ein Kind bekommt). Aber in emotionaler Hinsicht bringt Marian das Lebensalter eines Babys zum Ausdruck: Sie benötigt sehr viel Bestätigung und Unterstützung, sie schwimmt auf der Haltung ihrer Umgebung, ist daran gebunden.

Diskrepanzen in der Persönlichkeitsstruktur sind häufig Folge von Beschädigungen, die sich während der Erziehungs- und Entwicklungsgeschichte ereignet haben.

2.7.5 Josefine

Natürlich gibt es auch Klienten, die eine freiere, offenere Erziehung auf den Gebieten Körperlichkeit, Sexualität und Beziehungen genossen haben. Das ist von großem Einfluss auf die Art und Weise, wie jemand sich selbst erlebt, wie jemandes Selbstbild ist. Unser Körperbild ist ein Teil unseres Selbstbilds (siehe auch Kapitel 3).

Josefine, eine 26-jährige spontane Frau, hat eine mittelgradige geistige Behinderung. Sie begrüßt jeden herzlich. Josefine ist körperlich eingestellt und fühlt sich wohl in ihrer Haut. Sie hat offenherzige sexuelle Aufklärung bekommen. Ihr Vater sagt: „Wir sind mit all unseren Kindern frei umgegangen, warum nicht auch mit Josefine?" Später merkte er, dass er und seine Frau mit Josefine noch viel offener sein müssten. „Sie versteht so wenig. Also müssen wir wohl ganz konkret werden. Zum Glück bereitet uns das keine Schwierigkeiten."

Josefine ist anhänglich, schmusig eingestellt. Das ist ihre Stärke (sie kann Menschen für sich gewinnen), aber auch ihre verletzliche Seite. Menschen können ihre Intentionen falsch interpretieren, so als würde sie mehr von ihnen wollen, als sie tatsächlich beabsichtigt. Die Mitarbeiterinnen und Mitarbeiter sprechen oft mit ihr über die Frage von Grenzen und versuchen, sie in die Lage zu versetzen, sich selbst besser zu schützen. Aber man erkennt in ihrem Verhalten sehr stark ihre Erziehung. Josefine hat ein positives Körperbild, was in der Art und Weise, wie sie Menschen in ihrer Umgebung gegenübertritt, erkennbar wird: Offenherzig, unbefangen, stolz. Josefine weiß, wie man sich selbst befriedigen kann, auch das wurde ihr erklärt. Und sie genießt es.

Es fällt auch auf, dass Josefine es schön findet, sich selbst zu pflegen. Sie ist erkennbar stolz auf ihren Körper. Sie verwendet gerne Make-up. Geht gern ins Bad. Sie findet es angenehm, schön gekleidet und gepflegt auszusehen, vergnügt sich dabei, zusammen mit ihrer Mutter und jemandem aus der Einrichtung Kleidung einzukaufen.

Kennen Sie die Erziehungs- und Entwicklungsgeschichte der Klienten, die Ihrer Betreuung anvertraut sind? Beeinflusst das Ihr Bild vom Klienten (und dessen Möglichkeiten)? Hat es Einfluss darauf, wie Sie sexuelle Aufklärung geben?

3. Sexuelle Aufklärung für Menschen mit geistiger Behinderung

3.1 Einleitung

In diesem Kapitel beschäftigen wir uns insbesondere mit sexueller Aufklärung. Immer wieder ist es ein wichtiger Hinweis, dass es einen Unterschied gibt zwischen sexueller Aufklärung und sexueller Bildung. Sexuelle Aufklärung bedeutet, Informationen über medizinische, emotionale und psychosoziale Aspekte von Sexualität zu geben. Sexuelle Bildung richtet sich auf die Wechselwirkung zwischen Individuum und seiner Umgebung und auf die Art und Weise, wie gesellschaftliche Normen und Werte das individuelle Erleben akzentuieren und mitbestimmen. Innerhalb der Bildung kommt auch die Besprechung von Normen und Werten an die Reihe. So entstehen Meinungen darüber, wie man sich verhalten muss. Positive sexuelle Bildung führt zu angemessenem Verhalten.

Natürlich ist sexuelle Bildung nicht wertfrei; sie wird durch unser Menschen- und Gesellschaftsbild mitbestimmt. Die Ausgangspunkte sexueller Bildung sollen in einem emanzipatorischen Kontext stehen: Menschen haben das Recht auf ihr eigenes Sexualleben, sie sollen respektvoll mit anderen umgehen, und Sexualität ist ein positives und dazugehöriges Teil des Lebens (im Abschnitt 3.2.1 kommen wir hierauf zurück).

Sexuelle Aufklärung und sexuelle Bildung liegen dicht beieinander. Im Folgenden werden wir der Einfachheit halber zunächst etwas über sexuelle Aufklärung sagen.

3.2 Wozu sexuelle Aufklärung?

3.2.1 Sexuelle Aufklärung zur Verwirklichung einer Vision

Wir sind froh, das wir eine Vision für den Umgang mit Menschen mit geistiger Behinderung formuliert haben. Wie sieht Ihre Vision aus? Menschen mit einer geistigen Behinderung sind sehr von unseren Visionen abhängig. In unserer Haltung gegenüber anderen gewinnen unsere Visionen Gestalt. Haltung ist verkörperte Vision. In der Art und Weise, wie wir anderen begegnen, wird die Vision erkennbar. Mit Ihrer Vision und Ihrer Haltung können Sie sagen und vermitteln, dass sexuelle Aufklärung ein normaler Teil von Erziehung und Bildung ist. Menschen entwickeln sich auf vielerlei Gebieten, auch auf dem sexuellen. Folglich müssen wir die Entfaltung geistig behinderter Menschen auch auf diesem Gebiet unterstützen. Ließen wir das unbeachtet, ließen wir sie in gewissem Sinne im Regen stehen.

Unsere Vision von Menschen (mit einer geistigen Behinderung) muss klar sein. Darauf hat jeder Klient ein Recht. Denken Sie z. B. an Rob, den Mann mit der schweren geistigen Behinderung, der uns in Abschnitt 2.2.4 begegnete. Rob zeigte sich sehr abhängig von der Haltung seiner Begleiter. Ihre Haltung spiegelt eine Vision wider. Rob erhielt die Gelegenheit, mit seinem Penis zu spielen. Und zwar auf Basis der Annahme, so die Betreuerinnen und Betreuer, dass Menschen sexuelle Wesen sind.

Als Mitarbeiterin oder Mitarbeiter einer Einrichtung haben wir eine große Verantwortung: Die Verantwortung, eine bestimmte Vision konkret werden zu lassen. Wenn Menschen sexuelle Wesen sind – und so lautet unsere Annahme – dann erhalten sie auch sexuelle Aufklärung; jeder hat ein Recht darauf.

Regelmäßig begegnen wir Menschen, die davon ausgehen, dass nicht jeder Mensch oder sogar niemand (mit geistiger Behinderung) sexuelle Aufklärung braucht. Auch das ist eine Vision. Aber diese wollen wir nicht teilen. Im Gegenteil.

„Vielen Menschen mit einer geistigen Behinderung ... können Sie ... wichtige Informationen vorenthalten. Über Sex sprechen zu lernen, hat viele Vorteile. Es ist eine Möglichkeit der Prävention von sexuellem Missbrauch; folglich kann damit viel Leid verhindert werden. Darüber hinaus wird es einfacher, eine Beziehung zu führen, und es erspart manche Handlungsunsicherheit. Sie verstehen mehr von sich selbst und von anderen. Sie erfahren so als Mensch Gerechtigkeit.

Die – aus Angst formulierte – Bemerkung über schlafende Hunde, die man nicht wecken soll, bewirkt häufig, dass man der Verantwortung aus dem Weg geht. Dann können sich latente Bedürfnisse nicht manifestieren. Menschliche Möglichkeiten können dadurch übersehen und Chancen verpasst werden. Wenn der Hund nicht wach wird, gab es das Bedürfnis offensichtlich nicht. Das ist dann klar. Wird er aber doch wach, dann ist es gut zu klären, ob die Bedürfnisse begleitet werden" (Bosch 1995, S. 85).

3.2.2 Sexuelle Aufklärung zur Förderung der Emanzipation der Klienten

Die eben beschriebene Vision ist eine emanzipatorische Vision. Jedenfalls legen wir großen Wert darauf, dass eine Klientin oder ein Klient so viel wie möglich die Regie im eigenen Leben übernimmt, dass sie oder er möglichst mündig ist oder wird. Kenntnis der eigenen Sexualität und die Aussicht auf die Möglichkeiten, die man hat, und die Grenzen, mit denen man umgehen muss: Dies alles bildet einen wichtigen Beitrag dazu, das Leben besser in den Griff zu bekommen, Autonomie zu gewinnen, so gering diese – anfangs oder alles in allem – womöglich auch sein mag. Dieses Wissen fördert Mündigkeit, Selbstschutz, mehr Individualität, ein Leben, das mit den eigenen Möglichkeiten konform geht, Eigenart.

3.3 Einige konkrete Ziele sexueller Aufklärung

Im Folgenden geben wir Punkt für Punkt Ziele sexueller Aufklärung an. Die Ziele unterscheiden sich voneinander, lassen sich aber nicht immer leicht voneinander trennen. So kann Wissensvermittlung z. B. einen Beitrag zum Gefühl von Selbstvertrauen eines Klienten liefern. Sie würde den Klienten dann in die Lage versetzen, Grenzen klarer zu erleben und zu setzen und Selbstbehauptung zeigen zu können.

3.3.1 Information

Vieles kann Menschen mit einer geistigen Behinderung erklärt und klar gemacht werden. Beispielsweise, was der Unterschied zwischen einem Mann und einer Frau ist. Oder wie eine Klitoris aussieht. Und was man damit tun kann, falls man das möchte. Oder was Homosexualität bedeutet. Oder dass Menschen uns nicht einfach anfassen dürfen. *Wissen ist Macht.* Menschen (mit einer geistigen Behinderung) haben ein Recht auf Wissen. Das Fehlen von Wissen vergrößert die Wahrscheinlichkeit, (ein Gefühl von) Ohnmacht zu empfinden, von Handlungsunsicherheit, (ausbeutbarer) Verletzlichkeit oder sexuellem Missbrauch zum Opfer zu fallen.

Viele Menschen mit einer geistigen Behinderung wissen tatsächlich wenig oder sogar gar nichts, verfügen kaum über irgendwelche Kenntnisse. Das bringt sie in eine Randposition. Bei einer großen Anzahl von Menschen mit einer geistigen Behinderung können wir von verpassten Chancen zum Experimentieren sprechen.

> „In der Pubertät passiert also viel. Es ist allgemein bekannt und anerkannt, dass diese Periode zwischen Kindheit und Erwachsenenalter eine Zeit ist, in der viel experimentiert wird, auch auf sexuellem Gebiet. Viele Menschen bekommen den dafür notwendigen Freiraum. Nach dieser Periode wird von dir erwartet, dass du deine Identität klarer siehst, und die Gesellschaft erwartet – im Gegensatz zur ziemlich toleranten Haltung, die gegenüber allerhand Eskapaden in der Pubertätsperiode eingenommen wird – im Allgemeinen weniger Experimentierverhalten.
>
> Wie sind wir selbst durch diese Periode gekommen? Es ist häufig so, dass Jungs gemeinsam über Mädchen reden und Mädchen über Jungen. In gewisser Weise machen die Jüngeren sich deutlich von ihren Eltern los (bei vielen ist diese deutliche Trennung in Form einer zweiten Trotz-

phase gekennzeichnet). Die jungen Leute haben Geheimnisse, Geheimnisse, die sie meistens mit anderen teilen. In den Schulen wird viel geschwätzt, es wird hin und her geflirtet, und die ersten Pärchen finden sich. Es wird auch viel fantasiert. Filme, Bücher, Fernsehprogramme werden besprochen.

Viele lernen viel voneinander und starten ihre Rolle, ihr Selbstbild, indem sie sich an einem Gruppencodex ausrichten. Viele bessern ihre fehlenden Kenntnisse in dieser Zeit mithilfe ihrer Freundinnen und Freunde auf. Alle diese Interaktionen sind ein wertvoller Austausch von Gefühlen, Fantasien und Gedanken. Man kennt viel voneinander („die anderen sind genauso!") und erhält die Gelegenheit, sich ein Bild davon zu machen, wie man ist und was man will. Wenn du viel auf diese Weise mit Gleichgesinnten in einer offenherzigen, akzeptierenden Atmosphäre sprechen konntest, vergrößert das die Chance, dass du ein positives Körperbild behältst oder noch entwickelst.

Eine verpasste Chance zu experimentieren
Wie verläuft die Entwicklungsgeschichte bei Menschen mit einer geistigen Behinderung? Erleben sie ihre Pubertät auf dieselbe Art wie Jugendliche ohne geistige Behinderung? Viele von ihnen mit an Sicherheit grenzender Wahrscheinlichkeit nicht. Sie werden weniger Gelegenheit bekommen (oder gehabt haben), Erfahrungen mit Altersgenossen auszutauschen. Was das positive Körperbild anbelangt: Auch hier eine verpasste Chance zu experimentieren. Die Wahrscheinlichkeit, dass ihr Blick vor allem durch den Einfluss ihrer Eltern getönt ist, ist groß. Das kann ausgezeichnet sein. Aber die Chance, diese Muster während der Pubertät anzupassen oder zu verändern, ist klein. Das ist vor allem dann schade, wenn in Bezug auf sexuelle Erziehung eine verneinende oder unterdrückende Haltung vorherrschte.

Wenn Sie die verschiedenen Entwicklungsgeschichten betrachten, können Sie als Betreuer realisieren, wie groß Ihre Verantwortung im Hinblick auf sexuelle Aufklärung ist. In einer Reihe von Fällen wird ein Nachholmanöver notwendig sein" (Bosch 1995, S. 93).

Monika ist jetzt 22 Jahre alt. Als sie das erste Mal ihre Tage bekam („Ein großer Schrecken", sagt sie später einer Betreuerin) hat ihr ihre Mutter nichts erklärt. Das ist an sich nicht unverständlich, wenn man realisiert, dass auch der Mutter nichts erklärt worden war, da sie aus einer Familie stammt, die ihrerseits ziemlich verschlossen war, soweit es um Körperlichkeit ging.

Den Schrecken und die Verwirrung hat Monika noch lange Zeit erlebt. Und zwar bis zu dem Moment, in dem sie eine Betreuerin traf, die es der Mühe wert fand, ihr etwas sexuelle Aufklärung zu geben. Diese Informationsvermittlung führte bei Monika zu einem Wissen über den eigenen Körper. Die Macht dieses Wissens zeigt sich in der deutlichen Veränderung, die sich bei Monika dann ereignete. Dank der Offenheit ihrer Betreuerin ist Monika ein gut Teil ruhiger geworden. „Ich habe auch gerade meine Tage", kann sie ihrer Betreuerin stolz sagen, „ich gehe heute nicht mit ins Schwimmbad."

3.3.2 Stärkung der Selbstbehauptung

Aus unseren Erfahrungen mit sexueller Aufklärung wissen wir, dass die Weitergabe von Informationen in der Regel zu (einem Gefühl von) klarerer Selbstbehauptung führt. Auf jeden Fall ist es ein Ziel der Aufklärung, Grenzen kennen zu lernen und Grenzen zu setzen, Grenzen zwischen mir und dem anderen. Um eine Grenze setzen zu können, muss man sie zunächst einmal kennen. Außerdem setzt es voraus, dass sie Gefühle benennen können, Gefühle von Freude, Gefühle von Frust, Zorn, Abneigung. Diese Gefühle – angenehme und weniger angenehme – werden bei Kontakten hervorgerufen. Ziel der Aufklärung ist es folglich, in dieser Gefühlswelt zu differenzieren (lernen), gut von schlecht zu unterscheiden. Man muss sein Gefühl erst erleben, fühlen, um es dann äußern zu können (das Emotionale und das Soziale, siehe Kapitel 2.3). Je mehr Wissen man hat, desto besser kann man Situationen einschätzen, hat die Welt besser im Griff, fühlt sich angenehmer und ist besser in der Lage, sich zur Wehr zu setzen.

3.3.3 Verbesserung eines positiven Selbstbilds

Viele Menschen mit einer geistigen Behinderung haben ein negatives Selbstbild. Sie haben wenig Zugriff auf die Welt. Sie bewegen sich in sozialer Isolation: Sie sind buchstäblich weniger unter Menschen. Viele von ihnen hatten bereits mehrere Versagenserlebnisse, oft sind sie in dieser komplexen Gesellschaft die Schwächeren (aktive und passive Überforderung). Sie entsprechen weniger dem Idealbild der Werbung, dass wir verinnerlicht haben. Darüber hinaus fehlt es oft an sozialen Fähigkeiten.

Sexuelle Aufklärung beginnt häufig mit dem Körperbild und dem Körpererleben (siehe Kapitel 3.5.2). Man beschäftigt sich z. B. mit der Frage, wie man aussieht, was man schön an sich selbst findet, was man gut kann (z. B. stark sein). Ein positives Körperbild ist ein Beitrag zu einem positiven Selbstbild. Ein positives Selbstbild kommt seinerseits dem Selbstvertrauen zu Gute. Dieses Selbstvertrauen beeinflusst die Identität.

Ein positives Körperbild führt zu einem Gefühl von Identität. Das Erleben von Identität schafft Ruhe, Zufriedenheit, die Erkenntnis, jemand zu sein, etwas oder auch viel zu können. „Das bin ich." So kann die schwer geistig behinderte Maja sehr froh über ihr langes schönes Haar sein. „Ich bin eine echte Frau", sagte sie kürzlich. „Ich habe langes Haar."

3.3.4 Beziehungen knüpfen und unterhalten

Mit deiner Identität trittst du der Identität anderer gegenüber. Daher passt es gut, sich bei sexueller Aufklärung mit dem Körperbild und dem Selbstbild, den zwei Seiten derselben Medaille zu befassen. Wenn du eine positive Identität entwickelt hast, gelingt es dir besser, adäquat mit der Identität eines anderen umzugehen. Wenn dir deine Grenzen klar sind, kannst du eher die Grenzen eines anderen respektieren. Selbstachtung führt zur Achtung des anderen. Sexuelle Selbstachtung ist eine Voraussetzung dafür, das sexuelle Wesen eines anderen zu respektieren. Darin zu investieren, kommt auch der Beziehungsbildung zu Gute.

Eine schöne Beziehung haben, guten Sex, kannst du lernen. Intimität kannst du teilen (lernen). Dann fühlst du dich um so besser. Das bereichert dein Leben. Es kommt deiner Selbstentfaltung zu Gute.

Auf sexuellem Gebiet in sich investieren, ist zugleich eine sexuelle Investition in einen Partner. Zu Beginn eines Kontakts entsteht das besondere Spiel von Anziehung und Zurückweisung. Du ziehst Grenzen und verlegst deine Grenzen: Wer darf näher kommen und wer nicht? Ein schwieriges Spiel, das große Ansprüche an das Einfühlungsvermögen stellt. Intimität ist ein hochgradig verletzliches Ding. Sexuelle Aufklärung befasst sich auch mit diesem Spiel. Es ist erstaunlich, wie viel Menschen mit einer geistigen Behinderung auf diesem Gebiet lernen können.

3.3.5 Der Umgang mit Normen und Werten

Jemanden zu respektieren, hat zu tun mit dem Umgang mit Normen und Werten. In Kapitel 2.4.2 wurde ausgeführt, dass ein emotionales Entwicklungsalter von vier bis fünf Jahren nötig ist, um aufkeimenden Trieben ihren adäquaten Platz zu weisen. In dieser Zeit entsteht das Gewissen.

Gerade in unserer Zeit, in der Menschen mit geistiger Behinderung zunehmend gemeindeintegriert leben, werden wir die Bedeutung von adäquatem Umgang mit Normen und Werten umso mehr akzentuieren. Durch zunehmende Inklusion, so ist unsere Erfahrung, reagiert die Umgebung auf ungewöhnliche Verhaltensweisen. Wie normal ist es denn, dass die geistig behinderte Katja jedermann umarmt? „Man kann gut sehen, dass mit ihr irgend etwas ist", reagieren die Menschen in ihrer Nachbarschaft. „Ja, sie ist geistig behindert."

Viele Klienten wohnen allein, leben ziemlich autonom, führen selbst weitgehend Regie über ihr eigenes Leben, aber es fehlen verinnerlichte Normen. Daraus ergibt sich, dass wir uns bei unserer sexuellen Aufklärung intensiv mit diesem Punkt beschäftigen. Wir denken in Bezug auf Normen und Werte z. B. an: Anständig gekleidet sein, sich in einem Geschäft gut verhalten, niemandem zu nahe rücken, der das nicht möchte, die Gardinen zuziehen, wenn man miteinander ins Bett geht, nicht in der Öffentlichkeit masturbieren, keine obszönen Wörter rufen, die Wünsche anderer Menschen berücksichtigen usw. Die Anwendung adäquater Normen und Werte hat viel damit zu tun, was sich gehört und was nicht, mit dem Leben gemäß den sozial angemessenen Normen und Werten.

3.3.6 Pfleglich mit dem eigenen und dem Körper anderer umgehen

Auch die Bedeutung von Hygiene wird bei der Aufklärung besprochen. Dabei gehen wir auf die Pflege der eigenen Person ein, auf das Waschen der Geschlechtsteile, auf die angemessene Pflege während der Zeit der Menstruation. Hier geht es auch um Themen wie die Frage schwanger werden oder nicht und um sexuell übertragbare Krankheiten und Aids. Das führt uns zum Thema Prävention.

3.3.7 Prävention

Ein Ziel der Aufklärung ist es, Geschlechtskrankheiten vorzubeugen. Ein Beispiel dafür ist der Gebrauch von Kondomen. In der Praxis erweist es sich als ziemlich schwierig, Klienten den adäquaten Umgang mit Kondomen beizubringen und sie davon zu überzeugen, wie wichtig das ist. Wir denken dabei auch an Hepatitis B-Infektionen und an HIV.

Bei Prävention denken wir auch an die Verhütung von Schwangerschaften. Wir sind uns darüber im Klaren, dass dies Gegenstand einer ethischen Diskussion ist. Die Ansichten hierüber gehen innerhalb verschiedener Einrichtungen weit auseinander. Wenn es um den Kinderwunsch von Menschen mit geistiger Behinderung geht, treffen wir im Allgemeinen das folgende Bild an. Der Wunsch wird in der Regel sehr ernsthaft gehört. Es wird genau beobachtet, was die Bedeutung dieses Verhaltens ist. In der Regel rät man von einer Schwangerschaft ab, und zwar mit folgender Argumentation: Jedes Kind hat ein Recht auf Eltern, die bis zu einem gewissen Maße zu selbstverantwortlicher Selbstbestimmung in der Lage sind. Viele Klienten mit einer geistigen Behinderung bedürfen selbst der Unterstützung, um die selbstverantwortete Selbstbestimmung in irgendeiner Weise erleben zu können. Wie sollen sie dann Kinder zum gewünschten Niveau führen können?

Eine ganze Reihe von Menschen mit geistiger Behinderung hat ein Kind. Häufig führt das zu großen Problemen. Bei einer Reihe von Fällen allerdings aufs Ganze gesehen aber auch nicht. Wir kommen auf den Kinderwunsch in Kapitel 4.5 zurück.

3.3.8 Sexuellem Missbrauch vorbeugen

Eine weitere wichtige Form der Prävention ist die Vorbeugung von sexuellem Missbrauch. Die Untersuchung von van Werlo (1995) bewies, dass sexueller Missbrauch vielfach vorkommt. Und mit an Sicherheit grenzender Wahrscheinlichkeit noch viel häufiger, als mit den Zahlen angegeben wird. Es zeigte sich auch, dass die größte Tätergruppe aus der Gruppe der Klienten selbst bestand. Bosch (1995) gibt an, dass Menschen mit einer geistigen Behinderung leicht Opfer von sexuellem Missbrauch sind.

Unserer Erfahrung nach ist es übrigens logisch, dass Klienten es so häufig mit Grenzüberschreitungen zu tun bekommen. Wenn dir nie etwas gesagt wurde, du wenig oder nichts mitbekommen hast auf diesem Gebiet und weiterhin deine Umgebung nur Handlungsverlegenheit zeigt, wie soll ein Mensch sich dann auskennen? Hier zeigt sich die große Bedeutung einer starken Selbstbehauptung, des Wissens vom Körper, der Bewusstwerdung von Werten und Normen usw., kurzum: der sexuellen Aufklärung. Damit spüren wir sexuellen Missbrauch auf und können ihn folglich stoppen. Darüber hinaus vermindert es die Wahrscheinlichkeit, dass sich sexueller Missbrauch ereignet. Wir sehen darin eine große Verantwortung!

Natürlich schließt das Ernstnehmen sexueller Aufklärung Grenzüberschreitungen nicht gänzlich aus. Manche Klienten werden Täter bleiben, und zwar als Folge von Abweichungen und Störungen, wie wir sie auch bei Menschen ohne eine geistige Behinderung antreffen. Auf solche Störungen gehen wir in Kapitel 4 ein.

3.3.9 Raum für Vielfalt

Menschen unterscheiden sich voneinander. Es gibt verschiedene Formen des Daseins, auch auf sexuellem Gebiet. Sexuelle Aufklärung stellt den einzelnen Menschen in den Mittelpunkt. Dieser kann heterosexuell sein, homosexuell, bisexuell, Transvestit, Gummifetischist oder was auch immer. Der Einzigartigkeit jedes einzelnen müssen wir gerecht werden. Sich zu entwickeln heißt, wählen zu lernen. Viele Klienten wissen nicht, wohin ihre Vorliebe führen könnte. Viele wissen nicht einmal, dass es Unterschiede gibt. Liebst du Männer, oder liebst du Frauen? Die Beschäftigung mit der Identität ist ein Teil sexueller Aufklärung.

Natürlich sind auch kulturelle Unterschiede von Einfluss auf den Umgang mit Normen und Werten. Sexuelle Aufklärung für Menschen aus einem anderen Kulturkreis erfordert vertiefte Kenntnisse der dazugehörigen Hintergründe.

3.3.10 Ängste und Tabus abbauen

Nach unserer Erfahrung reduziert eine freie sexuelle Aufklärung viele Ängste und Tabus. Es gibt bei unseren Klienten viele falsche Vorstellungen und Vorurteile. Das kann Menschen unglücklich machen. Es gibt Menschen, die sich fürchten, homosexuell zu sein, allein wegen des sozialen Hintergrunds. Es gibt Klienten, die Angst vor einem Orgasmus haben, andere haben Angst, von einem Kuss schwanger zu werden, und wieder andere glauben, von einem nächtlichen Samenerguss schlimmste Krankheiten zu bekommen. Und wieder andere haben Angst vor Männern: „Denn die wollen allein nur Sex." Aus Ihrer eigenen Erfahrung können Sie hier zweifellos viele Beispiele hinzufügen. Häufig sind diese Beispiele Resultate von Mitteilungen, die wir früher aufgeschnappt haben, oder Folge der Tatsache, dass wir überhaupt keine Informationen bekommen haben.

Wie sieht der Informationshintergrund Ihres Klienten oder Ihrer Klientin aus?

So weit einige Ziele sexueller Aufklärung.

3.4 Im hermeneutischen Kreis

Wir verwenden in diesem Buch die Lehre der Hermeneutik. Hermeneutik bezeichnet eine Denkweise, deren Ursprung in einer geisteswissenschaftlichen Strömung liegt. Anfangs ging es in der Hermeneutik um die Interpretation der Bibel (Exegese). Später erwies sich diese Sicht auch als sehr geeignet, die Lebenswelt anderer Menschen zu erkunden. Dabei wird der hermeneutische Kreis verwendet. Indem wir den hermeneutischen Kreis auch in unserer Arbeit einsetzen, passen wir ihn auf die Sexualität und Beziehungsbildung von Klienten an, die unserer Betreuung anvertraut sind.

3.4.1 Einleitung

Betreuer haben Kontakt mit anderen Menschen. Dabei nehmen sie ihre eigene Lebensgeschichte mit, mit eigenen Normen und Werten und ihrer eigenen sexuellen Lebensgeschichte. Die Kunst besteht darin, ihre (sexuelle) Daseinsform zugunsten der Lebenswelt des Anderen, mit dem sie zusammenkommen, zu relativieren. Aus der Argumentation eines ganzheitlichen Menschenbildes heraus sagen wir: „Es geht um die Geschichte des einen, einzigartigen Klienten." In der Begegnung mit dem Klienten gehen wir als Begleiter auf die Suche nach dessen sexuellen Fragen. Wenn Sie ein narratives Menschenbild anwenden, also auf der Suche sind nach der ganzen Geschichte dieses einen Menschen, reduzieren Sie diese Personen nicht auf ihre körperlichen (Un)Möglichkeiten, ihre wie auch immer verarbeitete Jugend, ihre emotionale Belastbarkeit oder irgendeinen anderen Aspekt. Ein Mensch ist mehr als die Summe all dieser Teile.

Ein am Gesamtbild des Klienten interessierter Betreuer verwendet so viel Informationen wie möglich und ergänzt sie fortlaufend im Hinblick auf Vergangenheit und Aktualität (siehe Baartman 1995). Von einer solchen Vision aus mit Menschen umzugehen, führt uns zu einem wichtigen Aspekt der Haltung zurück, zur Akzeptanz. Das bedeutet, dass Sie sich aktiv in die Erlebenswelt eines bestimmten Menschen hineinversetzen und die Welt mit dessen Augen zu betrachten versuchen. Diese Haltung kommt uns bei der sexuellen Aufklärung besonders zu Gute.

3.4.2 Das narrative Menschenbild

Um die (sexuelle) Geschichte eines Klienten zu verstehen, ist eine unbefangene Haltung erforderlich.

Die Idee, dass man in einem Menschen lesen kann, spiegelt eine bestimmte Vision. Nämlich die, dass jeder Mensch eine Geschichte verkörpert. Die Arbeit als Betreuer läuft häufig darauf hinaus, die Bedeutung von Verhalten herauszufinden. Wenn wir die Bedeutungen von Verhaltensweisen eines Klienten zusammenzählen, entsteht eine Geschichte, die Geschichte dieses einen Menschen. Es ist die Kunst, diese Geschichte richtig zu lesen. Auf diese Art und Weise versteht man einen Menschen besser. Und man würde auch besser dahinterkommen, was dieser eine Mensch auf dem Gebiet der sexuellen Aufklärung von uns an Hilfen benötigt. Daher rührt übrigens der Untertitel dieses Buchs im niederländischen Original: Die Kunst des Verstehens.

3.4.3 Die Methode des hermeneutischen Kreises als Hilfsmittel

Wir verwenden den hermeneutischen Kreis als Hilfsmittel, um zu einer möglichst guten persönlichen Einschätzung eines Klienten zu kommen, in unserem Fall bezogen auf das Gebiet der Sexualität. Um eine Person in allen möglichen Facetten, die mit diesem Thema zu tun haben, besser zu verstehen, z. B. in Bezug auf emotionale Belastbarkeit, das geistige Niveau, das soziale Niveau, Fähigkeiten, Hintergründe, besondere Ereignisse usw. Die Verwendung der Methodik des hermeneutischen Kreises hilft uns, einen Menschen in seinem Gesamtbild zu erfassen und zu sehen. Damit fällt es uns leichter, dessen Verhalten zu verstehen. Diese Erkenntnisse führen dann – so erwies uns die Praxis – zu größerer Akzeptanz des Klienten.

Dieses Hilfsmittel ist eine Methodik, die uns in die Lage versetzt, den sexuellen Hilfebedarf zu klären, indem wir in diesen Kreis Beobachtungen eintragen, die es wert sind, bedacht zu werden.

3.4.4 Das Ziel der Methode des hermeneutischen Kreises

Wenn das Gesamtbild eines Klienten im Hinblick auf seine Sexualität klar ist, können wir

- ein auf diesen Klienten abgestimmtes sexuelles Aufklärungsprogramm aufstellen;
- sexuelle Probleme klar herausarbeiten, etwa Erektionsstörungen, Vaginismus, Unterschiede der Sehnsüchte zwischen Klienten usw.;
- klären, ob es um ein sexuelles Problem geht oder um eine sexuelle Abweichung;
- die Diskrepanzen zwischen geistigem, sozialem und emotionalem Niveau besser überblicken;
- mögliche Grenzüberschreitungen durchschauen und darauf reagieren;
- dem Klienten respektvoller begegnen.

3.4.5 Der hermeneutische Kreis

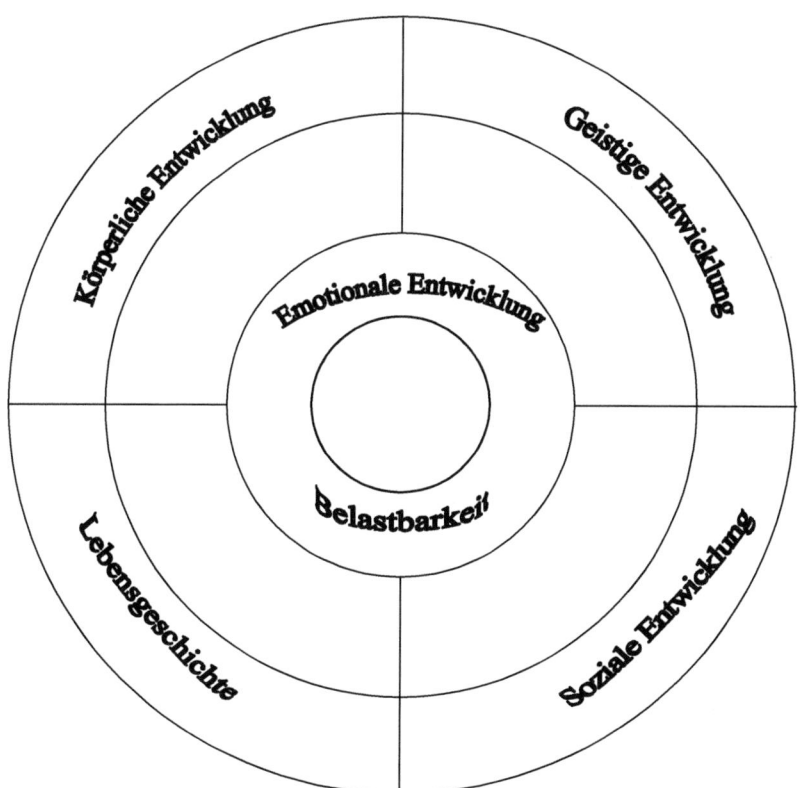

Abbildung 2: Der hermeneutische Kreis

Die körperliche Entwicklung

In ihrer körperlichen Entwicklung durchlaufen Menschen mit einer geistigen Behinderung dieselben Prozesse wie Menschen ohne ein solches Handicap. Folglich ist es wichtig, die Lebensphase, in der ein Betroffener sich befindet, zu berücksichtigen. Geht es um ein Kind, jemanden in der Pubertät, um einen Erwachsenen oder einen älteren Menschen? Es hat sich erwiesen, dass jede Lebensphase – im Hinblick auf die körperliche Entwicklung – andere Fragen auf dem Gebiet der Sexualität und der Beziehungen mit sich bringt.

Die geistige Entwicklung

In Kapitel 2 gingen wir in einer groben Kategorisierung auf Menschen mit einer leichten, einer mäßigen, einer schweren und einer sehr schweren geistigen Behinderung ein. Das Wissen von jemandes Auffassungsvermögen trägt zur Kenntnis des Hilfebedarfs dieser Person bei und zu einer maßgerechteren sexuellen Aufklärung. Als Hilfsmittel werden wir in Kapitel 3.5 diese vier Kategorien weiter verfolgen.

Die emotionale Entwicklung

Die emotionale Entwicklung ist im hermeneutischen Kreis ganz bewusst in der Mitte platziert. Diese Wahl basiert auf den bereits geschilderten Betrachtungen über das Spannungsfeld von Können und Gewachsensein. So schrieben wir in Kapitel 2.3: „Der (manchmal nur scheinbaren) Macht des Kognitiven, des Verstandes, steht häufig eine Ohnmacht des Sozial-Emotionalen gegenüber; häufig können Klienten nicht das leisten, was sie verstandesgemäß doch zu schaffen scheinen. *Unterstützung muss dann auch auf dem sozial-emotionalen Gebiet stattfinden.*" Infolgedessen sprechen wir hier von emotionaler Belastbarkeit.

Je einfacher jedenfalls das emotionale Funktionsniveau ist, desto schwieriger wird es, adäquat angepasstes Verhalten zu zeigen (soziale Entwicklung), geschweige denn, dass dieses Verhalten in ein Gewissen oder in ein akzeptiertes Bewusstsein darüber, was sich gehört und was sich nicht gehört, internalisiert ist. In dieser Hinsicht ist es dann auch sinnvoll, das emotionale Niveau eines Betroffenen gut zu überblicken. Wenn das bekannt ist, wird vieles Verhalten verständlich, und die Umgebung weiß, was ein Betroffener von ihr verlangt.

Die soziale Entwicklung

Soziale und emotionale Entwicklung werden in einem Atemzug genannt. Wie geht ein Klient mit dem einen oder dem anderen um? In welcher Phase der Entwicklung befindet er sich? Wieweit war es ihm möglich gewesen, mit anderen zu experimentieren? Was war der Inhalt seiner sozialen Kontakte? Welchen Einfluss haben diese (sexuellen oder nicht sexuellen) sozialen Kontakte auf die endgültige sexuelle Identität dieses Menschen gehabt?

Die persönliche Lebensgeschichte

Jeder Mensch ist geworden, was er heute ist. Jeder Mensch hat eine einzigartige Geschichte, die für ihn oder sie bezeichnend ist. Sie hat großen Einfluss darauf, wie jemand sich selbst erlebt, sich sieht, eben darauf, was die Identität ausmacht. Identität basiert auf einer Anzahl von Bausteinen. Während unserer Lebensgeschichte präsentieren sich eine Reihe solcher Bausteine. Die nehmen wir mit, sie bestimmen zu einem großen Anteil unser Selbstbild.

Es sind die folgenden Bausteine:

- Erziehungsgeschichte,
- Entwicklungsgeschichte,
- besondere Ereignisse (Life-Events),
- die Frage, ob jemand sexuelle Erziehung erhalten hat, was jemand auf diesem Gebiet mitbekommen hat,
- Herkunft, Milieu, Kultur.

3.4.6 Unsere Methodik des hermeneutischen Kreises

Mithilfe der Methodik des hermeneutischen Kreises gehen wir jetzt über zur konkreten sexuellen Aufklärung. Dabei betonen wir nachdrücklich, dass dieses unser Interpretationsprozess ist, in eher erzählender Form angepasst an Klienten, die uns in der Praxis begegnen. So sollten auch Leserinnen und Leser ihren Interpretationsprozessen für ihre Klienten folgen.

Wir zeichnen einen hermeneutische Kreis der in Frage stehenden Person. Danach erläutern wir, was der Aufbau dieses Kreises im Hinblick auf die tatsächliche sexuelle Aufklärung beinhaltet.

Wir haben uns bewusst für diese Methodik entschieden. In unseren Trainings haben wir herausgefunden, dass Begleiterinnen und Begleiter durch diese didaktische Form, also anhand fiktiver Vorbilder, eine Übertragung auf die eigenen Klienten finden. Wir laden unsere Leserinnen und Leser gerne ein, diese Entdeckungsreise mitzumachen und ihren bzw. seinen Klienten gut zu entschlüsseln.

3.5   Sexuelle Aufklärung in der Praxis

3.5.1 Einleitung

Schrittweise werden wir zeigen, wie in der Praxis sexuelle Aufklärung gegeben werden kann. Wir gehen thematisch vor (selbstverständlich mit dem Körperbild beginnend) und verwenden dabei die vierteilige Gliederung, die wir schon in Kapitel 2 angewandt haben: Menschen mit einer leichten, mit einer mäßigen, mit einer schweren und mit einer sehr schweren geistigen Behinderung. Wir werden versuchen, mit der Methodik des hermeneutischen Kreises kreativ umzugehen.

3.5.2 Das Körperbild

Einleitung

In Kapitel 3.3.3 sprachen wir von der Verbindung zwischen Körperbild, Körpererleben, Selbstbild, Selbstvertrauen und Identität. Noch einmal möchten wir betonen, dass das Körperbild und das Selbstbild zwei Seiten derselben Medaille sind, dass (auch) in der sexuellen Aufklärung Körper und Geist nicht zu trennen sind.

Mit Körperbild bezeichnen wir das Bild, das jemand von seinem eigenen Körper hat. Das Selbstbild ist das Bild, die innere Vorstellung, die man von sich selbst hat. Haben Menschen mit einer geistigen Behinderung ein klares Selbstbild oder Körperbild? Oft ist (so erweist es sich in der Praxis) die Rede von einem eingeschränkten oder gar abwesenden Selbstbild. Da jeder Mensch anderen oder auch sich selbst mit seinem Selbst gegenübertritt, beginnen wir die sexuelle Aufklärung mit dem Körperbild.

Menschen mit einer leichten geistigen Behinderung

Es gibt verschiedene Übungen und Methoden, um mit Menschen mit einer leichten geistigen Behinderung Körperbild und Selbstbild zu bearbeiten. In diesem Buch verwenden wir unter anderem folgende in den Niederlanden herausgegebenen Materialien:

- die Bilder und Übungen aus der Mappe „Geen Kind meer" (Rutgers Stichting/TSVG 1992)
- das Arbeitsbuch und die Filme von „Lief en Lijf" (Groesbeekse Tehuizen/Hogeschool Nenehen 1994)
- die Filme aus dem Paket „Jij en Ik" (Sintmaheerdt, Tollwert 1995)
- den Selbstverteidigungskoffer (Philadelphia Voorzieningen 1997)
- den Videofilm „Veilig Vrijen" (KLOS-TV, Huis Terheide 1991)
- und nicht zuletzt Material und Übungen, die in der eigenen Praxis entwickelt worden sind.

Leserinnen und Leser der vorliegenden Übersetzung finden eine Liste deutscher Literatur und Arbeitsmaterialien auf S. 192 f.

Wir befassen uns mit folgenden Fragen:
Wie sieht dein eigener Körper aus? Kennt die Klientin oder der Klient den eigenen Körper, weiß sie oder er, wie er aussieht? Kann sie oder er die Unterschiede zwischen einem Mann und einer Frau benennen? Mithilfe verschiedener Methodiken kann dieser Aspekt bearbeitet werden.

Zum Beispiel können aus verschiedenen Zeitschriften Bilder ausgeschnitten werden, anhand derer der Unterschied zwischen Mann und Frau betrachtet werden kann. Es können Bilder von angezogenen Menschen sein oder von entkleideten. Wenn Sie Bilder auslegen, können Sie Ihre Klienten bitten, zu sagen, was sie sehen und davon bei sich selbst auch wiedererkennen. In den

Sexualpädagogischen Materialien (Bundesvereinigung Lebenshilfe 2005) gibt es z. B. Zeichnungen von Babys, von Kindern, von Jugendlichen, Erwachsenen und Älteren, und man kann daran erklären, was es bedeutet, körperlich erwachsen und älter zu werden und zu wachsen.

Marinus sind wir schon in Kapitel 2.2.1 begegnet. Er konnte sich vorstellen, dass eine Frau auch einen Penis besitzt; schließlich müssten Frauen auch pinkeln (Marinus hat eine leichte geistige Behinderung!).

Wenn wir den hermeneutischen Kreis auf Marinus anwenden, können wir unsere Beobachtungen folgendermaßen festhalten:

1. Marinus ist körperlich normal entwickelt, er sieht normal aus, hat regelmäßig eine Erektion, mit der er spielt, ohne aber einen Orgasmus zu bekommen. Offenbar hat er gelegentlich einen Samenerguss, weswegen er die Frage stellt, ob er vielleicht Krebs habe. Die Bedeutung ist ihm nämlich unbekannt. Hier liegt ein Schwerpunkt für die Arbeit der Aufklärung. Er interessiert sich für Frauen.

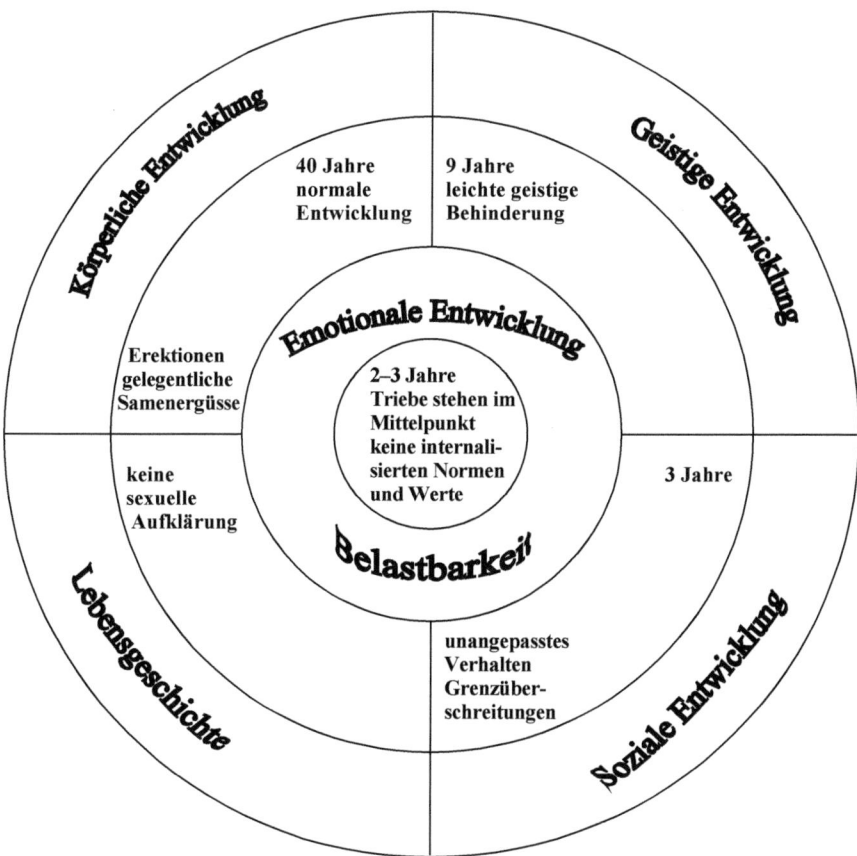

Abbildung 3: Der hermeneutische Kreis für Marinus

2. Marinus' geistige Entwicklung entspricht der eines Neunjährigen; er ist jemand, dem man Dinge klar erläutern muss.
3. Marinus' emotionale Entwicklung liegt unter der eines Vorschulkindes. Das bedeutet, dass sein emotionales Lebensalter höchstens drei Jahre beträgt. Zumindest sind Normen und Werte bei ihm nicht internalisiert. Er fasst, wenn ihn die Lust dazu überkommt, seiner Betreuerin an die Brüste und verhält sich gegenüber Nachbarinnen sexuell übergriffig (ein Schwerpunkt).
4. Dementsprechend zeigt sich seine soziale Entwicklung. Marinus lebt aus, was ihn emotional drängt, sein Verhalten ist nicht immer angepasst, es kommt zu grenzüberschreitenden Äußerungen (ein Schwerpunkt). Er hat ein soziales Entwicklungsalter von ungefähr drei Jahren.
5. In seiner persönlichen Lebensgeschichte hat Marinus auf sexuellem Gebiet keinerlei Aufklärung gehabt (ein Schwerpunkt), dieses Gebiet ist ihm völlig unbekannt, er kennt sich selbst nicht, geschweige denn andere.

Wenn wir uns in Marinus' Geschichte hineinversetzen, wird klar, dass ihm in Bezug auf das Körperbild noch Vieles zu erklären sein wird, siehe hierzu im hermeneutischen Kreis unter Lebensgeschichte (es ist ziemlich aufrüttelnd, was er uns darüber berichtet). Darüber hinaus braucht Marinus Unterstützung auf sozial-emotionellem Gebiet, in der Frage, wie man anderen gerecht wird, Grenzen respektiert und noch vieles mehr (beachten Sie sein emotionales und soziales Funktionsniveau).

Was das Körperbild betrifft: Mithilfe von Bildern ergründet der Betreuer, wie Marinus seinen eigenen Körper sieht. Glücklicherweise hat Marinus ein gutes geistiges Entwicklungsalter erreicht: neun Jahre. Man kann ihm Vieles erklären. Was gefällt Marinus an sich, was nicht? Marinus findet seinen Schnurrbart schön und seinen breiten Brustkorb. Das lässt ihn sich manchmal wie ein Macho verhalten.

Seinen Penis findet er zu klein. Gemeinsam betrachten sie Bilder verschiedener Pimmel, schlaffe und steife. Dabei kommt Marinus dahinter, dass er einen ganz normalen Penis hat. Das erweist sich als beruhigend. Und wenn nun sein Glied steif ist, findet er es ziemlich groß! Wenn er mehr darüber nachdenkt, kann er sogar stolz darauf sein (die Verbindung zwischen Körperbild und Selbstbild). Darüber hinaus wird ihm erklärt, dass man die Eichel gut waschen muss, vor allem unter der Vorhaut (die Bedeutung von Hygiene); das hatte Marinus noch nie getan (siehe seine Lebensgeschichte). Marinus ist ganz erstaunt darüber, dass Kai so normal mit ihm über diesen Gegenstand spricht. Das ist ihm in all den Jahren, in denen er schon Betreuer hatte, noch nie passiert.

Wortgebrauch
Wenn wir uns im Rahmen der sexuellen Aufklärung mit dem Körperbild beschäftigen, ist auch der Wortgebrauch von Interesse. Mit Blick auf den

hermeneutischen Kreis sehen wir jedenfalls, dass Marinus überhaupt nichts in dieser Hinsicht kennt! Schuld daran ist seine Lebensgeschichte in Verbindung mit seinem intellektuellem Vermögen. Wie nennen Sie einen Pimmel? Pimmel? Oder Penis? Oder Piller? Oder Schwanz? Manche Menschen (mit geistiger Behinderung) haben dafür keine Worte, andere empfinden manche Worte als zotig oder ordinär, wieder andere ... ja, Menschen sind verschieden. Die Kunst ist es, dahinter zu kommen, wie der jeweilige Klient es erlebt, was er schließlich möchte. Dabei müssen natürlich auch die Grenzen des Schicklichen in Augenschein genommen werden. Man kann darüber Listen aufstellen. Es kann auch sehr klärend (und eisbrechend!) sein, mit einer ganzen Gruppe von Klienten diese Art Fragen zu behandeln. Machen Sie z. B. eine Tabelle:

Penis	Vagina	Brüste	Geschlechts-verkehr haben

Bitten Sie die Teilnehmer dann, andere Wörter, die sie kennen, darunter zu schreiben oder sie zu nennen. Dann zeigt sich z. B., dass einer es schön findet, Liebe machen zu sagen, ein anderer sagt vögeln und wieder ein anderer spricht davon, dass man miteinander ins Bett geht. Unsere Kunst besteht darin, klare Absprachen darüber zu treffen und so weit wie möglich die Erlebenswelt eines jeden Klienten einzuschließen.

Und wenn wir es schon im Rahmen von Körperbild und Wortgebrauch mit Tabellen versuchen: Es kann auch sehr befreiend bewirken, dieses Spielchen mit einer Gruppe von Betreuern zu spielen. In der Praxis zeigt sich nämlich, dass es hilft, gemeinschaftlich, falls nötig, eine Schwelle zu überwinden, die Schwelle der Verlegenheit. Sie können dann auch Listen aufstellen und die Frage hinzufügen, welche Wörter für Sie normal sind, mit welchen Wörtern Sie erzogen wurden und welche Wörter Sie absolut nicht gebrauchen, weil Sie sie für zotig, schmutzig, erniedrigend oder abfällig halten. Anfangs verläuft ein solches Spielchen in einer fröhlichen, ziemlich lachlustigen Atmosphäre, und das Eis ist damit gewöhnlich schnell gebrochen. In gleicher Weise wie Marinus vom Vorbildverhalten seines Betreuers Kai abhängig ist, so sind wir als Betreuer abhängig vom Vorbildverhalten untereinander!

Masturbation
Während Kai im Rahmen der sexuellen Aufklärung mit dem Thema Körperbild arbeitet, stoßen er und der 40-jährige Marinus auch auf das Thema Masturbation (oder Selbstbefriedigung oder sich selbst anfassen oder mit sich selbst spielen oder ..., wieder eine Frage des Wortgebrauchs und der Wahl!). Marinus bekommt ein angenehmes Gefühl, wenn er sich mit sei-

nem Penis beschäftigt. Er hatte noch nie einen Orgasmus. Ehrlich gesagt, weiß er nicht, wie man das anstellt (Notabene: Marinus hat eine leichte geistige Behinderung). Es hatte noch niemand mit ihm darüber gesprochen, er hat noch nie etwas darüber gelesen, er hat noch nie etwas davon gesehen, er kennt die Wörter dafür nicht, er weiß nur, dass sein Penis manchmal steif ist, dass das häufig ein ziemlich angenehmes, spannendes Gefühl ist und dass es sich auch toll anfühlt, den Penis dann anzufassen. Aber die Technik der Selbstbefriedigung ist Marinus offensichtlich nicht bekannt, so viel entdeckt Kai im Gespräch mit ihm. Im hermeneutischen Kreis finden wir diese Entdeckung bei Marinus' Lebensgeschichte vermerkt.

Kai und Marinus gucken miteinander einen Band der Serie „Liebe und Leib (Lief en Lijf)", Teil 2: „Dein Körper" an. Marinus sieht zum ersten Mal, wie ein Mann sich selbstbefriedigt. Das findet er sehr interessant. Er hatte nicht gewusst, wie man mit der Hand die Vorhaut hin- und herbewegen kann, langsam und schnell, und dass es auch angenehm sein kann, die Eichel oder den Penis feucht zu machen. Kai erklärt ihm das alles. Und Marinus ist ein dankbarer Lehrling. Beim folgenden Treffen zur sexuellen Aufklärung erzählt er, dass er einen Orgasmus hatte. Zum allerersten Mal. Und das mit 40 Jahren.

Marinus versteht im Hinblick auf sein geistiges Niveau ziemlich schnell, wo man masturbieren darf und wo nicht. Das hat mit Privatheit und Normen und Werten zu tun.

Zwischenbemerkung: Gelegentlich bekommen wir Reaktionen darauf, dass Masturbation bei uns so nachdrücklich behandelt wird, als ob jeder einen Orgasmus erleben müsste. Hat überhaupt jeder dieses Bedürfnis, so fragt man uns. Schöne Reaktionen. Es geht uns nicht darum, dass jemand einen Orgasmus bekommt oder bekommen müsste. Es geht uns darum, dass Klienten, die unserer Unterstützung anvertraut sind, derart auf dem Gebiet von Körperlichkeit, Sexualität und Beziehungen vorbereitet sind, dass die Betroffenen wissen, was Masturbation ist, dass sie wählen können, ob sie damit etwas anfangen wollen oder nicht, dass sie über den eigenen Körper Bescheid wissen, mündig sind, emanzipiert. Auf diesen Gebieten ist ein Klient unglaublich abhängig von unserer Haltung. Ob jemand das Wissen schließlich einsetzt, ist ihre bzw. seine Entscheidung. Aber wir müssen unsere Verantwortung übernehmen, und Klienten in die Lage versetzen, wählen zu können. Auf diese Weise fördern wir Emanzipation; Emanzipation zu fördern, ist eines der Ziele sexueller Aufklärung.

Ausgehend vom Körperbild haben wir bereits eine Reihe Themen miteinander besprochen. Es ergibt sich von allein. Denn eins geht nicht ohne das andere. Alle Themen stehen miteinander in Verbindung, kreuzen einander, sind zwar voneinander zu unterscheiden, aber nicht zu trennen. Da wir in diesem Kapitel themenweise vorgehen, werden die Themen im Folgenden immer wieder erscheinen.

Ängste, Tabus abbauen

Ein weiteres Ziel, sexueller Aufklärung ist der Abbau von Ängsten und Tabus. Im Fall von Marinus erwies sich das auch als nötig. Zumindest war es für Marinus unklar, was es mit dem „weißen Urin" auf sich hatte, wenn er wach wurde. Er dachte mit ziemlicher Besorgnis an die Möglichkeit von Krebs. Kai konnte ihm erklären, was ein Samenerguss ist, dass das sehr normal ist und dass man sich auch selbst befriedigen kann. Das tut Marinus nun mit gewisser Regelmäßigkeit. Seine Ängste und Tabus auf diesem Gebiet sind verschwunden. Marinus war sehr über die von Kai gezeigte Offenheit erstaunt.

Normen und Werte

Wenn wir noch einmal den hermeneutischen Kreis betrachten, können wir konstatieren, dass Marinus – im Gegensatz zu seinem ziemlich gut entwickelten geistigen Vermögen – auf sozial-emotionalem Gebiet ein geringes Entwicklungsalter erreicht hat. Bei Marinus steht der Trieb im Mittelpunkt. Wenn ein bestimmtes Bedürfnis auftritt, kann er dessen Befriedigung nur schwer aufschieben. Es muss einfach passieren, es scheint keine Bremse zu geben. Von einem internalisierten Gewissen, von einer Stimme, die sagt, was sich gehört und was sich nicht gehört, und der man dann auch folgt, scheint keine Rede zu sein. Folglich wird Marinus im hermeneutischen Kreis ein emotionales Lebensalter von höchstens drei Jahren zugeschrieben. Marinus hat die Neigung, seinen Willen, seine Sicht, seine Wünsche sofort mit dem Willen der Menschen seiner Umgebung zu messen, als wolle er wissen, wer er ist. Wenn wir uns auf die Einsichten Erik Eriksons (Kapitel 2.4) beziehen, können wir konstatieren, dass Marinus in emotionaler Hinsicht die Kennzeichen der oralen und analen Phase erkennen lässt. Infolgedessen sollte er auf dem Gebiet der Normen und Werte angeleitet werden; er braucht ein externes Gewissen.

Im Gespräch mit Marinus über Selbstbefriedigung, wobei so viel wie möglich visualisierende Materialien verwendet werden, macht Kai Marinus darauf aufmerksam, dass er möglichst dann masturbieren sollte, wenn er das Bedürfnis nach körperlichem Kontakt mit einer Frau und allerhand aufregende Fantasien darüber hätte („Das ist ganz normal, weißt du!" sagt Kai) und wenn er sich kaum zurückhalten könnte. Schöne Bilder, ein spannender Film können Hilfsmittel dabei sein.

Menschen mit einer mäßigen geistigen Behinderung

Beginnend mit dem Körperbild, dem logischen Beginn sexueller Aufklärung, trifft Vieles des bisher Genannten natürlich auch auf Menschen mit einer mäßigen geistigen Behinderung zu. Die Praxis zeigt, dass bei der sexuellen Aufklärung von Menschen mit geistiger Behinderung zwei Dinge sehr wichtig sind:

- *Visualisierung*
  Visualisieren bedeutet: Sichtbar machen, als Bild vorstellbar machen. Einer Sache buchstäblich ein Gesicht zu geben. Indem etwas visualisiert wird, bekommt man eine klarere Vorstellung davon.)
- *Konkretisierung*
  Konkretisieren bedeutet: In konkrete Form bringen, konturieren. Eine Sache näher bringen, wodurch sie sinnlich erfahrbar wird. Und konkret: Als Form vorstellbar, mit einer Form oder einem Gegenstand verbunden. Wirklich vorhanden, so wie sie sich zeigt.

Menschen mit einer geistigen Behinderung steht ein geringeres Abstraktionsvermögen zur Verfügung, sie denken in der Regel viel weniger abstrakt als Menschen ohne ein solches Handicap. Aufklärung kann für sie absolut nicht konkret genug sein. Es war für den leicht geistig behinderten Marinus schon eine Offenbarung, dass eine Frau keinen Penis hat. Für Menschen mit einer mäßigen geistigen Behinderung sind Visualisierung und Konkretisierung noch viel stärker von Bedeutung.

Lisa gibt nicht auf, sie ist noch immer in Leonardo di Caprio verliebt. Wir begegneten ihr in Kapitel 2.2.2. Wenn wir den hermeneutischen Kreis auf sie anpassen, können wir Folgendes konstatieren:

1. Lisa ist körperlich normal entwickelt, sie ist körperlich erwachsen und hat gerade die Pubertät hinter sich. Sie menstruiert. Man kann ihr ansehen, dass sie eine geistige Behinderung hat (sie hat das Down-Syndrom). Körperlich ist aber sonst nichts besonders an ihr. Ebenso wenig auf dem Gebiet von Leiblichkeit und Bedürfnissen. Sie kennt sexuelle Gefühle und das Gefühl des Verliebtseins (ein Schwerpunkt).

2. Lisas geistige Entwicklung entspricht etwa der eines Kindes zwischen fünfeinhalb und sechs Jahren. Mit Sorgfalt und Geduld lässt sich ihr manches erklären (ein Schwerpunkt). Sie kann in begrenztem Umfang Schlüsse ziehen, ihr Blick für die Realität ist nicht sehr scharf.

3. Lisa hat ein emotionales Entwicklungsalter erreicht, das niedriger liegt als das eines voll entwickelten Vorschulkindes (drei Jahre). Jedenfalls sind Normen und Werte bei ihr nicht internalisiert, Lisa geht, ohne darüber nachzudenken, nackt durch den Flur, sitzt breitbeinig mit hochgeschobenem Nachthemd auf dem Sofa und reibt ungeniert mit ihren Händen über ihre Scham (mehrere Schwerpunkte). Ihre Träume: Sie möchte mit Leonardo di Caprio zusammenwohnen, das stellt sie sich wirklich so vor.

4. Dem entspricht auch ihre soziale Entwicklung. Lisa reagiert sehr spontan auf die Avancen, die Jost ihr macht, kann dabei aber nicht einschätzen oder sich in ihn hineinversetzen, ob die Avancen einen sexuellen Unterton haben (ein Schwerpunkt).

5. In ihrer persönlichen Lebensgeschichte hat Lisa keine sexuelle Aufklärung gehabt (ein Schwerpunkt). Sie kennt sich auf diesem Gebiet über-

haupt nicht aus, kennt sich selbst nicht, geschweige denn einen anderen Menschen.

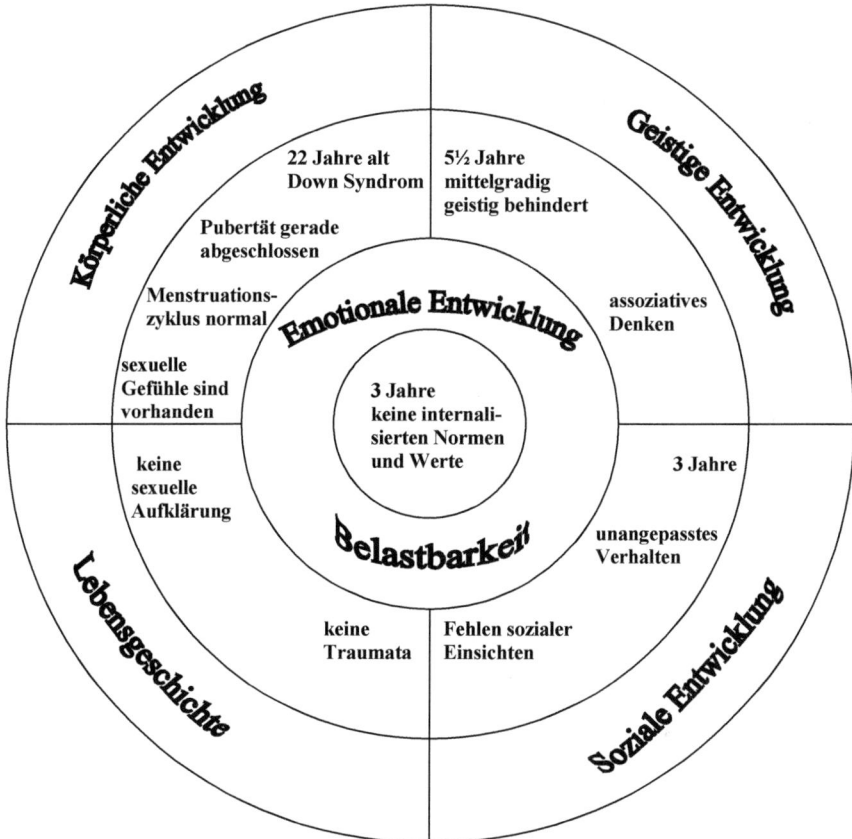

Abbildung 4: Der hermeneutische Kreis für Lisa

Bei der Interpretation dieses hermeneutischen Kreises können wir feststellen, dass auf dem Gebiet des Körperbildes noch Vieles erklärt werden muss. Dabei ist viel Visualisierung und Konkretisierung und eine Menge Geduld gefragt.

Die Betreuerin, Karin, hat zum Glück viel Geduld. Sie hat auch realisiert, dass es im Rahmen der sexuellen Aufklärung, in diesem Fall mit Spielen und Zeichnungen, in didaktischer Hinsicht um eine ganze Reihe von Aspekten geht:

– Offenheit der Betreuer;
– so konkret wie möglich sein;
– positiv verstärken, sowohl verbal als auch nonverbal;

- es wurden in der Vergangenheit keine Fehler gemacht (viele Menschen mit einer geistigen Behinderung haben bereits viele negative Erfahrungen mit Unterricht gemacht);
- regelmäßige Wiederholungen: dann prägt es sich besser ein;
- schrittweises Vorgehen, im Hinblick auf Lisas hermeneutischen Kreis ist das kein übermäßiger Luxus.

Im Folgenden werden wir dies näher erläutern.

Zeichnungen, Fotos, Videos

Karin verwendet zur Visualisierung Zeichnungen, Fotos und Videos. Es ist wichtig, nicht sofort mit zu vielen Informationen auf einmal zu kommen, sondern sie nach und nach anzubieten (im hermeneutischen Kreis sehen wir ein geistiges Niveau von fünfeinhalb Jahren, ein assoziatives Denkniveau). Es ist zu empfehlen, nicht direkt zu sagen, was im Bild oder im Film zu sehen ist, sondern Lisa zu fragen, was sie sieht und (eventuell) wiedererkennt. Aus Erfahrung wissen wir, dass es oft sinnvoll ist, mit Zeichnungen anzufangen. Fotos, z. B. der Vagina, werden oft als viel zu konfrontierend erlebt. Das gilt übrigens auch für die Betreuer. Die Erfahrung lehrt auch, dass sowohl Klienten als auch Begleiter manches normal finden, wenn man das Material regelmäßig anbietet bzw. bei der Aufklärung einsetzt. Der Vorteil von Fotos ist, dass sie deutlicher sind. Videos sind ihrerseits noch expliziter.

Die Beschäftigung mit dem Körperbild und dem Selbstbild geschieht schrittweise. Verschiedene Aufgaben oder Spiele können eingesetzt werden:

- Beschäftigung mit dem Aussehen.
- Berühre dein Gesicht.
- Streichele die Haut.
- Was magst du gern, was nicht?
- Sie können eine Zeichnung eines Gesichts anbieten.
- Sie können Zeichnungen eines nackten Mannes oder einer nackten Frau anbieten.
- Sie können Körperteile des nackten Mannes und der nackten Frau benennen.
- Sie können anregen, mit grünen Streifen einzuzeichnen, wo jemand gern angefasst wird, und mit roten Streifen, wo man nicht gern angefasst wird.
- Aus Zeitschriften können Bilder von Männern und Frauen ausgeschnitten werden.
- Aus Fotos von Männern oder Frauen können Puzzles hergestellt werden oder auch ein Puzzle von einem eigenen Foto.
- Dabei können Sie auch Fragen stellen: „Wie findest du es, eine Frau (ein Mann) zu sein?"
- Sie können sich mit den persönlichen Eigenschaften beschäftigen: Was gehört alles zu mir (lieb sein, stark sein, gut im Sport sein, gern Spiele spielen usw.)?

- Sie können auf die Unterschiede zwischen Mann und Frau eingehen. Kleidung, Haare, Körperbau, körperliche Verschiedenheiten. Wer hat die meisten Haare auf der Brust? Wer kann ein Baby im Bauch haben? Wer ist meistens stärker? Wer verwendet das meiste Make-up? Was gefällt dir an einem Mann? Was gefällt dir an einer Frau?
- Das gefällt mir an mir sehr gut: ...
- Das gefällt mir an mir nicht gut: ...
- Ich kann gut: ...
- Meine Hobbys sind: ...
- Das bin ich: ... ein schönes Foto!

Wortgebrauch

Ganz von selbst landen wir auch hier beim Wortgebrauch. Ein Mann hat einen Penis und eine Frau hat eine Vagina. Aber welche Wörter verwendet der Klient, die Klientin? Etliche Klientinnen können das Wort Vagina nur schwer behalten. Gemeinsam überlegen wir, welche Wörter wir verwenden. Viele Klienten sagen Muschi oder Möse, wichtig ist, dass es ihre Wahl ist und sie respektvoll damit umgehen.

Im Falle von Lisa sieht das folgendermaßen aus (und Lisa ist beispielhaft für viele Frauen mit einer mittelgradigen geistigen Behinderung, so ist unsere Erfahrung).

Nachdem Lisa und Karin eine Zeichnung angesehen haben, wird es Karin schnell klar, dass Lisa gar nicht weiß, wie sie selbst aussieht. Kürzlich hatte sich Lisa auf Karins Rat hin einmal nackt vor den Spiegel gestellt und sich selbst gründlich angesehen. Als sie nach unten schaute, sah sie Haare zwischen ihren Beinen. „Schamhaar", hatte Karin das genannt. Lisa fand das Wort komisch und musste darüber lachen. „Wenn du so nach unten guckst, wie du das neulich gemacht hast, gibt es unter dem Schamhaar auch eine Unterseite unter dem Schamhaar", sagt Karin nun. Das erstaunt Lisa. „Sieh mal, genauso wie bei dieser Frau", fährt Karin fort. Auf dem Tisch liegt das Foto einer nackten Frau, man kann direkt in ihre Scham sehen. Sie hält ihre Schamlippen mit den Fingern auseinander, so dass man die verschiedenen Teile des Genitalbereichs erkennen kann. Das hat Lisa noch nie gesehen, nicht einmal an sich selbst. Karin spricht über die Vagina, die inneren und äußeren Schamlippen und über die Klitoris. Das ist auch ein Wort, dass die meisten Klientinnen nicht behalten können. Meistens wird sie als „ein kleiner Hubbel, der sich toll anfühlt, wenn man mit dem Finger darüber streicht ..." bezeichnet. Karin rät Lisa dazu, sich ihre eigene Unterseite mit einem Spiegel anzusehen. „Das nächste Mal reden wir dann weiter darüber."

Viele Menschen mit einer (ja auch mit einer leichten oder einer mäßigen) geistigen Behinderung wissen wenig oder nichts über ihren eigenen Körper. Sexuelle Aufklärung mit dem Körperbild zu beginnen, ist folglich essenziell.

Das können wir kaum oft und laut genug sagen. Mit deinem Selbst trittst du anderen gegenüber, mit deinem Körperbild, deinem Selbstbild. Wenn es das nicht oder nur kaum bei dir gibt oder wenn dein Selbstbild sehr irreal ist, entstehen seltsame Begegnungen mit vielen Kommunikationsproblemen.

Darum noch einmal:

„Offenheit", „konkret sein", „positive Verstärkung", „nichts ist falsch", „regelmäßige Wiederholung" und „schrittweise Realisation" sind Kernbegriffe der Didaktik sexueller Aufklärung für Menschen mit einer geistigen Behinderung.

In Bezug auf Menschen mit einer mittelgradigen geistigen Behinderung bedeutet das also, dass Sie als Begleiter gern dreimal die Besprechung z. B. der Vagina durchnehmen können: Wie sie aussieht, was ihre Funktion ist, was man damit tun kann, wenn man das möchte. Dreimal zwanzig Minuten etwa, denn die Konzentrationsspanne ist gering (siehe in Lisas hermeneutischem Kreis die Angaben zum sozial-emotionalen Niveau). Als Betreuerin oder Betreuer müssen Sie häufig ruhig sein und abwarten (und die Kunst beherrschen, Fragen zu stellen), und bieten Sie Informationen in kleinen Stückchen an, sie prägen sich dann besser ein.

Masturbation

Schon wieder kommen wir zum Thema „Masturbation". Es war auffallend, dass Lisa regelmäßig ihre Hände zwischen ihren Beinen hatte und wahrscheinlich sexuelle Gefühle erlebte. Eine Kollegin ging davon aus, dass „Lisa offenbar wohl weiß, wie sie sich selbst befriedigen kann". Dies erwies sich aber als nicht zutreffend. Auf Anraten ihrer Betreuerin Karin hatte Lisa ihre Geschlechtsteile mit einem Spiegel angesehen. Karin und Lisa sprachen dann darüber. Karin fragte Lisa, ob sie wohl manchmal („Sieh mal, genau so wie diese Frau auf dem Foto", eine Frau liegt auf einem Bett und befriedigt sich selbst) mit ihrer Muschi spielt? Das tut Lisa schon gelegentlich, das ist dann auch ein angenehmes Gefühl, ergibt sich aus ihren Worten, aber wie das noch weitergehen kann, darüber hat sie noch nie etwas gehört. Es ist das erste Mal, dass die 22-jährige Lisa hierüber etwas hört.

Nachdem Karin und Lisa sich mithilfe von eindeutigen Fotos, die nichts verbergen, mit der Technik der Selbstbefriedigung beschäftigt haben, zeigt sich, dass Lisa das, so entnimmt Karin es dem folgenden Gespräch, nicht eindeutig verstanden hat. Also guckt Karin zusammen mit Lisa einen Videofilm, in dem sehr genau gezeigt wird, wie eine Frau sich selbst mit der Hand befriedigt und auch einen Orgasmus bekommt (oder einen Höhepunkt erlebt; hier ist wieder der individuelle Wortgebrauch zu berücksichtigen). Das erweist sich als wirkungsvoll. Nun kann Lisa das auch und tut es manchmal in ihrem Zimmer oder im Bad. Das Thema „Wo masturbierst du?" wird in Kapitel 3.5.3 behandelt, wenn es um Normen und Werte geht.

Technik und Erleben

Eben sprachen wir bewusst von der Technik der Selbstbefriedigung. Glücklicherweise gibt es darüber hinaus auch so etwas wie das Erleben. Wenn wir uns mit dem Körperbild und dem Selbstbild befassen, ergibt sich die Möglichkeit, über das (Selbst)Erleben zu reflektieren. Wie fühlt es sich an, sich selbst zu befriedigen? Wo fühlst du das? Was bedeutet dir das? Und wie kannst du dich sonst gut um dich selbst kümmern? Karin spricht mit Lisa darüber, ob sie

– manchmal „lieb zu sich selbst ist";
– sich selbst manchmal verwöhnt und wie sie das tut – im Badezimmer?
– sich selbst manchmal angenehm berührt („an welchen Stellen tust du das?");
– manchmal „mit sich selbst intim ist", „ganz und gar zufrieden", „ganz glücklich";
– manchmal geil ist;
– manchmal Fantasien über hübsche Männer hat und was sie dabei fühlt und wo sie das fühlt usw.

Hygiene während der Menstruation

Eines der erklärten Ziele sexueller Aufklärung ist der gesunde Umgang mit dem eigenen und dem Körper anderer. Sich selbst gut zu pflegen, sauber sein und bleiben, gehört auch dazu. Karin kann inzwischen mit Lisa alle möglichen Dinge sehr offen besprechen. Auch die Bedeutung guter Pflege während der Menstruation.

Hierbei verwendet Karin eine Schachtel. In der sind vielerlei Dinge, die im Zusammenhang mit Menstruation von Bedeutung sind, enthalten: Binden, Slipeinlagen, Tampons und Gegenstände für die Hygiene: Waschlappen, Seife. Seife darf in der Schamgegend nicht verwendet werden; die Vagina hat eine selbstreinigende Wirkung, die durch die Verwendung von Seife nur gestört wird. Von solchen Dingen weiß Lisa überhaupt nichts. Karin muss es ihr gut erklären.

Übrigens hat Lisa ebenso wenig Kenntnisse über die Bedeutung der Menstruation. Auch das hat Karin ihr erzählt. Und das erwies sich als recht schwierig. Karin verwendete einen Text aus einer Anleitung zur Aufklärung aus „Kein Kind mehr". Dort heißt es:

„Ab einem Alter von zehn Jahren fängt alles an, sich zu verändern. Manche Veränderungen kannst du sehen, andere nicht, die geschehen in dir drin. Jedes Mädchen hat zwei Eierstöcke. Darin sitzen kleine Eier, und jeden Monat springt ein Ei heraus. In der Gebärmutter entsteht eine Schicht wie ein weiches Kissen. Wenn das Ei keinem Samen begegnet, löst es sich auf. Und auch die weiche Schicht ist dann nicht mehr nötig. Sie löst sich ab und geht durch den Gebärmutterhals und durch die

Scheide nach draußen. Dabei kommt auch Blut heraus. Das gehört einfach dazu, und darüber brauchst du dir keine Sorgen zu machen.

Bei manchen Mädchen beginnt das, wenn sie zehn Jahre alt sind, und bei anderen, wenn sie fünfzehn Jahre sind. Man nennt es seine Regel haben oder Menstruation, und das dauert vier bis sieben Tage. Jedes Mädchen ab dem Alter zwischen zehn und sechzehn Jahren und alle Frauen bluten einmal im Monat bis sie ungefähr fünfzig Jahre alt sind. Bei manchen Mädchen ist die Regel mit Schmerzen verbunden, andere fühlen das nicht" (S. 12).

Nach dieser Erklärung findet Lisa, der manches außergewöhnlich interessant erscheint, die Sache noch ziemlich kompliziert.

Lisa denkt, dass in ihrem Bauch ein Hühnerei steckt. Viele Menschen mit einer mittelgradigen geistigen Behinderung haben solcherlei Assoziationen. Das hängt mit ihrer Art, assoziativ zu denken, zusammen. Folglich bringt Karin einige Bilder mit, womit die Bedeutung von Visualisierung und Konkretisierung wieder deutlich wird. Auf einer Abbildung ist die Scham einer Frau zu sehen. Mit durchsichtigen Folien zum Umschlagen wird gezeigt, wie die Gebärmutter innen aussieht, wie Eier den Eierstock verlassen, wie Sperma nach innen kommt. „Was ist Sperma?", fragte Lisa daraufhin. Auch das konnte Karin erklären. So landeten sie wie von selbst bei den männlichen Geschlechtsteilen, beim miteinander Schlafen, bei Verhütungsmitteln und dergleichen.

Eine Begleiterin fragt einen Klienten: „Was denkst du, wie groß so ein Ei ist?" Dabei zeigt sie auf ihren eigenen Bauch. „Och, wohl so groß wie ein Hühnerei", ist dann meistens die Reaktion. „Nee", sagt die Begleiterin dann, „es ist noch kleiner als diese kleine Perle", und sie holt eine winzige Perle hervor. Alle reagieren erstaunt, aber so bekommen sie eine Vorstellung davon.

Auf einer weiteren Abbildung schiebt eine Frau einen Tampon in ihre Scheide. „Tampons gebraucht man, um das Blut aufzufangen", erzählt Karin. Lisa findet das kompliziert, aber mit etwas Geduld kann man ihr die Bedeutung der Hygiene erklären. Karin hat für Lisa eine Liste mit Bildern der aufeinander folgenden Handlungen gemacht. Danach richtet Lisa sich, wenn sie ihre Tage hat.

Es ist sehr wichtig, sich gründlich zu waschen, nicht nur in und um den Intimbereich. Erläuterungen zur Hygiene sind Teil sexueller Aufklärung. Karin spricht darüber mit Lisa einige Male.

Die Erfahrung hat gezeigt, dass Erklärungen zum Einführen eines Tampons in die Vagina deutliche Abwehrreaktionen der Klientinnen hervorrufen können. Die Kunst besteht darin, auf neutrale Art und Weise darauf zu reagieren, etwa im Sinne von: „Es ist völlig normal, du gewöhnst dich daran:

Es kann allerdings beim ersten Mal etwas weh tun, vor allem wenn du noch niemals mit jemandem geschlafen hast. Aber man gewöhnt sich daran." Geben Sie auch an, dass die Verwendung von Tampons eine Wahlmöglichkeit ist. Man sollte diese Möglichkeit kennen. Die meisten Klientinnen verwenden Binden. Die Erfahrung zeigt nämlich auch, dass Frauen mit geistiger Behinderung Schwierigkeiten dabei haben, selbst Tampons einzuführen. Vielen muss dabei geholfen werden, tatsächlich oder mithilfe ganz klarer direkter Instruktionen. Dabei kann man einen Spiegel verwenden, mit dessen Hilfe die betroffene Person ihre Scheide sehen kann.

Noch einmal: Diese Aktivitäten bilden wiederum Möglichkeiten, um zu betonen, dass Menschen sich selbst, auch dort oder gerade dort, schön finden können. Dass man auf den eigenen Körper stolz sein kann. Durch vorbildhaftes Verhalten, durch die Haltung können Betreuer großen Einfluss auf das Erleben der Klienten nehmen. Sich mit dem Körperbild zu beschäftigen heißt, sich mit dem Selbstbild zu beschäftigen.

Binden werden, wie gesagt, häufiger verwendet. Auch hierbei sind klare Erklärungen wichtig, und manchmal kann direkte Hilfe notwendig werden, insbesondere bei Menschen mit einer mittelschweren oder schweren geistigen Behinderung.

Betreuer und Klienten kommen einander häufig körperlich sehr nahe. Als Betreuer dringt man in die intime Zone eines Klienten ein, das zeigte sich z. B. sehr deutlich am vorangegangenen Beispiel. Es ist sinnvoll, damit sehr bewusst umzugehen, in aller Offenheit, nach dem Leitbild der Einrichtung. In Kapitel 3.5.3 werden wir uns wieder mit dem Umgang mit diesen intimen Grenzen beschäftigen, dem Spannungsfeld zwischen Funktion und Emotion.

Menschen mit einer schweren geistigen Behinderung
Visualisierung und Konkretisierung
Auch hier beginnen wir mit dem Körperbild, und es ist selbstverständlich, dass die Bemerkungen über Visualisierung und Konkretisierung der vorangegangenen Kapitel bei Menschen mit einer schweren geistigen Behinderung von noch größerer Bedeutung sind. Sie verfügen jedenfalls über weniger Abstraktionsvermögen im Vergleich zu den vorhergenannten Klienten. Sie haben diesbezüglich (kognitiv gesehen) weniger Chancen, Bewusstsein vom eigenen Körper und von dem anderer zu entwickeln. Die Erfahrung hat uns gelehrt, dass viele von ihnen wenig über ihren eigenen Körper wissen.

Deswegen setzen wir bei ihnen gerne, ebenso wie bei den vorhergenannten Gruppen, Bilder, Zeichnungen und Piktogramme ein. Auch hier kann wieder eine Verbindung zwischen dem Körperbild und dem Selbstbild hergestellt werden, zwischen der Frage, wie man aussieht und was man von sich selbst denkt, wie man sich selbst erlebt. Folgende Themen und Hilfsmittel werden verwendet:

- Fotos und Zeichnungen über das Wachstum eines Babys zum Kleinkind und zum Schulkind usw., Mädchen und Jungen („Was geschieht, wenn du wächst?"). Dabei werden die Körperteile benannt.
- Fotos und Zeichnungen von größeren Menschen („Wem bist du am ähnlichsten?" „Wem bist du am ähnlichsten, Vater oder Mutter? Woran erkennst du das?").
- Sich selbst im Spiegel ansehen und miteinander beschreiben, was man sieht.
- Ein Foto von sich ansehen und sagen, was man schön findet. Und auch: „Wer wohnt mit dir zusammen? Klebe auch Fotos von diesen Leuten in dein Buch."
- Normales Umgehen mit dem Äußeren: Anständige Kleidung aussuchen, modische Kleidung, die diesem einen Menschen gehört; eine gute Frisur auswählen, zu einem guten Friseur gehen; stolz auf das eigene Äußere sein können.
- Sich mit dem beschäftigen, was eine Person ausmacht. Eigenschaften, Hobbys, Interessen. Was macht dich zu dem Menschen, der du bist? Was findest du schön?

Wir sind Peer, dem Mann mit der schweren geistigen Behinderung, schon in Kapitel 2.2.3 begegnet. Peer hatte die Angewohnheit, im Flur zu masturbieren. Die Betreuer lotsten ihn vorsichtig in sein Zimmer, aber dort tut er das nicht mehr. Nun haben die Betreuer ein Problem. Was soll jetzt geschehen? Denn masturbieren, das sollte jeder natürlich dürfen (findet man jedenfalls in dieser Einrichtung), aber nicht auf dem Flur. Das ist nicht anständig.

Wenn wir den hermeneutischen Kreis für den 35-jährigen Peer ausfüllen, kommen wir zu folgenden Beobachtungen:

1. Peer ist körperlich überwiegend normal entwickelt. Er sieht normal aus. Er masturbierte (bis zu dem Moment, als die Betreuer eingriffen). Auffällig ist, dass Peer einen etwas hölzernen Gang hat, seine Feinmotorik erweist sich aber als normal entwickelt. Peer kann nicht sprechen. Peer scheint sich – körperlich und sexuell gesehen – nicht für Frauen oder Männer zu interessieren.
2. Peer hat ein geistiges Entwicklungsalter von ungefähr vier Jahren. Er denkt ziemlich konkret, ausgehend von einer sehr einfachen Erlebenswelt, assoziativ im Sinne kausaler Zusammenhänge: Wenn dies ... dann das ...
3. Peer zeigt eine emotionale Entwicklung, die auf ein noch früheres Entwicklungsalter verweist. Peer ist sehr empfänglich für Signale seiner Umgebung und davon sehr abhängig, die Haltung seiner Betreuer wirkt auf ihn, er ist schnell gestresst, er kann aufkommende Gelüste kaum aufschieben (siehe das Masturbieren im Flur), er ist nicht stark belastbar. Emotional gesehen befindet er sich zwischen der oralen und der analen Phase.

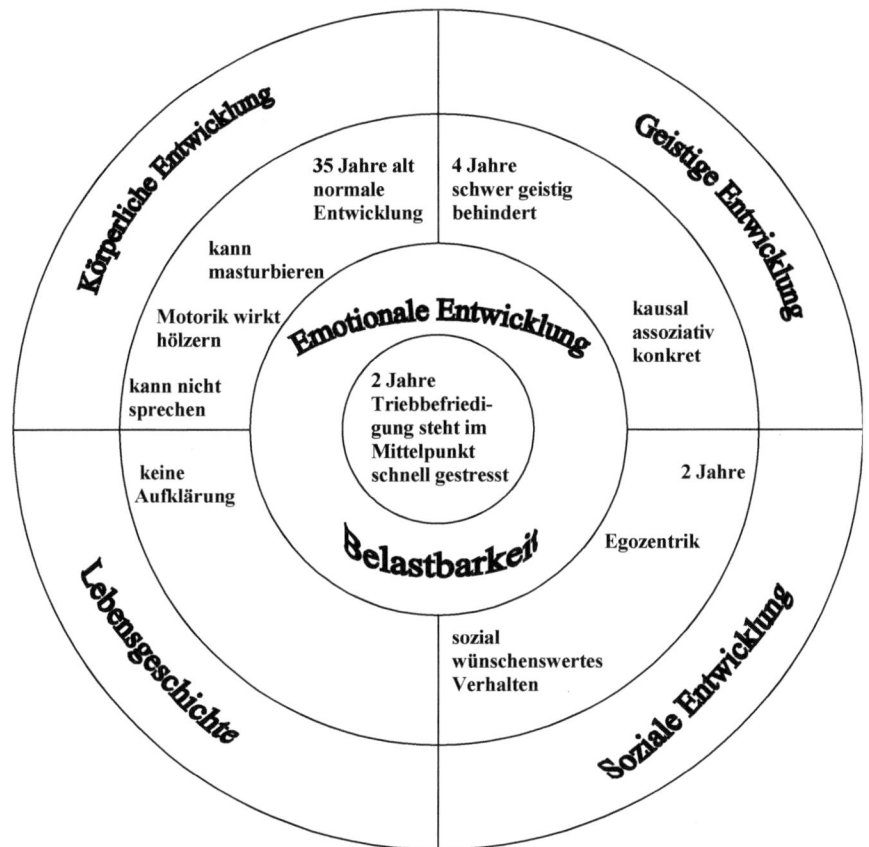

Abbildung 5: Der hermeneutische Kreis für Peer

4. Damit ist auch Peers soziale Entwicklung verbunden. Was ihn bewegt, führt er aus: Primäre Bedürfnisse möchte er schnell befriedigen. Peer kann sich nicht wirklich in einen anderen Menschen hineinversetzen. In diesem Sinne ist er egozentrisch und handelt auch so. Er ist aber erkennbar empfänglich für die Atmosphäre, den Ton seiner Umgebung und neigt dann auch dazu, sich entsprechend zu verhalten, sozial wünschenswertes Verhalten zu zeigen. Es sind externe Einflüsse, die ihn zu diesem Verhalten führen. Als Normen verinnerlicht er diese nicht: Peer hat die ödipale Entwicklung nicht durchlaufen. Die in seinem Erleben ablehnende Haltung der Betreuer im Hinblick auf Masturbation im Flur wurde von ihm als Ablehnung von Masturbation überhaupt aufgefasst, als strafender Einfluss.

5. Peer hat in seiner Erziehungs- und Entwicklungsgeschichte keinerlei sexuelle Aufklärung gehabt. Hinter ihm liegt eine ziemlich beschützende Erziehung. Seine Eltern, die ihm viel bedeuten und sich viel um ihn kümmern (das ist also beiderseitig), haben immer noch einige Schwie-

rigkeiten mit seinen unmittelbaren Handlungen, seinen impulsiven Äußerungen, Sie haben ihm immer genau gesagt, wie er sich verhalten muss, und ihm entsprechend Vieles beigebracht. Peers Neigung, sozial wünschenswertes Verhalten zu zeigen, kommt also nicht von ungefähr.

Und nun verhält sich Peer gewissermaßen wie jemand, der ertappt worden ist. In letzter Zeit ist er schnell gestresst. Seine Eltern machen sich Sorgen um ihn. Immer wenn ein Betreuer mit ihm über das „Spielen mit dem Pimmel" spricht, schaut er schuldbewusst. Peers Gang sieht buchstäblich niedergedrückt aus. Das ist nicht verwunderlich, wenn wir Peers Verhalten mithilfe des hermeneutischen Kreises betrachten; Peer möchte es den Menschen so sehr recht machen, er zeigt sozial wünschenswertes Verhalten.

Folglich befriedigt er sich auch nicht mehr. Stattdessen zeigt er nach dem positiv gemeinten Eingreifen der Betreuer die Neigung, Süßigkeiten und andere begehrte Dinge aus dem Schrank zu holen, wenn gerade niemand da ist, eine Aktivität, die einer der Betreuer als zwanghaft abstempelt.

„An sich ist das nicht so ungewöhnlich", sagt der Pädagoge in der Teambesprechung. „Der Trieb sucht seinen Weg, und wir kennen doch Peers Experimentieren mit dem ‚Verbotenen', mit dem, was man darf und was man nicht darf, schon seit er hier wohnt. Er hat seinen Trieb einfach auf ein anderes Gebiet verschoben. Die Kunst wird sein, das Gefühl des Nicht-Dürfens, das Belastende von ihm zu nehmen."

Die Reaktion einer Betreuerin: „Wir müssen wohl mehr für die sexuelle Aufklärung tun." So geschieht es auch. Von vornherein wird abgesprochen, dass man hierfür Zeit reserviert. Und zwar im Sinne von häufig und regelmäßig anstelle von langdauernd. Für Peer ist schon eine viertel Stunde lang genug. Ganz einfach soll es sein, basal ist wichtig. Und schrittweise! Und viele Wiederholungen! Mit Blick auf den hermeneutischen Kreis von Peer ist das alles nur logisch: Sein geistiges Niveau ist gekennzeichnet durch kausales und konkretes Denken.

Wir beginnen – wie immer – mit dem Körperbild. Mit Bildern, Fotos, Zeichnungen und einigen Filmen hat der Betreuer die Möglichkeit, Peer spüren zu lassen, dass Körperlichkeit, Leiblichkeit etwas Positives ist, jedenfalls nichts, für das man sich schämen muss, und dass die Botschaft „Du sollst in deinem Zimmer masturbieren" als eine positive Unterstützung aufgefasst werden kann. In einer Teambesprechung wird angemerkt, wie wichtig die Haltung des Begleiters ist, wenn der zusammen mit Peer am Tisch sitzt. Es geht um reines Vorbildverhalten, der Betreuer strahlt aus, dass Körperlichkeit etwas Normales ist, und nimmt so die entstandene negative Bewertung zurück.

Bilder von einem erigierten Penis, einem masturbierenden Mann, masturbierenden Jungen unter der Dusche unterstützen dieses Gefühl. Es gibt auch Bilder mit einem masturbierenden Jungen im Wohnzimmer und eines im

Schlafzimmer. Hieran wird deutlich gemacht, wo man masturbieren darf und wo nicht.

Peer kann aber nicht sprechen. In der Kommunikation mit ihm verwendet der Betreuer Fragen. Peer kann dann mit dem Kopf nicken oder ihn verneinend schütteln. Es geht um Fragen wie

– welche Körperteile er hat, welche nicht;
– welche er schön findet, welche nicht;
– wem er am meisten ähnlich ist;
– ob aus seinem Pimmel schon einmal so weißes Zeug herausgekommen ist;
– wo er masturbieren darf und wo nicht.

Um die Übertragung von den Bildern auf die alltägliche Wirklichkeit zu erleichtern, hat der Betreuer Peer ein Bild von einem masturbierenden Mann gegeben, das er auf seinen Nachttisch legen kann. Mit Peer zu kommunizieren, indem man ihn fragt, geschieht keineswegs auf kindliche Art und Weise. Im Gegenteil! Peer fühlt sich sehr ernst genommen! Während der Aufklärung kann man an Peers Verhalten ablesen, „dass der sich selbst wichtig findet", formulierte sein Betreuer kürzlich während der Teambesprechung. „Das gibt mir ein gutes Gefühl," fuhr er fort „denn anfangs hatte ich doch gedacht, dass das Kopfnicken zur Bestätigung oder Kopfschütteln für Nein angesichts der Bilder etwas kindisch wäre. Aber nein, Peer erlebt das als eine Verbesserung seines Status, und zwar umso mehr, weil wir die Aufklärung im Büro durchführen, ohne andere Menschen drumherum."

Nach einigen Monaten reagiert Peer nicht mehr schuldbewusst, wenn die Betreuer ihn auf seine Neigung, an öffentlichen Orten an seinem Penis zu spielen, ansprechen. Das tun sie übrigens auf neutrale bis freundliche Art und Weise: Sie nehmen Peer einfach mit und bringen ihn in sein Zimmer. Dieses Auf-das-Zimmer-Bringen hat einen eigenen Platz im Kontext der ausführlichen, schrittweisen sexuellen Aufklärung bekommen. Dort hinzugehen, gehört zu den positiven Botschaften der Aufklärung. Dadurch entsteht keine Spannung mehr. Peer stibitzt weniger Süßigkeiten aus dem Schrank, und seine Eltern sind erleichtert.

Hygiene und Pflege

Während der Betreuer Peer mithilfe der Bilder erklärt, wie er sich selbst befriedigen kann, kommt auch das Thema Pflege zur Sprache. In Band 2 von „Liebe und Leib" wird sehr viel genauer angegeben, wie ein Mann masturbiert. In diesem Band ist auch eine masturbierende Frau zu sehen. Dieses Thema überschlägt der Betreuer bewusst; seiner Einschätzung nach wäre es im Hinblick auf Peers Niveau zu viel Information auf einmal. Es würde in gewisser Weise eine sozial-emotionale Überforderung sein. Schauen wir noch einmal auf Peers hermeneutischen Kreis:

- *Sozial:* Peer interessiert sich nicht für Frauen (er versetzt sich ohnehin nicht in andere Menschen), ist mehr auf sich selbst ausgerichtet, auch bezüglich einer Erektion.
- *Emotional:* Peer ist schnell gestresst, angespannt. Er kann, abhängig von seinem geistigen Niveau und seinem sozialen Entwicklungsalter, Informationen nicht gut einordnen. Er kann sie z. B. nicht von einem Mann auf eine Frau transferieren. Das macht die Welt für ihn sehr unübersichtlich und unsicher. Emotional kommt er damit nicht klar, und das äußert er, indem er Süßigkeiten als primäre Entladung seiner Spannungen sucht.

Diese Tatsachen sagen uns, auf welchem sozial-emotionalem Niveau Peer funktioniert.

Der Betreuer nutzt die Aufklärung auch, um Peer etwas über Hygiene zu lehren. In dem oben genannten Band 2 gibt es auch eine Szene mit einem Mann unter der Dusche. Er wäscht seinen Penis. Der Betreuer sagt Peer, wie wichtig es ist, den Penis gründlich zu waschen und die Vorhaut zurückzuziehen, damit die Eichel überall sauber wird.

Währenddessen drückt sich Peer geradezu die Nase am Fernsehbildschirm platt. Es wird klar, dass er diese Erklärung überhaupt nicht verstanden hat. Der Betreuer bespricht das Problem mit einem Kollegen. Der schlägt ihm vor, während der Aufklärung einen Kunstpenis einzusetzen. Daran kann der Betreuer zeigen, wie er den Penis mit einem Waschlappen wäscht. Er sagt, dass insbesondere die Stelle unter der Vorhaut beim Saubermachen nicht vergessen werden darf. „Sonst sammelt sich da allerhand Zeug", improvisiert er. Aber Peer versteht es immer noch nicht. Zumindest aber zeigt der Kunstpenis eine zurückgezogene Vorhaut. Doch Peer kann die Übertragung auf seine eigenen Geschlechtsteile nicht herstellen.

Daher entschließt sich der Betreuer, ihm genaue Anleitung zu geben, aber aus der Distanz. Als Peer im Bad ist, sagt er ihm, was zu tun ist. Im Team hatten sie miteinander abgesprochen, wie sie handeln können, wenn solche Situationen auftreten, und sind in aller Offenheit damit umgegangen; immer gibt es jemanden, der Bescheid weiß, und die Handlungen stehen auch im Betreuungsplan. Auch Peers Eltern sind darüber informiert. In der Einrichtung, in der Peer lebt, ist es selbstverständlich, dass Betreuer immer sagen, was sie tun: „Peer, nun sollst du deine Haare waschen, mache etwas Shampoo auf deine Hand." Alles zu benennen, vergrößert die Chance, dass ein Klient größere Geschicklichkeit erlangt. Peer ist stolz, dass er alles selbst kann.

Natürlich ist ein Penis ein anderes Körperteil als das Haar. Für viele Menschen liegt es sehr viel weniger auf der Hand, darüber zu reden. Auch damit hat man sich in einer Teambesprechung in dieser Einrichtung beschäftigt. „Peer, wenn du deinen Pimmel festhältst, musst du die Haut auch nach hinten ziehen, mit Daumen und Zeigefinger, ganz vorsichtig." Der Betreuer macht zur Illustration eine Bewegung mit seiner eigenen Hand. Peer guckt erstaunt, dann scheint diese Methode zu funktionieren.

Viele Klienten haben – ebenso wie das bei Menschen ohne eine geistige Behinderung der Fall sein kann– eine zu enge Vorhaut. Wir empfehlen unbedingt, dann einen operativen Eingriff zu erwägen. Einerseits aus medizinischen Überlegungen, um Entzündungen vorzubeugen, und andererseits aus dem Gedankengang heraus, dass eine zu enge Vorhaut bei der Selbstbefriedigung sehr schmerzhaft sein kann.

Menschen mit einer sehr schweren geistigen Behinderung

Im vorangegangenen Kapitel sprachen wir davon, dass bei geringerem Abstraktionsvermögen auch das Bewusstsein vom eigenen Körperbild und von dem anderer Menschen abnimmt. Gleichzeitig stellen wir fest, dass Visualisierung und Konkretisierung an Bedeutung gewinnen. Menschen mit einer sehr schweren geistigen Behinderung betrachten die Welt gleichsam mit den Augen eines Kindes von null bis drei Jahren. Die genannten Techniken in Bezug auf Visualisierung und Konkretisierung haben für sie wenig oder keinen Effekt.

Menschen mit einer sehr schweren geistigen Behinderung sind noch mehr auf ihren eigenen Körper ausgerichtet als vergleichsweise geistig schwerbehinderte Menschen. Sie können sich nicht in andere Menschen hineinversetzen.

In Kapitel 2.2.4 begegneten wir bereits Rob, dem lachenden Mann am Zug. Rob ist inkontinent sowohl in Bezug auf Urin als auch auf Stuhlgang. Darum trägt er eine Windel. Die Betreuer entdeckten, dass Rob regelmäßig eine Erektion bekam, wenn er sich gut fühlte, z. B. beim Snoezelen.

Wenn wir den hermeneutischen Kreis auf den 30-jährigen Rob anwenden, ergeben sich folgende Beobachtungen:

1. Rob ist körperlich auf einigen Gebieten nicht so weit entwickelt. Er hat einen auffallend großen Körper. Robs motorische Entwicklung hat es mit sich gebracht, dass er nicht gehen kann. Dass das Sauberkeitstraining zu keinem Erfolg geführt hat, ist auch eine Folge von Robs Funktionsniveau. Rob kann nicht sprechen, äußert sich aber mit Geräuschen, durch die er seine Stimmung ausdrückt. Rob hat regelmäßig Erektionen, die auch zu einem Samenerguss führen können. Rob wiegt und schaukelt sich häufig und scheint das sehr schön zu finden. Er saugt auch gern an seinem Daumen.

2. Rob hat die geistige Entwicklung eines Kindes von ungefähr zwei Jahren. Rob fängt an, zu manchen Ereignissen, die er erlebt, regelmäßige Assoziationen zu bilden. Beim Geräusch von Zügen kann er strahlen, wenn er den Kaffee blubbern hört, fängt er ausgelassen an zu quietschen. Wenn Rob keine Windeln anhatte, weil die Betreuer ihm die Chance geben wollten, seinen eigenen Körper zu entdecken, ging mit der Zeit seine

Hand wie von selbst zu seinen Geschlechtsteilen. Rob bildete eine Assoziation, dass er einen Samenerguss bekommen konnte, wenn er seine Hand hin und her bewegte.

3. Rob verfügt über eine sehr basale emotionale Entwicklung. Rob ist ausgesprochen angewiesen auf vertraute Personen und feststehende, für ihn überschaubare Situationen und Ereignisse. Auf geringe Veränderungen dieser Muster kann Rob sehr ängstlich reagieren, was sich in Unruhe äußert (Robs emotionales Entwicklungsalter liegt bei ungefähr einem Jahr). Wenn die Betreuung hierauf nicht angemessen reagiert, kann Rob in wachsender Angst so lange mit seinem Kopf gegen Gegenstände schlagen, bis es blutet, oder mit seiner Faust in sein linkes Auge stoßen. Rob reagiert sehr primär, er äußert erlebte Lust und Unlust direkt. Es ist klar, dass Rob in emotioneller Hinsicht wie ein Mensch im Kleinkindalter funktioniert (orale Phase). Rob ist auf symbiotische Weise seiner Umgebung verbunden; er ist total abhängig von seiner Umgebung und ihr ausgeliefert; sie bestimmt schließlich, ob es ihm gut geht oder nicht.

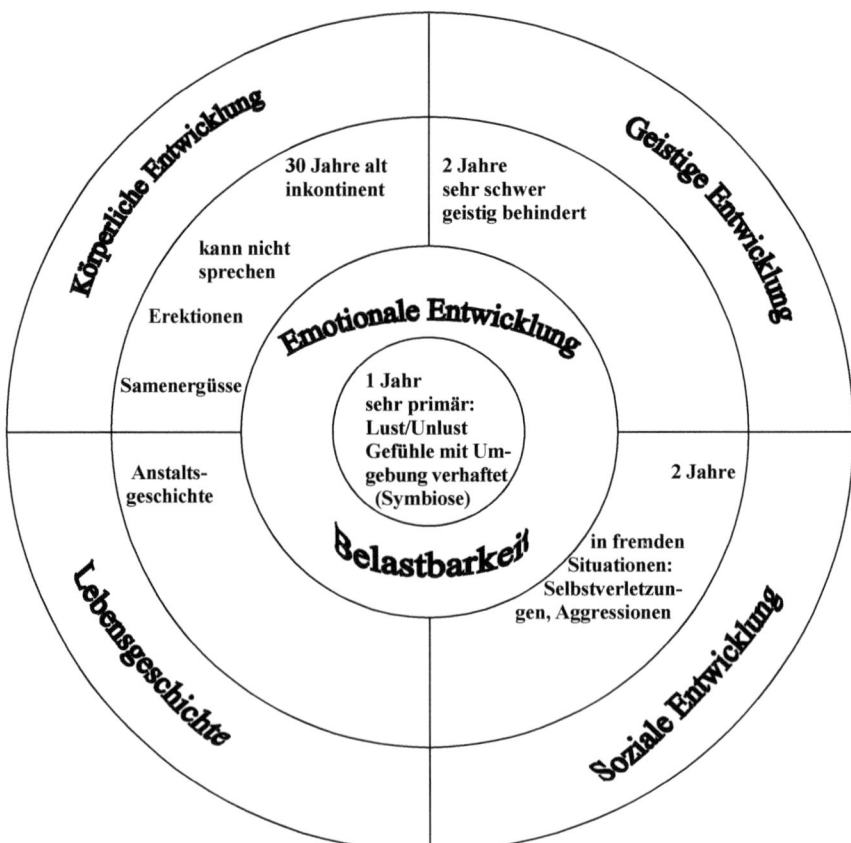

Abbildung 6: Der hermeneutische Kreis für Rob

4. Dementsprechend ist auch Robs soziale Entwicklung. Rob ist auf eine Weise von anderen abhängig, dass Wiedererkennen ihm Sicherheit verschafft und fremde Situationen Angst. Das zeigt sich in seinem Verhalten. Menschen, denen er verbunden ist, verschaffen ihm ein ruhiges Gefühl, in gewisser Weise tritt er in Interaktion mit ihnen und erlebt durch sie Freude. Sichtlich genießt er ihre Berührungen, ihre Umsorgung. Dann lehnt er sich brummelnd an sie an und macht monotone, vergnügte Geräusche. Fremde Menschen flößen ihm Angst ein; die kann sich in Aggressionen entladen, gegenüber dem anderen oder sich selbst (kratzen, stoßen).

5. Rob hat in seiner Erziehungs- und Entwicklungsgeschichte verschiedene Milieus erlebt. Er hat, so sagt man im Fachjargon, eine Anstaltsgeschichte. Robs Vater und Mutter hatten es schwierig gefunden, seine Bedürfnisse zu befriedigen. „Rob war immer ein schwieriger Junge", sagt sein Vater. „Mit fünf Jahren ist er in eine Einrichtung gekommen, das tut mir noch immer weh. Auch da fanden sie ihn schwierig, so sitzt er jetzt in diesem speziellen Institut. Es ist gut, wie die Betreuer hier mit ihm umgehen, wunderbar normal. Aber ich vermisse ihn."

In diesem Kapitel geht es um Körperbild und Selbstbild. Wie sehr ist Rob sich seiner selbst und seines Körpers bewusst? Nicht besonders viel. „Aber er erlebt sehr viel", sagen seine Betreuerinnen. „Und zwar sehr intensiv. Übrigens, was ist eigentlich Sexualität?", fragte eine von ihnen, als es während einer Fachbesprechung um das Thema Sexualität, Beziehungsbildung und Intimität ging. „Und was ist Intimität?" Die Vorstellungen davon liefen weit auseinander. Das zeigte, wie einzigartig Menschen sind, wie unterschiedlich die Bilder sind, die man von sich selbst und von anderen hat. Worin sich aber alle auf jeden Fall einig waren, schien das Folgende zu sein: Rob ist ein sexuelles Wesen. Davon war man überzeugt. Denn alle Menschen sind sexuelle Wesen. Rob spielt gelegentlich mit seinem Penis. Dazu verschaffen ihm seine Betreuer bewusst Gelegenheit, dann kann er es tun, er kann es aber auch lassen. Die Betreuer geben Robs primären Lust- und Unlustgefühlen ganz bewusst Raum. Was man aber noch mehr hervorhob: Rob kann Berührungen enorm genießen.

Die Bedeutung der Berührungen

Durch anfassen und angefasst werden erlebt Rob Kontakt auf sehr basale Art und Weise (siehe den hermeneutischen Kreis: Die Symbiose). Darüber entsteht im Team eine Diskussion, ein Gespräch über Berührungen. Jeder Mensch wird aus einer Symbiose geboren, dann wird die Nabelschnur durchschnitten. Direkter, fühlbarer Kontakt bleibt sehr wichtig. Berührungen sind sehr körperlich, sehr intim. Durch viele Berührungen, auf vorhersehbare, wiedererkennbare Art, entsteht eine Vertrauensbeziehung, ein Gefühl von Sicherheit in regelmäßig wiederkehrenden Begegnungen. Dieses fördert ein Gefühl, „dasein zu dürfen, dazu zu gehören". Berührung folgt einem Bedürfnis nach Kontakt und birgt ihrerseits Bedeutung im Sinne von: sich gut verstehen, bestätigt werden, beschützt werden, Lust, Vergnügen.

Das ernst zu nehmende Spiel, Aufmerksamkeit zu erhalten und Einfluss zu nehmen, beginnt sehr früh. In einer Beziehung, in der viel berührt wird, entsteht ein erstes Bild, ein erstes Erleben des Selbst. Ein Selbstbild, ein Körperbild. In den ersten Monaten und Jahren des menschlichen Lebens wird die Basis der Persönlichkeit geformt. Das hat viel mit berühren und mit berührt werden zu tun, mit der Art und Weise, wie Interaktionen auf diesem Gebiet verlaufen. Das Bedürfnis nach Berührung, auch körperliche Berührung, Körperlichkeit, Intimität – bleibt Menschen ihr Leben lang erhalten. Aber die Berührung bekommt einen anderen Charakter: Gesehen und gehört werden sind beides Formen desselben dahinterliegenden Bedürfnisses. Damit können tiefreichende Berührungen erzielt werden, ohne jemanden direkt anzufassen. Mit Worten, Sätzen, Blicken, Haltung und Ausstrahlung berühren Menschen einander. Körper und Geist bilden in diesem Sinne die zwei Seiten derselben Medaille.

Viele Erfahrungen können in einem Menschen das Erleben bewirken, dass er existiert, dazu gehört, jemand ist. Im Team sagt jemand: „Je älter wir werden, je mehr wir von uns wegwerfen, desto mehr nehmen wir Abstand von unserer ersten Natur. Aber im Wesentlichen bleiben dieselben Bedürfnisse bestehen. Wir wagen oft nicht, einander zu berühren, wir schämen uns dafür, während wir es doch oft möchten, das Bedürfnis ist ja da. Wir tun das nicht mehr, denn wir sind ja zivilisiert! Wir wahren den Anstand!" Dabei verzieht er das Gesicht. Alle lachen sehr. „Aber im Prinzip versuchen wir, auf andere, eher legitimierte Weise uns das zu holen, was man mit Berührungen direkt erreicht: Bestätigung, Wärme, Liebe, Verbundenheit."

Berührung ist Sinngebung
Rob liebt Berührungen. Er ist davon sehr abhängig und auch verletzlich. Menschen mit sehr schwerer geistiger Behinderung brauchen Berührungen in besonderem Maße. Das zeigen sie deutlich, verlangen danach mit ihrem Verhalten. Durch die Berührungen erfahren sie, dass sie anderen etwas wert sind. „Aber ist das bei Menschen ohne geistige Behinderung wesentlich anders?", diese Frage wird regelmäßig von den Mitarbeiterinnen und Mitarbeitern aufgeworfen, die mit Menschen mit einer (sehr schweren) geistigen Behinderung arbeiten. Es ist eine rhetorische Frage. Nein. Natürlich nicht. Indem man sich mit den Bedürfnissen der Menschen mit einer (sehr schweren) geistigen Behinderung befasst und darüber spricht, wird man mit sich selbst konfrontiert, landet man von allein bei der Frage, was man selbst im eigenen Leben wichtig findet. Und dann erweist sich gewöhnlich, dass wir dieselben Bedürfnisse haben, dass wir auch gerne angefasst werden und anfassen, bestätigt werden möchten, auf der Suche nach Wärme und Liebe sind, nach Lust und Genuss, danach, etwas miteinander zu teilen: Begeg-

nung. Wir geben dem (augenscheinlich) nur eine andere Form, sind aber im Prinzip auf der Suche nach demselben.

Wenn wir über Rob sprechen, befassen wir uns mit unseren eigenen tiefsten, offensichtlich von vielen geteilten Bedürfnissen. Wir ähneln einander mehr als dass wir uns voneinander unterscheiden. Es gibt mehr, was uns verbindet als was uns trennt. Das Schöne an der Arbeit mit Menschen (mit einer – sehr schweren – geistigen Behinderung) ist die Tatsache, dass man diese Frage dabei gratis erhält, so ist unsere Erfahrung. Viele Betreuer von Menschen mit einer (insbesondere schweren und sehr schweren) geistigen Behinderung erleben diese Art Fragen und Erlebnisse als Bereicherung.

Möglicherweise sagen uns Menschen mit einer sehr schweren geistigen Behinderung mehr über Sexualität und Intimität als Menschen, die auf dem Gebiet des Verstandes weiter entwickelt sind und sich anständiges Verhalten zu Eigen gemacht haben.

Robs Betreuer setzen im Umgang mit ihm folglich sehr bewusst Berührungen ein. Es gibt regelmäßigen körperlichen Kontakt, es wird viel liebkost, Rob wird gehätschelt. Indem man gut auf ihn schaut und hört, indem seine körperlichen Verhaltensweisen richtig interpretiert werden, sind sie dahinter gekommen, welche Berührungen Rob schön findet, wovon er ruhig wird, wann er sich entspannt. Während vieler Pflege- und Entspannungssituationen ergeben sich Gelegenheiten, körperlich mit Rob umzugehen. Momente bei Tisch, im Bad und während des Snoezelens sind Beispiele dafür.

Bemerkenswert ist, dass die Betreuer während dieses Umgangs mit Rob vieles von dem, was sie tun, benennen. Und das, obwohl Rob nicht sprechen kann und mit an Sicherheit grenzender Wahrscheinlichkeit geistig oft nicht aufnehmen kann, was gemeint ist. Eine Betreuerin antwortete auf die Frage, warum sie so viel mit Rob spricht: „Auf diese Weise nehme ich ihn noch mehr erst. Darüber hinaus ist der Tonfall, mit dem ich etwas sage, ein Beitrag für Rob, die Dinge wiederzuerkennen. Darüber hinaus schafft es Ruhe, eine bestimmte Atmosphäre."

3.5.3 Normen und Werte

Einleitung

„Manche Menschen finden es schwierig, sich an das zu halten, was sich gehört und was sich nicht gehört. Auch manche Menschen mit geistiger Behinderung. Je einfacher das – insbesondere emotionale – Funktionsniveau ist, desto schwieriger wird es, adäquat angemessenes Verhalten zu zeigen, geschweige denn solches Verhalten in ein Gewissen zu internalisieren, in ein akzeptiertes Bewusstsein davon, was sich gehört und was sich nicht gehört. In diesem Sinn ist es auch vernünftig, das emotionale Niveau des Betroffenen genau zu betrachten. Wenn das bekannt ist, werden viele Verhaltensweisen verständlich, und alle in der Umgebung wissen, was der Betroffene von ihm oder ihr will" (Bosch 1995, S. 96.).

Das Thema Werte und Normen umfasst natürlich ein sehr weites Feld. Es hat viele Berührungspunkte mit dem adäquaten Umgang mit Grenzen. Man berührt einen anderen Menschen nur dann, wenn dieser das möchte, man berücksichtigt die Wünsche des anderen, respektiert sich gegenseitig, man geht anständig mit ihr oder ihm um. Kurzum, man überschreitet keine Grenzen. Auf diese Aspekte kommen wir beim Thema Beziehungen wieder zurück (siehe Kapitel 3.5.4). Nach dem Thema Beziehungen kommt in Kapitel 3.5.5 das Thema Selbstbehauptung an die Reihe. Beziehungen, in denen eine Person wenig in der Lage ist, sich selbst zu schützen, und die andere Schwierigkeiten damit hat, sich emotional und sozial von angemessenen Normen und Werten leiten zu lassen, brauchen spezielle Unterstützung.

Wen darf ich umarmen und wen nicht? Wann muss ich angekleidet sein, wann nicht? Wo darf ich masturbieren? Wie gehe ich anständig mit einem Mann oder mit einer Frau um? Das sind Fragen, die in diesem Kapitel behandelt werden.

Menschen mit einer leichten geistigen Behinderung

Der 40-jährige Marinus, der gerade seinen Führerschein bekommen hatte und der sich so gut in Fragen der Technik auskannte, hatte – das zeigte sich während der Aufklärungsstunden – anfangs die Vorstellung, dass eine Frau auch einen Penis hat. Sein Betreuer Kai hat Marinus die Technik des Masturbierens gelehrt, und Marinus setzt sie zu seinem Vergnügen in die Praxis um. Als wir den hermeneutischen Kreis für Marinus ausgearbeitet haben, zeigte sich, dass er auf dem Gebiet des Sozial-Emotionalen nur ein geringes Entwicklungsalter hat. Bei bestimmten Bedürfnissen kann Marinus deren Befriedigung kaum aufschieben. Es fehlt ein internalisiertes Gewissen. Die Triebe bleiben im Mittelpunkt. Daher kommt es, dass Marinus immer wieder dazu neigt, Betreuerinnen an die Brust zu fassen oder sich gegenüber Nachbarinnen mit sexuellen Manipulationen zu präsentieren. Dieser Trieb in Verbindung mit dem bisherigen Fehlen sexueller Aufklärung bedeutet, dass Marinus ein externes Gewissen benötigt, dass er auf dem Gebiet der Werte und Normen angeleitet werden muss.

Es ist wichtig, das sozial-emotionale Entwicklungsalter zu kennen

In Kapitel 2.6 sprachen wir über Diskrepanzen innerhalb einer Person. Wenn jemand (nur) eine geringe, leichte Behinderung hat, verbunden mit einem normalen Äußeren und der Möglichkeit, sich flott zu präsentieren, kann dadurch in seiner Umgebung der Eindruck entstehen, dass der Betroffene mit anderen angemessen umgehen und seine Grenzen gut wahren kann. Es ist aber wichtig, das sozial-emotionale Niveau eines Menschen richtig einzuschätzen, und zwar insbesondere, wenn der Betroffene, wie das bei den meisten Menschen mit geistiger Behinderung der Fall ist, in seiner

Erziehungs- und Entwicklungsgeschichte noch nichts in punkto sexueller Aufklärung mitbekommen hat. Dies ist kein Plädoyer, Menschen mit geistiger Behinderung misstrauisch zu begegnen (und absolut kein Versuch, das Bild, das wir uns von ihnen machen, negativ zu beeinflussen), sondern eher ein Ansporn, genau zu betrachten, wie ein Klient auf dem Gebiet von Sexualität und Körperlichkeit im Leben steht. In diesem Fall also: den hermeneutischen Kreis einzusetzen. Damit weiß man dann auch besser, wie man diesen Klienten auf diesem Gebiet unterstützen kann.

Kanalisierung sexueller Gefühle: Alternativen anbieten
Wenn jemand Grenzen überschreitet, kann man dieser Person sagen, dass sie das nicht tun darf. Aber das wird im Allgemeinen nur wenig helfen, solange keine Alternativen angeboten werden; der Trieb, das Erleben bleibt ja erhalten und sucht irgendwie seinen Weg. Allein das Beherrschen (Pfui, lass das) der Triebe führt unserer Erfahrung nach zu Frustrationen in der Beziehung, die man miteinander als Helfer und Klient (oder als Eltern und Kind) hat. Der Klient wird entweder das ungewünschte grenzüberschreitende Verhalten wiederholen oder andere Übertretungen begehen, oder sich frustriert verhalten: einsam werden, trübsinnig, aggressiv gegen sich selbst. Darüber hinaus nehmen Sie im Falle bloßer Beherrschung den Betroffenen unserer Meinung nach nicht ernst. Und versuchen ihn oder sie mit leeren Versprechungen zu leiten. Schließlich ist es vollkommen normal, Triebe zu haben, sexuelle Gefühle und Fantasien; die Kunst besteht aber darin, ihnen einen angemessenen, gesellschaftlich akzeptierten Platz zu geben. Dabei brauchen viele Menschen mit geistiger Behinderung Hilfe.

Eine sexuelle Alternative oder eine Kanalisierung von Trieben kann unter anderem beinhalten:

– mit Genuss masturbieren und das noch bewusster tun;
– den Einsatz von pornografischen Materialien;
– den Einsatz von Prostitution bzw. Sexualdiensten (in Holland gibt es die SAR =Stichting Alternatieve Relatieve Middeling);
– die Nutzung einer bestehenden Beziehung.

„Loslassen ist eine Form der Beherrschung." Sexueller Energie Raum zu geben, führt zu einer normaleren Regulation der Triebe als wenn diese allein unterdrückt werden.

Kanalisierung sexueller Wünsche und Normen setzen
Natürlich sagt Kai Marinus, was sich gehört und was sich nicht gehört. Dass man nicht einfach Frauen an die Brüste gehen darf. Dass das nicht anständig ist, dass Frauen das unheimlich, wenn nicht sogar bedrohlich finden, dass man das nur tut, wenn man mit jemandem eine Beziehung hat bzw. wenn man das gemeinsam wirklich will. Das überrascht Marinus. So etwas hatte er noch nie gehört. Wenn jemand nein sagt, bedeutet das auch

nein, und dieses Nein muss man respektieren (siehe auch die Kapitel über Selbstbehauptung und Beziehungen).

In ihren Gesprächen tauchte dieses Thema regelmäßig auf, und Kai macht Marinus Komplimente, sowie er sieht, dass der auch anständig, höflich, galant mit Frauen umgeht. Marinus genießt diese Komplimente, sie verbessern seinen Status: So hat noch niemand mit ihm gesprochen! So bewusst positiv, freundlich. Bis vor kurzem wurde er lediglich zurückgepfiffen, wenn er Dinge tat, die man offenbar nicht durfte, er erlebte seine Umgebung als strafend.

Kanalisierung sexueller Bedürfnisse

1. Kanalisierung durch Masturbation

Bei all seinem grenzüberschreitenden Verhalten wusste Marinus nicht, wie man einen Orgasmus bekommt. Durch die sexuelle Aufklärung lernte der 40-Jährige von seinem Betreuer Kai auch, wie man einen Orgasmus bekommt, dass das ein tolles Gefühl sein kann, aber auch, dass es in Ordnung ist, das zu tun. „Wenn du erregt bist und an Sex denkst, an eine schöne Frau mit großen, strammen Brüsten oder an eine schöne Muschi, wie wir sie auf den Bildern angesehen haben, und wenn du dann an alle möglichen tollen Sachen denkst, die du mit ihr machst (hier passt sich Kai an Fantasien an, die Marinus geäußert hatte), dann kannst du mit deinem Pimmel spielen, Marinus, so wie der Mann im Film." Solche Bemerkungen sind von bestätigendem und normierendem Einfluss. Es wird die Norm formuliert, dass Selbstbefriedigung großartig und angenehm sein kann und dass man sich dafür nicht schämen muss. Im Gegenteil. Du kannst ruhig stolz darauf sein, dass du so gut mit dir selbst umgehen kannst. Marinus hat schnell begriffen, wo man masturbieren darf und wo nicht. Das brauchte Kai ihm nicht mit Bildern zu illustrieren.

2. Kanalisierung durch Pornografie

Pornografie hat den Zweck, die Sinne zu reizen. Die Auffassungen über Pornografie gehen stark auseinander. Pornografie kann ein Hilfsmittel sein, um sich selbst zu befriedigen. Bei Menschen mit einer Neigung zu grenzüberschreitendem Verhalten kann Pornografie als Kanalisierungsmittel für Triebe eingesetzt werden. Kai informiert Marinus über diese Möglichkeit. Gemeinsam sehen sie sich Pornohefte und Filme an. Kai geht sogar zusammen mit Marinus in die örtliche Videothek, um Pornofilme zu holen. „So verhalte ich mich normal", sagt Kai, „darüber hinaus habe ich auf diese Weise die Möglichkeit, Marinus' Frauenbild zu beeinflussen. Marinus muss Fiktion und Wirklichkeit gut auseinanderhalten, sonst müssen wir wieder von vorn anfangen."

Marinus sieht sich in seinem Zimmer regelmäßig Pornofilme an. Er erregt sich dabei und onaniert. Es erleichtert ihn auch. Erstens, so behauptet er, weil es die herrliche Spannung aus ihm holt. Er genießt Selbstbefriedigung. Und zweitens: Kai bestätigt ihm, dass es okay ist, sich auf diese Weise mit Sex zu beschäftigen.

Grenzen zwischen Funktion und Emotion, ein schwieriges Gebiet

Kai spricht, das zeigte die vorangegangene Geschichte, auf ziemlich offenherzige Art und Weise mit Marinus über Pornografie. Er guckt sogar mit ihm zusammen die außergewöhnlich deutlichen Bilder an. Pornografie ist darauf ausgerichtet, Menschen sexuell zu erregen. Manche Betreuer stellten uns zurecht die Frage, ob man einander auf diese Weise nicht zu nahe kommt. Ist das noch professionell? Es gibt doch eine Grenze zwischen Funktion und Emotion, die nicht überschritten werden darf? Kai tut das nicht unüberlegt. Er geht sehr bewusst mit solchen Situationen um. Er hat mit seinen Teamkollegen darüber gesprochen. Das Vorgehen wurde sogar im Betreuungsplan niedergelegt. Die Leitung ist über die Situationen, in denen es zu so intimen Momenten kommt, informiert. Auch die Absicht des gemeinsamen Ansehens der Pornos ist bekannt. Marinus bekommt damit die Chance, seine Triebe auf eine angemessene Art und Weise regulieren zu lernen. Das ist nach Kais Standpunkt die eine Intention. Die zweite Intention ist die Beschäftigung mit Marinus' gegenwärtigem und erwünschtem Frauenbild. Es fällt auf, dass Marinus sozial wünschenswertes Verhalten zeigt, dass Grenzüberschreitungen abnehmen. Marinus ist darauf sehr stolz.

3. Kanalisierung durch Prostitution oder sexuelle Dienstleister

Marinus hat wie viele andere auch Fantasien über Frauen. Er möchte es doch zu gern wissen, wie es ist, mit einer Frau zu schlafen, denn das hat er noch nie getan. In der Einrichtung, in der Kai arbeitet, nutzt man manchmal die Dienste der Stichting Alternatieve Relatie Middeling. Kai hat Marinus gefragt, wie es ihm gefallen würde, mit einer Frau des Sexualdienstes zu schlafen. Marinus hätte darauf wohl Lust. Also wird ein Treffen verabredet. Marinus wartet sehnsüchtig auf den Termin. Er hat sein Zimmer extra aufgeräumt und sauber gemacht. „Du musst dich vorher besonders gut waschen", hat Kai noch gesagt, „und ein Aftershave nach dem Rasieren ist auch nicht verkehrt. Frauen mögen es, wenn man gut gepflegt aussieht."

Der Kontakt mit der Sozialdienstleisterin ist ein großer Erfolg. Außer dem Miteinander-Schlafen (Marinus ist begeistert) lernt Marinus noch viel mehr. Die Frau sagt ihm nämlich auch, wie man die Wünsche eines Partners berücksichtigen kann. Der Gewinn dieser Methode ist, dass man es auf keine andere Weise körperlicher oder praktischer tun kann.

Die SAR-Mitarbeiterin hat sich mit Marinus als erstes mit Fragen der Hygiene auseinandergesetzt. Was Kai theoretisch erklärt hatte, hat sie praktisch ausgeführt. Sie hat mit ihm über nahe liegende Themen wie saubere Achselhöhlen, geputzte Zähne, saubere Kleider, gewaschene Haare und Füße usw. gesprochen. „Es ist auch sehr wichtig, deinen Penis zu waschen", sagte die Dienstleisterin Marinus. Es zeigte sich deutlich, dass sie einiges schrittweise mit ihm aufbaute. In einem gemütlichen, vertraulichen Raum, hat sie dann Marinus masturbiert. Für Marinus war das eine Offenbarung. Nachdem er selbst erst vor einem Jahr zum ersten Mal im Leben zu masturbieren gelernt hatte, tut das jemand anderes mit ihm! Die ersten Male kommt es zwischen Marinus und der Dienstleisterin noch nicht zum Geschlechtsverkehr. Die Dienstleisterin unterlässt das bewusst. Nach und nach wird die Beziehung aufgebaut. Mit Blick auf Marinus' emotionales Funktionsniveau (siehe den hermeneutischen Kreis auf S. 61) ist es sinnvoll, nicht direkt mit ihm ins Bett zu gehen; das wäre möglicherweise eine regelrechte Überforderung. Schließlich kann Marinus sich schlecht in einen anderen Menschen hineinversetzen. Sein Normen- und Wertebewusstsein ist kaum entwickelt. „Überlege nur, welche Emotionen ausgelöst werden, wenn du zum ersten Mal mit jemanden ins Bett gehst", hatte die Dienstleisterin zu Kai gesagt. „Was dir dann alles passiert. Alles ist emotional verwirrend und spannend. Und oft gelingt es übrigens auch nicht." Die Dienstleisterin hatte mit Kai ein Vorgespräch über Marinus' speziellen Hilfebedarf geführt. Kai hatte sich dafür Marinus' Zustimmung erbeten. Nach einigen Erklärungen fand Marinus das auch in Ordnung.

Solche Vorgespräche haben zwei Funktionen:

– Der Betreuer bekommt die Gelegenheit zu sagen, was seiner Meinung nach der Hilfebedarf ist;
– die Dienstleisterin kann eventuell neu hinzukommende Bedarfslagen entdecken.

Dafür haben wir in der Praxis einige Beispiele kennen gelernt:

– Angst vor bestimmten Handlungen;
– ungewöhnliche Gedanken;
– nicht wissen, wie man gut masturbieren kann;
– nicht bescheid wissen, wie man die Wünsche und Grenzen des anderen berücksichtigen soll;
– höflich mit jemandem umgehen;
– Schwierigkeiten mit Berührungen haben;
– nicht zu wissen, was ein Vorspiel ist und wie man das macht.

Die Interventionen von Kai und der Sexualdienstleisterin haben bei Marinus klare Verhaltensänderungen zur Folge. Marinus kann jetzt mit Grenzen angemessener umgehen, er ist höflicher geworden, verwendet keine Schimpfwörter mehr. Er bedrängt keine Menschen mehr, die das nicht wollen.

Kognitiv kann Marinus viel lernen. Hinsichtlich seines sozial-emotionalen Niveaus wird bleibende Unterstützung nötig sein. Häufig haben wir es erlebt, dass befristete Unterstützung („es geht jetzt ganz gut": genau das ist eine mögliche Stolperfalle!) doch wieder zu Rückfällen führt, dass Klienten dann von Neuem in ihre „alten Sünden" verfallen und Verhaltensweisen zeigen, die zu ihrem sozial-emotionalem Funktionsniveau passen.

4. Kanalisierung durch eine bestehende Beziehung

Marinus wird nun in bestimmten regelmäßigen Folgen von einer Sexualdienstleisterin besucht. Er hat keine Freundin. Wäre das aber der Fall gewesen, hätte darin eine Möglichkeit bestanden, Alternativen auf dem Gebiet der Körperlichkeit, der Sexualität zu bieten. Es wäre eine zusätzliche Möglichkeit gewesen, sich durch verschiedene Interaktionen und Aufklärung mit Normen und Werten zu befassen. In dem Kapitel über Beziehungen kommen wir darauf zurück.

Pornografie

Vorweg etwas zu Normen und Werten: Viele Menschen genießen Pornografie. Auch viele Menschen mit geistiger Behinderung tun das. Viele Menschen verabscheuen Pornografie. Viele Menschen mit einer geistigen Behinderung denken ebenso. Im Fall von Marinus wurde im vorangegangenen Beispiel sehr bewusst pornografisches Material eingesetzt. Sie können als Betreuer natürlich sagen: „Damit fange ich erst gar nicht an. Das ist ekelig!" Das ist aber eine (vertretbare) Norm, die selbstverständlich für den einzelnen Betreuer von großer Bedeutung ist. Im Mittelpunkt heutiger Sorge für Menschen mit Behinderungen steht der jeweilige Klient.

Es ist klar, dass Menschen sehr unterschiedlich auf den Inhalt von Pornografie reagieren. Das alles hängt mit unseren Normen und Werten zusammen. Bisher haben wir uns in diesem Buch noch nicht mit den Normen und Werten der Betreuer befasst (ausführlicher zum Thema Normen und Werte im Hinblick auf Sexualität und Beziehung siehe Bosch 1995, S. 45–63).

Normen und Werte unterscheiden sich enorm. Das ist auch gut so. Manch einer findet, dass Pornografie aus Sexualität etwas Schmutziges macht, das einen selbst und den anderen in gewissem Sinn klein macht, oder dass man Frauen durch das Bestehen von Pornografie zur unterlegenen Partei, zur Gruppe der Unterdrückten und zu Wesen, die reine Lustobjekte sind, abstempelt. Andere finden, dass Gott Sexualität für den Umgang zweier Menschen, die sich bewusst füreinander entschieden haben, vorbestimmt hat und dass das durch Gott gesegnet wird, und dass Pornografie dazu ganz und gar nicht passt. Wieder eine andere Person ist der Meinung, dass Pornografie ein Genussmittel für andere sein kann, aber nicht für ihn oder sie selbst. Und noch ein anderer hält pornografisches Material für etwas Fantastisches, etwas, das das Leben auf sexuellem Gebiet (noch mehr) bereichern kann usw. So viele Köpfe, so viele Meinungen. Wir folgen mit unserem Buch einer Vision, indem wir versuchen, uns ganz dem Erleben jedes einzelnen Menschen, der unserer Unterstützung anvertraut ist, zu widmen. Bei dessen Normen und Werten versuchen wir anzuknüpfen. In diesem Sinne müssen wir mit unseren eigenen Normen und Werten zurückhaltend sein („damit müssen wir selbst glücklich werden"), die wir nicht einem anderen auferlegen wollen, denn wir dürfen nur dann normierend wirken und sind berechtigt, einzugreifen, wenn wir bewusst sagen können, dass jemand sich selbst oder anderen mit seinem Verhalten schadet.

Autonomie schließt Betreuung natürlich nicht aus, glücklicherweise nicht. Ebenso wenig bedeutet der vielgebrauchte Satz „Der Klient steht im Mittelpunkt", dass alles erlaubt ist. Es gibt immer ein Spannungsfeld zwischen Autonomie und Schutzbedürfnis. Als Betreuer haben wir – zu unserer Freude – auch Verantwortung, und zwar die Verantwortung gegenüber anderen, um in ihr Leben einzugreifen, wenn es nötig ist, als Schutz für diese Person oder ihre Umgebung.

Es hat sich erwiesen, dass manch ein Klient sehr gut mit Pornografie umgehen kann, ein anderer nicht.

> „Karl guckt sich manchmal Pornos an. Er weiß, dass er das nur in seinem Zimmer tun darf. Die Bilder erregen ihn und helfen ihm, sich auf angenehme Art und Weise selbst zu befriedigen.

> Manche Menschen hören überhaupt nicht mehr auf, Pornos anzugucken, sie gehen gänzlich darin auf, mögen das. Was ist die Bedeutung solchen Verhaltens? Welche Funktion hat es?

> Marcel guckt in seiner Freizeit nahezu ununterbrochen Pornofilme. Was bedeutet das für ihn? Im Team der Einrichtung befasst man sich mit dieser Frage. Ein Betreuer erklärt, dass man schon gute Gründe haben müsste, um das jemandem, der das gern möchte und Freude daran hat, zu verbieten. Steht das Erleben des Klienten immer im Mittelpunkt? Schadet sich Marcel oder anderen nicht doch damit? Die Mitarbeiter der Einrichtung fragen sich jedoch, inwiefern Marcels Verhalten zwanghaft ist. Wird er sich selbst damit gerecht? Immer mehr wird er zum Gegenstand von Ermahnungen. Er sieht seine Umgebung nicht mehr, verliert sich in dieser Beschäftigung. Kontakte zu Mitbewohnern nehmen ab. Ein Mensch ist doch mehr als nur ein sexuelles Wesen? Wie bei jeder Zwanghaftigkeit darf man hier, sagen die Mitarbeiter, Grenzen setzen, sofern das nur bewusst, zielgerichtet und systematisch geschieht. In Beratung mit Marcel wird dessen Eifer dosiert, kanalisiert. Er wird wieder regelmäßig in andere Aktivitäten einbezogen" (Bosch 1995, S. 116–117).

Vorstellungsbilder und Wirklichkeit

Durch pornografische Bilder kann ein Klient bestimmte Vorstellungen von Sexualität entwickeln. In diesen Vorstellungsbildern sind auch eine Reihe von expliziten Normen und Werten repräsentiert. Menschen mit einer geistigen Behinderung schaffen sich, ebenso wie jeder andere auch, Bilder von Sexualität, Intimität und Beziehung. Die Vorbilder dafür entstammen verschiedenen Kontexten: Der Situation zu Hause, in der Schule, in Wohneinrichtungen usw. Die Erfahrung hat uns gezeigt, dass das Ausbleiben sexueller Aufklärung inadäquate Vorstellungsbilder aufrecht erhält:

- „Alle Frauen sind zum Bumsen da."
- „Wenn eine Frau nein sagt, meint sie ja."
- „Man darf Frauen ruhig in den Po kneifen."
- „Schwule taugen nichts."
- „Homosexuelle sind widerlich."
- „Alle Männer wollen dasselbe!"
- „Frauen haben immer einen Orgasmus."
- „Männer können jederzeit eine Erektion kriegen."
- „Wer als Mann keine Erektion bekommt, ist ein Stümper im Bett."

Solche Vorstellungsbilder können natürlich auch bei Menschen ohne geistige Behinderung vorkommen. Allerdings sind Menschen mit einer (leichten) geistigen Behinderung besonders sensibel und empfänglich für vorgegebene Vorstellungen wegen ihrer konkreteren Denkweise und der häufig auftretenden Bereitschaft, das als Wahrheit anzunehmen, was man ihnen auftischt. In diesem Sinne sind sie auch leichter zu missbrauchen und zu manipulieren.

Wir begegnen auch seltsamen Vorstellungsbildern. Das hängt mit dem Grad der geistigen Behinderung zusammen. Marian z. B., der wir in Kapitel 2.7 begegneten, hatte während ihrer Erziehung eine Botschaft mitbekommen, „dass Sex etwas mit Heiraten zu tun hat und dass man dann ganz von selbst Kinder bekommt". Hier hat es erkennbar an Aufklärung gefehlt. Wenn heute ein allzu spontaner Mitbewohner ihre Brüste berührt, gerät sie in Panik: Nun wird sie ein Kind kriegen!

Glücklicherweise können wir die Vorstellungsbilder der Menschen beeinflussen. Ein wichtiger Teil sexueller Aufklärung besteht aus genau dem Beeinflussen der Vorstellungsbilder. Schauen wir noch einmal auf Gert, dem wir in Kapitel 2.2.1 schon begegnet sind.

Gert hat viele Fantasien über Frauen, und zwar geprägt durch die Pornofilme, die er sieht. Kai, sein Begleiter, fragt nach, auf welche Weise Gert sich Frauen vorstellt. Nun, das ist ziemlich klar. „Frauen machen die Beine breit und der Mann steckt seinen steifen Pimmel in sie rein! Nun ja, und das finden die Frauen so schön, Mann, sie lachen immer dabei!" Weiter reicht Gerts Vorstellungsbild nicht. Wirklichkeit und Fiktion sind hier weit auseinander gerückt. Kai braucht viel Zeit, um Gert zu erklären, dass die Wirklichkeit etwas anderes ist als das, was die pornografischen Bilder vermuten lassen.

Ein Glück, dass Kai die Verantwortlichkeit übernommen hat, Gert auf andere Gedanken und zu anderen Einsichten zu bringen.

Menschen mit einer mäßigen geistigen Behinderung

Wir kennen Mareike aus Kapitel 2.2.2. Sie ist sehr schmusig und körperbetont und setzt sich einfach bei ihrem Betreuer Peter auf den Schoß. Und der ist nicht der Einzige, bei dem sie das tut! Wenn wir den hermeneutischen Kreis für Mareike anwenden, kommen wir zu folgenden Beobachtungen:

1. Mareike ist körperlich normal entwickelt, es gibt keine Besonderheiten. Sie hat regelmäßig ihre Menstruation.

2. Mareike hat ein geistiges Entwicklungsalter wie ein Kind von fünfeinhalb Jahren. Auf konkrete Art und Weise kann man Mareike vieles erklären. So hat sich die Betreuung mit einigem Erfolg mit ihrem Körperbild beschäftigt, Mareike kann den Unterschied zwischen einem Mann und einer Frau gut beschreiben. Auffällig ist Mareikes (offensichtliche) „Verliebtheit" in ihren Begleiter Peter. „Später heirate ich Peter", fantasiert sie lachend. Stereotype Ideen über die romantische Liebe treffen wir bei Menschen mit einer solchen geistigen Entwicklung häufiger an.

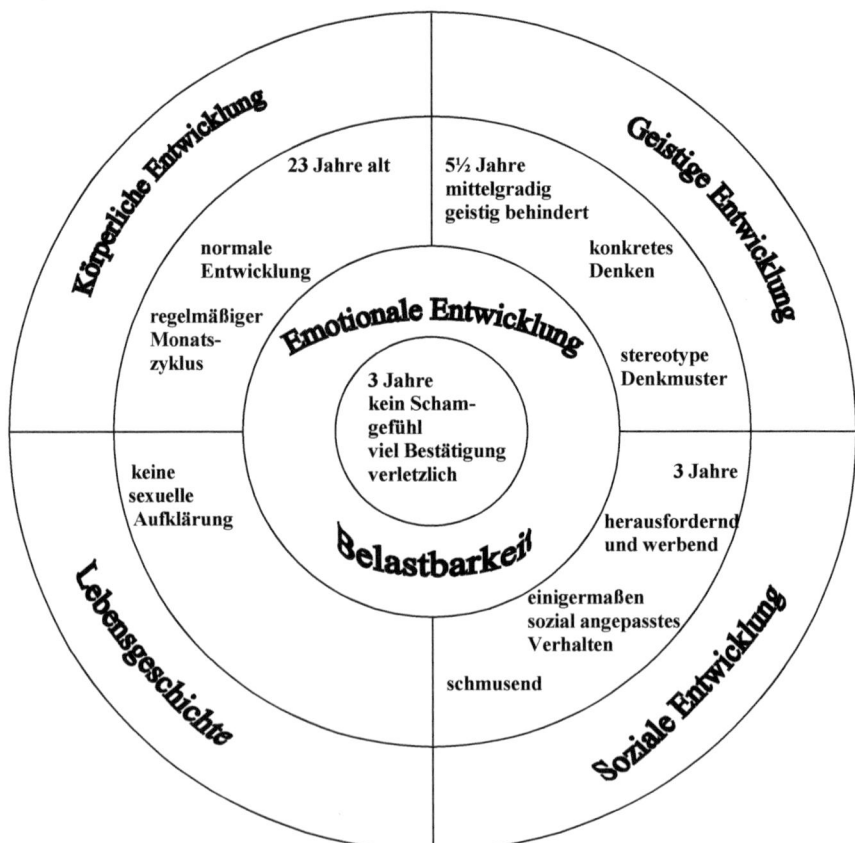

Abbildung 7: Der hermeneutische Kreis für Mareike

3. Mareikes emotionales Entwicklungsalter liegt niedriger: bei drei Jahren. Mareike hat kein Schamgefühl entwickelt. Sie ist sehr schmusig eingestellt: Damit zeigt sie, dass sie viel Wärme braucht. Mareike hat keine Wert- und Normenmuster internalisiert, sie braucht auffällig viel Geborgenheit und Bestätigung. In dieser Hinsicht ist Mareike ziemlich verletzlich und manipulierbar.

4. Ihre damit verbundene soziale Entwicklung bestätigt das Entwicklungsalter von drei Jahren. Sie verhält sich jedenfalls herausfordernd und werbend. Wenn Sie nichts über Mareikes geistige und emotionale Entwicklung wüssten, würden Sie leicht den Schluss ziehen, dass Mareike auf sexuellem Gebiet etwas von Ihnen möchte. Aber der Schein trügt: Mareike sucht Sicherheit und Geselligkeit.

5. Mareike hat in ihrer Erziehungs- und Entwicklungsgeschichte keine sexuelle Aufklärung gehabt.

Vorsicht bei moralischer Entrüstung

Mareike kann beachtlich herausfordernd und werbend wirken, auch auf körperlichem Gebiet. Außenstehenden fällt das auf, und man kann diesem Verhalten leicht bestimmte Interpretationen zuschreiben wie: „Was drängt das Mädchen sich auf!" Oder: „Was für eine Schmusekatze, das macht ihr wohl Spaß." Aber das wäre eine verkehrte Bedeutungszuschreibung. Hinsichtlich ihres sozial-emotionalen Niveaus (siehe den hermeneutischen Kreis) kann sie kein anderes Verhalten zeigen, wenn ihre Umgebung sie dabei nicht unterstützt. Moralische Entrüstung kann als Fehlschluss der Betreuer angesehen werden und wird von der Klientin als Zurückweisung ihrer Person empfunden, ohne dass sie durchschaut, warum es so geschieht: Es fehlt an sozialer Einsicht und emotionaler Belastbarkeit.

Stellen Sie sich einmal vor: Sie finden von sich, dass Sie es gut machen, Sie sind sich keines Fehlers bewusst und möchten schön warm und gemütlich bei dem Betreuer sitzen. Sie fühlen sich gut und sicher. Der Betreuer rutscht erschrocken zur Seite und sagt mit erhobener Stimme: „Kannst du das lassen?" Das können Sie nicht verstehen. Sie haben doch nichts Schlimmes getan? Es entsteht eine Distanz, eine negative Spiralbewegung. Und zwar als Folge der Tatsache, dass der Betreuer die Bedeutung des Verhaltens nicht sehen konnte. Nicht kapierte, dass es überhaupt nicht um einen sexuellen Unterton ging, sondern dass Mareike sehr basale Dinge suchte: Geborgenheit, Sicherheit, Gemütlichkeit. Über die zur Schau gestellte moralische Entrüstung hinaus versäumt der Betreuer auch noch zu erklären, warum er so reagiert, und er bietet keine Alternativen an! Weitere Distanz innerhalb der Beziehung ist die Folge, und Mareike wird stigmatisiert: „Immer auf der Suche nach Sex!"

Was wir in der Praxis häufig bei Klienten wie Mareike erleben, ist Folgendes: Auf Dauer können sie als Folge der unrichtigen Bedeutungszuweisung, des bestrafenden Tons, der empfundenen Stigmatisierung und der fehlenden Antwort auf ihre Bedürfnisse sogar auffällige Verhaltensweisen entwickeln. Bei Mareike z. B. war dann die Rede von bedeutenden Verhaltensveränderungen: Es gab Perioden, in denen sie aggressiv war, und Zeiten, in denen sie sich auffällig zurückzog. Die Betreuer sprachen von einem Verhaltensproblem, das immer gravierendere Formen annahm.

Anständig miteinander umgehen: Gesellschaftliche Normen und Werte
Zum Glück ist es den Betreuern von Mareike klar, warum sie sich so verhält. Das Bedürfnis nach Wärme und Geborgenheit wird deutlich signalisiert. Während im Team eine Diskussion über die Abhängigkeit der Klienten von ihren Betreuern entsteht, finden es alle wichtig, den eigentlichen Hilfebedarf zu decken. Gleichzeitig sind sie der Auffassung, dass ihr Verhalten irgendwie eingeschränkt werden muss. Welche Assoziationen, welche Fragen ruft dieses Verhalten schließlich in der Nachbarschaft hervor? Was für eine Vorstellung würden die Nachbarn von Mareike haben? Mareike, eine erwachsene, große, korpulente Frau sitzt ihrem Betreuer (oder einem Fremden) auf dem Schoß. Es ist doch sonnenklar, dass es irgendwie merkwürdig ist, sich einem relativ Fremden auf den Schoß zu setzen und diesen spontan zu umarmen? Diese Normen und Werte müssen berücksichtigt werden. Darüber hinaus hat Mareike ein Recht darauf zu hören, was angemessene Normen und Werte sind, und sie muss die Möglichkeit bekommen, sozial angepasstes Verhalten zu erlernen.

Die Betreuer suchen einen Mittelweg. Einerseits die Bedürfnisse an Geborgenheit entsprechend Mareikes emotionalem Entwicklungsalter befriedigen, darüber hinaus aber auch deutlich machen, dass man sich auch sicher und gut fühlen kann, wenn man nicht bei dem Betreuer auf dem Schoß sitzt, sondern neben ihm auf dem Sofa. Es wird mit Mareike verabredet, zu welchen Zeiten sie auf den Schoß kommen darf, z. B. abends für ein Weilchen während des Fernsehens. Sie versuchen, ihr Verhalten anzupassen, indem sie neben ihr sitzen und Mareike sich manchmal bei ihnen anlehnen darf. Es wird über eine wichtige Veränderung des Verhaltens berichtet: Mareike verhält sich weniger werbend und sich fast gar nicht mehr fordernd. Sie ist eine fröhliche junge Frau, „ja, viel fröhlicher geworden", strahlt eine Betreuerin. Nach zwei Jahren zieht Mareike in eine gemeindenahe Wohnung, nachdem sie ein Training zur Selbstbehauptung und ein Training für soziale Fähigkeiten durchlaufen hat. Sagen, was gewünscht ist und was nicht (mit einem angenehmen, netten, nicht verurteilenden Tonfall) bleibt immer wieder nötig. Das hängt mit Mareikes sozial-emotionalem Entwicklungsalter zusammen (siehe ihren hermeneutischen Kreis).

Wo darf man masturbieren?
Wir kennen Lisa schon aus den Kapiteln 2.2.2, 2.4.2 und 3.5.2. Breitbeinig auf dem Sofa sitzen oder nackt über den Flur zur Dusche gehen, waren für Lisa Selbstverständlichkeiten, absolut keine Dinge, über die man nachden-

ken müsste. Lisa hatte bereits ein ordentliches Pensum sexueller Aufklärung hinter sich. Die Betreuerin hatte die Themen Körperbild, Selbstbild, Wortgebrauch und Masturbation durchgenommen.

Lisa kennt ihren Körper nun etwas besser, sie kennt diverse Wörter für die verschiedenen Körperteile, und sie weiß, wie sie masturbieren kann. Das tut sie auch gelegentlich. Nun geht es um Normen und Werte. Die Betreuerin Karin hat sich denn auch mit Lisa mit der Frage beschäftigt, wo man masturbieren kann, wenn man Lust dazu hat.

„Das geht gut auf dem Sofa", hat Lisa gesagt, „wenn ich mir einen schönen Film ansehe." Lisa wohnt mit mehreren Menschen zusammen in einer Wohnung.

„Das ist aber nicht anständig", sagt Karin. „Man tut es nur an einem Ort, wo niemand einen sehen kann." Sie zeigt zwei Bilder aus dem Buch „Kein Kind mehr": eine masturbierende Frau am Strand und eine masturbierende Frau im Badezimmer. „Wo kannst du mit dir selbst spielen und wo nicht?", fragt Karin. Lisa muss darüber etwas nachdenken. Aber nach Karins vorausgegangenen Bemerkungen zeigt sie auf das richtige Bild. Karin bespricht diese Frage in regelmäßigen Abständen mit Lisa. Auf ganz konkrete Weise betont sie die Bedeutung der Privatsphäre. Beinahe von selbst kommt dann auch das Thema Schamgefühl an die Reihe.

Schamgefühl

Viele Menschen mit einer geistigen Behinderung kennen wenig oder kein Schamgefühl. Das ergibt sich in der Regel aus einer Reihe von Variablen, die dazu beitragen: geistiges, soziales und emotionales Niveau, mangelhafte Sozialisation.

Ein Beispiel dafür ist die Vergangenheit in Einrichtungen. Wenn Sie in einer Reihe von Wohneinrichtungen gewohnt haben, kennen Sie es nicht anders, als dass es normal ist (die Norm!), mit fünf oder sieben Menschen gleichzeitig zu duschen. Und stellen Sie sich einmal vor, was es bedeutet, immer wieder auf neue Betreuer(innen) zu stoßen, die in diese intimen Zonen dringen. Dann verlieren Sie schnell Ihr Schamgefühl, wenn Sie das je hatten. Gegenwärtig achtet man wieder mehr auf Privatheit, einen persönlichen Platz. Aber viele Klienten sind durch diese Vergangenheit geformt und verformt worden.

Schamgefühl ist innerhalb gewisser Grenzen etwas Gesundes. Dein Körper gehört dir! Den muss nicht jeder sehen. Sexuelle Aufklärung kann sich auch damit beschäftigen, was ein gesundes Schamgefühl ist, fast können wir sagen, ein Schamgefühl zu lehren, so wie bei Lisa.

Lisa saß breitbeinig auf dem Sofa und lief nackt über den Flur zur Dusche. Seit Karin Lisa vieles über den Unterschied zwischen Jungen und Mädchen, den Bau und das Erleben des eigenen Körpers, Masturbation und Normen und Werte lernen und erfahren ließ, ist Lisa selbstbewusster geworden. Karin gibt Lisa auch Normen im Hinblick auf intime Situationen:

– Wo soll man angezogen sein, wo braucht man das nicht?
– Wo darf man masturbieren, wo nicht?
– Schließ die Tür ab, wenn du duschst.
– Auf dem Sofa sollst du deine Beine zusammenhalten.
– usw.

Lisa fängt an, sich ein bisschen nach diesen Tipps im Hinblick auf gewünschtes Verhalten zu betragen und scheint sogar stolz darauf zu sein. Regelmäßige Bestätigungen dieses positiven Verhaltens bleiben aber nötig.

Menschen mit einer schweren geistigen Behinderung

Bei den meisten Menschen mit einer schweren geistigen Behinderung (ein geistiges Entwicklungsalter von ungefähr drei bis fünfeinhalb Jahren) hat sich im Allgemeinen kein internalisiertes Normen- und Wertebewusstsein entwickelt. Es gibt keinen verinnerlichten Glauben, was sich gehört und was sich nicht gehört, kein erlebtes sprechendes Gewissen. Menschen mit einer schweren geistigen Behinderung finden es schwer, sich in andere hineinzuversetzen. Sie sind ziemlich „egozentrisch" eingestellt: Ihr Ich steht im Mittelpunkt. Logisch. Dennoch beobachten wir bei vielen von ihnen sozial stark angepasstes Verhalten. Das ist einerseits eine Folge von Imitation, andererseits der Prägung durch Eltern und andere wichtige Menschen ihres Lebens. An sich tüchtige Leistungen.

Selbstverständlich möchten wir mit diesen gewissermaßen etikettierenden und stereotypen Bemerkungen über Menschen mit einer geistigen Behinderung nicht den individuellen Kontext jedes einzelnen Menschen außer Acht lassen. Im Gegenteil. Aber die Erfahrung hat uns gezeigt, dass Vieles von dem Verhalten, das wir sehen, erwünschtes Verhalten ist, sozial erwünschtes Verhalten. Was wir mit diesen Bemerkungen also sagen wollten ist, dass in der Umgebung häufig der Eindruck entsteht, der betroffene Mensch könne solches (sozial wünschenswerte) Verhalten von allein ausführen; dieser Eindruck wäre eine falsche Einschätzung. Man kann dann jemanden auf sozial-emotionalem Gebiet leicht überschätzen mit allen daraus entstehenden Unannehmlichkeiten. Die Aufrechterhaltung von Verhaltensweisen bleibt von einer sicheren Basis abhängig und von einer Atmosphäre, die durch wichtige Mitmenschen geschaffen wird. In diesem Rahmen bleibt die Bekräftigung gewünschten Verhaltens kontinuierlich bedeutsam.

Visualisieren, schrittweises Vorgehen, viel Geduld und Wiederholungen

Wir sind Peer schon mehrmals begegnet. Das war der Mann, der einfach auf dem Flur masturbierte. Es war eine ziemlich intensive Betreuung nötig, um Peer die Norm zu vermitteln, nicht in der Öffentlichkeit zu masturbieren, sondern in seinem Zimmer. Als man ihn in sein Zimmer brachte, fühlte

Peer sich ertappt oder bestraft, hörte auf zu masturbieren, klaute stattdessen Süßigkeiten. Mit visueller Unterstützung, schrittweisem Vorgehen und mit viel Geduld und endlosen Wiederholungen konnte der Betreuer Peer beibringen, in seinem Zimmer zu masturbieren. Denn allein mit Hinweisen gelingt es nicht.

1. Um so konkret wie möglich zu werden, zeigt der Betreuer Peer zuerst Fotos von einem masturbierenden Mann. Peer erkennt, was los ist, und nickt. Diese Reaktion wird vom Betreuer positiv bekräftigt.

2. Weiter sagt der Betreuer, dass es in Ordnung ist, mit dem Penis zu spielen, aber nur im eigenen Zimmer. Hierzu zeigt er gleichzeitig ein Foto von Peers Zimmer.

3. Zwei Tage später wiederholen sie das, und der Betreuer führt, nachdem er überprüft hat, ob Peer alles verstanden hat, zum folgenden Schritt. In einem Film zeigt er Peer einen masturbierenden Mann und gleichzeitig ein Foto von seinem Zimmer.

4. Darauf gehen beide in Peers Zimmer.

5. „Leg dich mal aufs Bett", sagt der Betreuer zu Peer, wobei er selbst auf Abstand achtet. „Jetzt kannst du mit deinem Pimmel spielen." Peer tut das. Er hat aber seine Hose noch an. Der Betreuer bleibt auf Abstand und reagiert positiv bekräftigend.

6. Das Ganze wird kurze Zeit später wiederholt.

7. Beim nächsten Mal wird nur das Bild des masturbierenden Mannes im Film gesehen, dann geht Peer mit seinem Betreuer zu seinem Zimmer, ohne erst ein Foto davon anzusehen.

8. Beim folgendem Mal soll Peer von sich aus das entsprechende Bild zeigen und dann in sein Zimmer gehen. Der Betreuer reagiert begeistert auf Peers Einsatz, und Peer ist erkennbar stolz und froh. Ein wichtiger Wechsel seines Selbst-Erlebens: Vom Schuldgefühl zum Stolz.

Nun weiß Peer, dass er beim Ansehen des Fotos vom masturbierenden Mann in sein Zimmer gehen soll. Ein Fallstrick ist dabei: Sie denken vielleicht, dass Peer nun weiß, was er tun soll. Aber er muss noch die Verbindung zu seinem eigenen Körper schaffen. Es bleibt für den Betreuer spannend. Es hat sich gezeigt, dass Peer noch immer Süßigkeiten stibitzt. Der Betreuer probiert folgenden Schritt:

9. Der Betreuer zeigt Peer ein Foto von einem erigierten Penis und zeigt auf Peers Zimmer. Peer nickt bestätigend. Der Betreuer bestätigt seinerseits mit erhobenem Daumen.

10. Er geht mit Peer zu dessen Zimmer. „Leg dich ruhig aufs Bett und zieh deine Hose aus. Du kannst jetzt mit deinem Pimmel spielen, das ist hier in Ordnung. In deinem eigenen Zimmer darfst du das." Dann zieht sich der Betreuer zurück.

11. Peer bleibt in seinem Zimmer und beschäftigt sich mit seinem Penis. Eine dreiviertel Stunde später kommt er wieder auf den Flur hinaus. Der Betreuer reagiert positiv.

Ob Peer einen Samenerguss hatte, ist (noch) nicht klar. Aber er hat, dank der Geduld und dem schrittweisen Aufbau der Aufklärung durch seinen Betreuer klar verstanden, dass „das Spielen mit deinem Pimmel" etwas ist, das „in deinem Zimmer passiert". Das sind für ihn nun zwei Tatsachen, die logisch zueinander gehören.

Das genannte Vorgehen spiegelt eine intensive Betreuung wider: Stück für Stück wird mit Peer das gewünschte Verhalten gelernt. Nach einigen Wochen zeigte sich in der Tat, dass Peer erfolgreich in seinem Zimmer masturbierte. Dennoch bleibt es die Aufgabe des Betreuers, in gewissen regelmäßigen Abständen diese Zusammenhänge (mit dem Pimmel spielen = im eigenen Zimmer sein) zu bekräftigen. Ohne diese Bekräftigungen könnte das Verhaltensmuster sich löschen, und Peer könnte das an sich nicht unerwünschte Verhalten anderswo zeigen. Peer erweist sich als enorm abhängig von einem externen Gewissen. Das leuchtet ein, wenn man sein sozial-emotionales Entwicklungsalter betrachtet.

Der Betreuer hat auch einen Lehrplan aufgestellt, nach dem Peer etwas über Hygiene und Pflege lernt. Der Plan hat gut funktioniert, und Peer weiß jetzt, wie er sich richtig waschen muss, und ist darauf stolz.

Auch die 33-jährige Miriam ist schwer geistig behindert. Sie hat die Neigung, sich mit ihrem Unterkörper an Mitbewohnern oder Betreuern zu reiben. Die Letztgenannten können sich dabei nicht des Eindrucks erwehren, dass diese Bewegung einen sexuellen Unterton hat, also eine klare Frage nach Befriedigung von Trieben ist.

Es ist nicht so einfach, Miriam zu erklären, was angemessene Normen und Werte sind. Die Betreuer versuchen das natürlich und sagen, welche Berührungen okay sind und welche nicht. Sie greifen auch ein, wenn Miriam sich körperlich einem anderen aufdrängt, haben aber gleichzeitig ein unangenehmes Gefühl dabei: Zwar gehört sich das Verhalten nicht, aber der Trieb gehört natürlich zu Miriam. Miriams sozial-emotionales Niveau bewirkt nun einmal solches Verhalten, „sie kann eigentlich nichts daran ändern", seufzt eine Betreuerin. Wenn man immer nur die Verbote wiederholt, aber keine Alternative anbietet, bekommt man oft enorme Schwierigkeiten miteinander, die Beziehungen werden gestört. Miriam fühlt sich nicht verstanden, nicht wahrgenommen und fängt als Folge davon an, sich auffälliger zu verhalten. Die Betreuer haben das Gefühl, dass sie nur noch Polizei spielen, dass sie Miriam in etwas aufhalten wollen, was unaufhaltbar ist, was einfach heraus muss. „Wir strafen jemanden für etwas, das sie absolut nicht ändern kann. Das ist doch gemein", so drückte es ein Betreuer aus. „Irgendwie taugt das nicht."

Kanalisierung der Sexualität und Normen setzen

Im Team ist man der Meinung, dass die Kanalisierung der Triebe ein gutes Hilfsmittel sein könnte, um Miriam mehr sozial gewünschtes Verhalten beizubringen und im Umgang mit anderen adäquate Normen und Werte erkennen zu lassen. „Die Kanalisierung von Trieben, das ist auch ehrlicher", sagt jemand. Auf diese Weise geht man auch mehr auf die dahinterliegende Bedeutung des Verhaltens ein, ist weniger mit der Bekämpfung der Symptome beschäftigt und wird dem Menschen auch eher gerecht.

Die Betreuerin fängt mit sehr basaler Aufklärung an, schrittweise mit vielen Wiederholungen und Visualisierungen. Gemeinsam mit Miriam kommt sie sehr schnell dahinter, dass diese gar nicht weiß, wie ihr Körper aussieht (Körperbild), was Selbstbefriedigung ist und wie man das macht. Die Betreuerin beschließt, dass es hilfreich sein könnte, Miriam beizubringen, wie man als Frau einen Orgasmus bekommt. Und zwar aus zwei Überlegungen heraus:

- So bekäme Miriam die Gelegenheit zu erfahren, was Selbstbefriedigung ist. Nicht dass sie das tun müsste! (Das ist eine Auffassung, der wir in der Praxis immer wieder begegnen, als ob jeder masturbieren können müsste.) Die Betreuerin findet es aber wichtig, dass Miriam es tun können sollte, dass sie überhaupt eine Wahlmöglichkeit bekommt. Wählen können ist ganz essenziell. Es ist von Bedeutung für das Gefühl des Selbstwerts, der Selbstbehauptung, in diesem Fall auf dem Gebiet der Körperlichkeit, der Leiblichkeit. Hierdurch bekommt Miriam einen besseren Zugriff auf ihr eigenes Leben, mehr Regie über ihr eigenes Dasein.
- Erlebten Trieben, erfahrenem Genuss auf gesellschaftlich akzeptierte Weise ihren Raum zu geben, heißt, sich also konform zu Normen und Werten verhalten, so wie es von den meisten Menschen auch getan wird. In diesem Fall: Dem Gefühl im Unterleib auf andere Weise begegnen können. Also nicht sich an Mitbewohnern oder Betreuern reiben, „aufreiten", sondern normal damit umgehen, konform zur Norm.

Miriam findet es ganz interessant, etwas mit ihrer Hand an ihrer Vagina zu tun. Die Bilder in den Filmen sind für sie noch ziemlich kompliziert, das stellt sich schnell heraus, als die Betreuerin eindeutige Materialien vorführt.

Als die Betreuerin ein Bild von einer Vagina zeigt und dabei aus ihrer Sicht ausgesprochen explizit auf die Klitoris zeigt und dann sagt, was man damit tun kann, reagiert Miriam triumphierend: „Das weiß ich genau, was das ist, ein Nadelöhr! Wenn man sticken will!" Man kann einer ziemlichen Anzahl von Frauen mit schwerer geistiger Behinderung mit sehr klarem Material erklären, wie eine Frau aussieht, welche Funktionen es gibt, wie etwas geht. Bei einer beträchtlichen Anzahl aber gelingt es auch nicht, trotz aller expliziten Erklärungen, so auch bei Miriam, wie die Betreuerin merkte.

Sie probierte es auch noch auf eine andere Weise. Sie riet ihr, die Hand auf den richtigen Fleck zu legen, und sie macht es ihr vor, legt ihre Hand auf ihre Hose, im eigenen Schambereich. Miriam erkennt, dass das zu einem schönen Gefühl führt, aber richtige Selbstbefriedigung kann sie damit noch nicht ausüben.

Ein Vibrator

Für die Eltern von Miriam ist es von größter Bedeutung, dass sie auf normale Art und Weise mit ihren Mitbewohnern umgeht. Sie haben Angst vor negativen Eindrücken, die ihre Tochter hinterlässt, vor Stigmatisierung und vor den negativen Interaktionen, die das hervorruft. Das schadet ihr. Darüber hinaus sehen sie klar den Hilfebedarf ihrer Tochter: „Kanalisiert meine Triebe". Die Mutter äußert die Idee, einen Vibrator einzusetzen.

Die Betreuerin gibt Miriam den Vibrator. Den kann sie an ihre Geschlechtsteile drücken (auch angekleidet). Durch die Schwingungen wird im Allgemeinen schnell ein Orgasmus hervorgerufen. Die Betreuerin erklärt Miriam, dass sie das auch in ihrem Zimmer tun kann. Es war überraschend, sagte sie später, wie schnell Miriam das aufnahm. Es gelingt ihr jetzt, sich selbst zu befriedigen.

Zu beachten ist hier, dass ein Vibrator von Menschen mit oder ohne geistige Behinderung meistens als Kunstpenis verwendet wird. Diese Assoziation stellt sich bei vielen Menschen ein. In diesem Fall, bei Miriam, hat der Vibrator allein die Funktion, durch die Stimulierung der Klitoris leichter einen Orgasmus zu bekommen. Sie kann sogar ihre Kleidung dabei anbehalten. Auf die Verwendung von Vibratoren kommen wir im folgenden Kapitel in Bezug auf Menschen mit einer leichten geistigen Behinderung wieder zurück.

Die Betreuerin erzählte Miriam auch – bei einer anderen Gelegenheit, weil man nicht zu viel gleichzeitig erzählen soll – dass man unter der Dusche den Wasserstrahl auf die Vagina richten kann. Auch dies scheint eine Methode zu sein, von der Miriam erfolgreich Gebrauch macht. Dabei erwies es sich aber als notwendig, dass die Betreuerin die ersten Male im Badezimmer anwesend war. Hier gab sie Anleitungen, zwar körperlich Abstand haltend, doch ganz konkret.

Selbstverständlich waren diese Aufklärungsschritte einer Reihe von Menschen bekannt, auch den Eltern, und die Handlungen standen klar beschrieben und mit stichhaltigen Erklärungen der zugrunde liegenden Intentionen im Betreuungsplan.

Raum geben und gleichzeitig Normen setzen

Die Betreuerin hat Miriam Raum gelassen, ihre sexuelle Lust zu genießen, ihren Trieb zu kanalisieren. Das vergrößert Miriams Zugriff auf ihr eigenes Leben. Inzwischen zeigt sie weniger die Neigung, anderen Menschen „lästig zu werden". In diesem Sinne ist eine der Zielsetzungen der sexuellen Kanalisierung erfolgreich gewesen.

Dennoch bleibt das Setzen von Normen von großer Bedeutung. Zumindest muss Miriam erfahren, wo die sexuellen Aktivitäten gestattet sind und wo nicht. Das Schlafzimmer und die Dusche erweisen sich als die Orte, an denen Intimität erlebt werden kann und darf. An öffentlichen Orten ist es dagegen nicht erwünscht. Daran musste sich Miriam erst noch gewöhnen. Denn sie wollte eigentlich auch gern mit dem Vibrator im Wohnzimmer sitzen. Die Betreuerin sagt Miriam regelmäßig, wo sie diese Dinge tun darf und wo nicht. Sie verwendet dabei auch ein Token-System.

Extra Unterstützung mithilfe eines Token-Systems

Das Token-System ist eine Methode, eine Technik, deren theoretischer Unterbau aus der Lerntheorie stammt. Ein Token ist ein Bild. Dieses Bild kann man verdienen, wenn man ein bestimmtes, näher (und zwar konkret!) beschriebenes Verhalten zeigt. Oder wenn man bestimmte Verhaltensweisen unterlässt.

> „In der Lerntheorie wird viel mit Verstärkern gearbeitet. Verhalten, das belohnt wird, soll häufiger gezeigt werden. Bestrafungen sorgen nur für die Vermeidung von Verhalten. Umstände werden derart beeinflusst, manipuliert, dass ungewünschtes Verhalten verschwindet und gewünschtes Verhalten entsteht. So können viele Verhaltensweisen er- oder verlernt werden. Die Techniken, die diese Veränderungen bewirken, werden verhaltensmodifizierende Techniken genannt" (Bosch 1994, S. 90).

Das Token-System ist ein Beispiel für ein verhaltensmodifizierendes System. Die Betreuerin hat sich mit Miriam zurückgezogen. Das allein schon findet Miriam sehr interessant: Sie genießt die Aufmerksamkeit. Die Betreuerin spricht mit ihr über Selbstbefriedigung („mit sich spielen", so nennen beide das), im Bett oder unter der Dusche. Dabei zeigt sie auch Bilder von masturbierenden Frauen im Bett oder unter der Dusche.

„Klasse, dass du das jetzt auch so machst", sagt die Betreuerin. „Manchmal, gar nicht mehr so oft", sie zeigt mit dem Daumen aufwärts, „drängst du dich immer noch an Menschen an, wie heute Abend an Johann. Das darfst du nicht. Manche Sachen machst du gut: Wenn du mit dir selbst im Bett spielst (wieder zeigt sie den nach oben gezeigten Daumen) oder in der Dusche mit dem Wasserstrahl (wieder zeigt der Daumen nach oben). Andere Sachen machst du nicht richtig: Wenn du so hinter Johann her bist (sie hält den Daumen nach unten). Ich möchte dir dabei gern helfen. Wenn du das möchtest." Sie wartet bewusst einen Moment. „Mit Bildern. Mit diesen Bildern kannst du eine Menge verdienen. Aber du musst auch etwas dafür tun. Sollen wir das zusammen probieren?" Wieder wartet sie bewusst einen Moment.

Verhandlungen

Es wird ein sehr ernstes Gespräch. Es wird verhandelt. Es handelt sich um eine Form der Gleichberechtigung. Erkennbar wird das Verhandeln

- am Inhalt: Miriam muss nicht auf die Ideen der Betreuerin eingehen, sie kann wählen. Die Betreuerin macht einen Vorschlag und sagt, was damit zu gewinnen ist, wenn es gelingt. „Aber wir versuchen das nur, wenn es dir gefällt."
- am Tonfall: Die Betreuerin weiß, dass sich Miriam in sozial-emotionaler Hinsicht in der oralen bzw. der analen Phase befindet. Bei jemandem wie Miriam ist das von nicht zu unterschätzender Bedeutung, unabhängig von der Tatsache, dass jeder Mensch sich natürlich gern verstanden wissen möchte und großen Wert darauf legt, dass der Gesprächspartner sich Mühe gibt, sich seinem oder ihrem Erleben anzupassen. Es passiert leicht, dass ihr sozial-emotionales Niveau übergangen wird. Die Kenntnis von diesem Niveau verstärkt noch die Bedeutung, den richtigen Ton zu treffen, die richtige Haltung einzunehmen.

Der richtige Tonfall für sexuelle Aufklärung

Bei der sexuellen Aufklärung (und auch außerhalb dessen, denn in diesem Fall ist sexuelle Aufklärung an sich natürlich nichts Besonderes) müssen Sie versuchen, sich immer an die Erlebenswelt des Klienten anzupassen. Im Hinblick auf Miriam heißt das: Sie versuchen im Hinblick auf ihr geistiges Lebensalter von vier Jahren alles so konkret wie möglich darzustellen. Aber sozial-emotional gesehen ist Miriam weniger weit entwickelt, da befindet sie sich zwischen den Welten eines Babys und eines Kleinkinds. Manche Menschen denken, dass das ziemlich dramatisch klingt. Aber wir machen aus Miriam kein kleines Mädchen. Indem wir dieses „kindliche Niveau" berücksichtigen, können wir ja gerade auf erwachsene Art und Weise mit ihr umgehen! Wir wollen sie nicht übermäßig lenken (quasi in einem Eltern-Kind-Verhältnis), wir wollen auch nicht übermäßig kindlich/kindisch ihr gegenüber sein (Kind-Erwachsener), nein wir versuchen, uns mit ihr als Erwachsener erwachsen zu beschäftigen. Das geht aber nur, wenn man sich auf das Erleben dieses Menschen einstellt. Wenn man jemandem den Raum lässt, die Person zu sein, die sie ist oder die sie werden könnte, können wir eben auf erwachsene Weise miteinander umgehen.

Bei der 33-jährigen Miriam bedeutet das erwachsenengemäße Umgehen hinsichtlich ihrer *oralen Erlebenswelt* Folgendes:

> „Bestätigt mir regelmäßig, dass es richtig ist, was ich tue, dass wir einander etwas bedeuten, dass wir Dinge gemeinsam tun. Gib mir das Gefühl, dass wir Kameraden sind. Sprich in einem Ton zu mir, aus dem ich erkennen kann, dass ihr mich im Kern vorurteilsfrei akzeptiert, dass wir eine gute Beziehung zueinander haben, auch wenn wir uns manchmal nicht einig sind. Beschütze mich, auch wenn ich das scheinbar gerade

nicht will. Erkenne im Umgang mit mir mein Bedürfnis an Geborgenheit, Sicherheit, Wärme, an Verbindung mit dir, auch wenn ich in meinem Verhalten häufig das Entgegengesetzte zeige. Aber gerade dass ich das Entgegengesetzte manchmal zeige, spricht ja umso mehr für meine anale Erlebenswelt."

Hinsichtlich der *analen Erlebenswelt* bedeutet erwachsenengemäßes Umgehen bei der 33-jährigen Miriam Folgendes:

„Ich leiste schnell Widerstand. Wenn du ja sagst, sage ich nein. Wenn du nein sagst, sage ich ja. Ja, in dieser Hinsicht bin ich ein echtes Kleinkind. Ständig taste ich die Grenzen von allem und jedem in meiner Umgebung ab. Dadurch wirke ich ziemlich eigensinnig oder launisch oder aufsässig. Aber eigentlich prüfe ich immer mein (schwankendes, sich entwickelndes) Ich an deinem Ich, trete ich mit meiner unklaren Identität deiner klareren Identität gegenüber.

Es geht nicht darum, dass ich recht bekommen oder hässlich sein will. Nein, ich möchte damit gern, indem ich dich abtaste, bestätigt bekommen, dass ich jemand bin, dass ich der Mühe wert bin, dass die Wahl, die ich treffe, gewürdigt wird, dass mein Ich auch ein Ich ist, das gesehen wird. Ich übe mich im Umgang mit meiner Autonomie, aber es geht mir nicht immer leicht von der Hand, weil ich in dieser analen Phase geblieben bin.

Gib mir doch bitte das Gefühl, jemand zu sein. Polarisiere nicht (zu viel), wenn ich das tue, denn dann fange ich an zu zweifeln und mich seltsam zu verhalten, und wir verlieren einander. Gib mir in der Beziehung, die wir miteinander haben, das Gefühl, dass meine Meinung zählt, dass wir in gewisser Weise Dinge miteinander aushandeln können. Einmal bekomme ich mehr Raum, das andere Mal du. In der Bindung, die natürlich immer besteht, möchte ich gern die Möglichkeit von Freiheit erleben. Die bekomme ich von dir dank deiner Haltung. Auf diese Weise bin ich unglaublich abhängig von deiner Haltung. Wenn ich in unserer Beziehung weiter Freiräume erleben darf, kann ich mich entwickeln, in diesem Fall auf sexuellem Gebiet."

Ein Beispiel für den Umgang mit dem Token-System und dem angemessenen Gesprächston entsprechend Miriams sozial-emotionalem Funktionsniveau:

Die Betreuerin und Miriam sitzen am Tisch, allein im Zimmer. „Klasse, wie du das tust!" (Ansprache oraler und analer Bedürfnisse: wir verstehen uns gut und du kannst das), hatte die Betreuerin gerade spontan in freundlich-ernsthaftem Ton gesagt (oral: wir verstehen uns gut), wobei sie Miriam kurz ermutigend an der Schulter berührte (oral). Miriam ist sehr empfänglich für diese Art von Bestätigungen. „Manche Sachen machst du prima, andere nicht", hatte die Betreuerin gesagt und damit das Masturbieren im Privatzimmer einerseits und das Bedrängen von Johann andererseits gemeint. Hierbei möchte die Betreuerin Miriam gerne helfen (oral).

„Wenn du das gut findest, wenn du das auch willst" (anal), hatte die Betreuerin noch ganz bewusst hinzugefügt. Dabei wartete sie absichtlich noch etwas, um Miriam den Raum zu lassen, zu einer eigenen Entscheidung zu kommen (anal). Miriam findet das gut.

„Sieh mal", sagt die Betreuerin, „du findest es schwierig, Johann in Frieden zu lassen. So hat jeder so seine Probleme. Ich komme zum Beispiel häufig zu spät" (oral: Verbundenheit, wir sind uns ähnlich). Sie macht eine schuldbewusste Miene. „In dem Punkt müssen andere mir helfen. Ich helfe dir hierbei" (oral: beschützen, unterstützen).

„Wie das geht?" Die Betreuerin rückt etwas näher an Miriam heran (oral). „Ich habe einen Vorschlag, was hältst du davon?" (anal: Raum lassen für das Ich des anderen).

„Sieh mal, ich finde es schön und gemütlich (oral: wir verstehen einander), jeden Abend hier kurz mit dir zusammenzusitzen und dann gemeinsam (oral) zu gucken, wie der Tag gelaufen ist."

Danach erklärt die Betreuerin ganz konkret und mit viel Zeit, dass „das Masturbieren im Bett" (hierzu zeigt sie ein Foto) und in der Dusche (auch hierzu gibt es ein Foto zu sehen) etwas bringt. Und dass es auch etwas bringt, „nicht immer hinter Johann her zu sein" (sie zeigt eine Zeichnung mit einem wütenden Jungen, der offenbar empört auf eine Berührung reagiert). Jeden Abend um acht Uhr sprechen sie miteinander kurz darüber. Wenn alles klappt, bekommt Miriam ein Bild. Nach zehn Bildern gibt es eine Belohnung, „weil du dich so toll angestrengt hast" (oral und anal: du bist in Ordnung, und du hast die richtige Wahl getroffen).

„Oh nein!" schreit Miriam plötzlich. „Wenn es nicht klappt, kein Bild?" Die Betreuerin bleibt ruhig: „Nein, aber das macht nichts", reagiert sie beruhigend und geht damit einer Auseinandersetzung aus dem Weg (oral und anal), „denn ich weiß doch, dass du dein Bestes gibst. Vielleicht gelingt es doch am folgenden Tag." Sie setzt ihr Vertrauen in den folgenden Tag (oral).

„Was bekomme ich denn?", fragt Miriam.

„Was für eine Belohnung hättest du gerne?" (anal: Raum für Autonomie).

Miriam weiß nicht so recht.

„Kann ich einen Vorschlag machen?" (anal: andere Ideen zulassen).

„Wollen wir für zehn Bilder zusammen etwas Schönes machen?" (oral und anal: gemeinsam tun und anderen Vorstellungen Raum lassen). Miriam findet, das hört sich gut an. Sie hat auch einen Vorschlag: „Zusammen einen Film ansehen?" „Gute Idee", reagiert die Betreuerin (oral und anal).

Orale und anale Phase

„Inwiefern unterscheiden wir uns eigentlich von Miriam?" Diese Frage kam auf, als die Betreuerin mit einer Kollegin über das Thema Feedback sprach. „Es ist doch so", sagte die Betreuerin, dass ich auch nicht ohne Bestätigung leben kann und mich auch sehr verletzlich fühle. Ich lege auch großen Wert darauf, dass mir in der Beziehung, die ich mit anderen habe, Raum gelassen wird. Ich bin froh, wenn ich es erlebe, dass meine Meinung zählt, dass ich gehört werde. In diesem Sinne unterscheide ich mich nicht sehr von Miriam." Weiter erzählt sie ihrer Kollegin, dass Miriam ihr in der letzten Zeit zu denken gegeben hat. Als hätte sie ihr einen Spiegel vorgehalten. Tatsächlich läuft es darauf hinaus, dass die Betreuerin dieselben Grundbedürfnisse hat, auch wenn diese bei ihr eine andere Gestalt annehmen. Aber aufs Ganze gesehen ist die Form nicht das Wichtige.

Miriam fühlt sich in ihren Bemühungen um adäquate Normen und Werte unterstützt:

– indem sie Raum bekommt, wo sie ihren Trieb ausleben kann; das sexuelle Bedürfnis bekommt eine positive Bedeutung zugesprochen und erhält den nötigen Raum.

– indem Miriam konkret gezeigt wird, welche Triebäußerungen okay sind und welche nicht.

– indem sie durch eine externe Normierung begleitet wird und dadurch das richtige Verhalten beibehält.

– indem sie durch einen Gesprächston unterstützt wird, der ihrem sozial-emotionalem Erleben angemessen ist.

Das Token-System wird schrittweise aufgebaut. Es enthält viele Wiederholungen und ist auf konkretes, sichtbares Verhalten ausgerichtet. Das zu bewertende Verhalten scheint realisierbar. Dem steht die positive sexuelle Energie gegenüber. Darüber hinaus bewirkt es Belohnung. Die Frist, in der die Belohnung errungen werden kann, ist überschaubar.

Im Falle von Miriam lief es gut. Sie verhält sich anständiger und höflicher. Sie bedrängt andere kaum noch mit sexueller Werbung. Ihr Normen- und Wertemuster sieht nun ganz anders aus, und das führt zu positiveren Reaktionen und Interaktionen in ihrem Umfeld.

Nicht immer geht es so einfach mit Menschen, die sich im Hinblick auf ihr emotionales Entwicklungsalter in der analen Phase befinden. Im folgenden Kapitel sprechen wir über ein Beispiel einer komplexeren Problematik.

Menschen mit sehr schwerer geistiger Behinderung

Da die meisten Menschen mit schwerer geistiger Behinderung keine internalisierten Normen- und Wertemuster zeigen, kann das von Menschen mit einer sehr schweren geistigen Behinderung (logischerweise) gar nicht erwartet werden. Bei den meisten Menschen mit einer sehr schweren geistigen Behinderung steht die Befriedigung von Lust im Mittelpunkt und wird ganz primär ausgelebt. Triebe und Lusterleben sind sofort sichtbar, verspürte Lust oder Unlust werden selbstverständlich ohne Skrupel gezeigt. So genießt Rob (Kapitel 3.5.2.4) Berührungen, sucht die auch zu erhalten und kann – offenkundig einfach und schnell – erregt werden. Entsprechend seinem Entwicklungsalter wird er sich nicht damit beschäftigen, wo er diese Erregung zeigt. An allen möglichen Orten hat er regelmäßig Erektionen. Das geschieht einfach. Sich nach gängigen Normen und Werten zu verhalten, ist etwas, das wir Rob nicht beibringen können, wie es bei der schwer geistig behinderten Miriam, wenn auch mit viel langdauernder Unterstützung und gezielter Methodik, noch gelungen war.

Rob und seine Mitbewohner können „an sich spielen", ohne sich der Aktivitäten eines anderen bewusst zu werden. Das spricht aber nicht dagegen, dass die Betreuer Rob, unabhängig von der Tatsache, dass sie ihn akzeptieren wie er ist, aus demselben Menschenbild heraus gegenübertreten wie jemandem, der sich sehr wohl an gängige Normen und Werte anpassen kann. Das ist eine Frage der respektvollen Begegnung: Lustvollen Aktivitäten mit dem eigenen Körper geht man im eigenen Zimmer nach. Diese Privatheit gönnt man jedem. Also auch Rob.

3.5.4 Beziehungen

Einleitung

„Liebe ist ein Tätigkeitswort" (Vansteenwegen 1988). Man muss etwas dafür tun, um es miteinander schön zu haben.

> „Menschen ohne geistige Behinderung finden es häufig schwierig, eine Beziehung miteinander zu führen, ohne dass einer der Partner sich zu kurz gekommen fühlt. Wie sieht das bei Menschen mit geistiger Behinderung aus? ... Dabei heißt es dann, dass Menschen mit einer geistigen Behinderung im Allgemeinen über weniger soziale Fähigkeiten verfügen. Dass sie (noch stärker) Ich-gerichtet sind als Menschen ohne eine geistige Behinderung und dass es ihnen also sehr schwer fallen dürfte, die Gefühle, das Erleben und die Wünsche ihres Partners einigermaßen zu berücksichtigen. ‚Wo fängt man dann um Himmels Willen an?', höre ich den Fragensteller aufseufzen. ‚Und warum?'

> ‚Warum nicht?' lautet meine Gegenfrage. ‚Wenn wir Menschen beibringen, mit Konflikten umzugehen oder ihre Zähne zu putzen, warum lehren wir sie dann nicht, soweit das mit ihren Bedürfnissen und Möglichkeiten konform geht, ihre Beziehungen auf eine Weise zu handhaben, dass Zufriedenheit entsteht?' Mit einer ordentlichen Betreuung kann eine scheinbar mühevoll verlaufende Beziehung doch noch bereichernd sein" (Bosch 1995, S. 106).

Was ist eigentlich eine Beziehung? Auf diese Frage gibt es sehr unterschiedliche Antworten. Manche Menschen sind fast immer zusammen, andere fast nie. Die eine Beziehung ist sachlicher, eine andere intimer. Manche Menschen teilen vieles miteinander, andere weniger.

Was ist aber gut? Keine Ahnung. Das bestimmen Sie selbst. Das bestimmt auch der Klient oder die Klientin selbst. Nach moderner Sicht von Behindertenhilfe hat ein Klient ein Recht auf Unterstützer, die nach Antworten auf die folgenden Fragen suchen: „Wie erlebt dieser Mensch seine Beziehung(en)? Wie würde er diese Beziehung erleben wollen? Welcher Unterstützung bedarf dieser Mensch, um in der Beziehung zu einem anderen er selbst sein und bleiben zu können?

– Äußert sich dieser Klient zu seinen Gefühlen?
– Kann er sich in einen anderen Menschen einleben?
– Wie verläuft die Kommunikation zwischen diesen zwei Menschen?
– Will sie Sex haben und er nicht?
– Will er nach London, aber sie nach Paris? Wollen Sie den ganzen Abend miteinander auf dem Sofa sitzen? Muss der eine sich nach den Wünschen des anderen richten?

Kurzum: Können wir von gleich- oder auseinanderlaufenden Erwartungen oder Sehnsüchten sprechen?

– Können wir hier von Gleichberechtigung sprechen?
– Will der Mann Sex nur um der Sexualität Willen? Und wenn?
– Verwenden die Personen Verhütungsmittel? Kondome? Und wer bestimmt das?
– Wissen die beiden, wie sie miteinander schlafen können?
– Und wie stellt man überhaupt Kontakt mit jemandem her?
– ... und noch viele Fragen mehr.

Eine Reihe dieser Fragen wird in den folgenden Unterkapiteln im Hinblick auf Menschen mit leichter, mittelgradiger, schwerer und sehr schwerer geistiger Behinderung betrachtet.

Beziehungen für Menschen mit leichter geistiger Behinderung

Viele Menschen mit leichter geistiger Behinderung sind mit ziemlich hochgespannten Erwartungen auf der Suche nach einer Freundin oder einem Freund, ebenso wie das auch viele Menschen ohne eine geistige Behinderung sind. Betreuer finden es im Allgemeinen wichtig, den Hintergrund dieser Frage zu kennen. Was ist die Frage, die hinter der Frage steht, die Bedeutung des Verhaltens?

Ist diese Frage Ausdruck des von vielen gekannten Bedürfnisses, eine Freundin oder einen Freund zu haben, ein Bedürfnis nach Gemeinsamkeit, nach den vielen Dingen, die das ausmachen, nach Intimität miteinander? Gilt das auf geistigem Gebiet oder auf körperlichem Gebiet? Platonisch oder sexuell?

Oder beides? Hat diese Frage damit zu tun, dass Beziehungen idealisiert und romantisiert werden? Liegt dieser Frage ein Akzeptanzproblem zugrunde? Hat das geäußerte Bedürfnis etwas mit erlebter Einsamkeit zu tun, die wir auch bei Menschen ohne eine geistige Behinderung oft antreffen (siehe Kontaktanzeigen in den Zeitungen und Partnersuche im Internet)? Ist es tatsächlich ein Bedürfnis, eine Beziehung zu haben? Wie auch immer, es ist wichtig, jederzeit auf der Suche nach der Bedeutung von Verhalten zu sein. Wenn man jemandes Verhalten gut lesen, d. h. interpretieren kann, versteht man auch, was dieser Mensch will, wünscht, verlangt.

Die Bedeutung von Verhalten erkennen

Nehmen wir als Beispiel Thomas. Er hat eine leichte geistige Behinderung. Auf den ersten Blick sieht man ihm seine geistige Behinderung nicht an. Er sieht gut aus, spricht gut und passt sich scheinbar schnell an die Situation, in der er sich befindet, an. „Scheinbar" sagten wir, denn es gibt bei Thomas ein Spannungsfeld zwischen können und bewältigen können. Wenn er eine Zeit lang sein Bestes gegeben hat, um sich einer Gruppe anzupassen, bricht ihm der Schweiß aus. Dann gerät er in Stress und fängt wirklich zu stottern an. Das hatten die Umstehenden nicht von dem flott sprechenden Thomas erwartet! Thomas' sozial-emotionales Entwicklungsniveau entspricht dem eines dreijährigen Kindes.

Trotzdem müssen die Betreuer Thomas mit seinen Wünschen ernst nehmen und versuchen, seine Sehnsüchte zu ergründen. In Gesprächen mit ihm, in ernsthaften Beratungen versuchen sie, dahinter zu kommen, was er wirklich wichtig findet. Er sagt, dass er eine Beziehung möchte. Aber warum?

Seine Brüder und Schwestern haben auch Beziehungen. Thomas möchte gerne dazugehören, „auch normal sein", wie er das ausdrückt. „Es tut mir so weh", sagt seine Mutte, „dass er das sagt, denn mein Mann und ich wollten ihn immer mit seiner Behinderung akzeptieren, einfach als der, der er ist. Aber er misst sich immer an Menschen, mit denen er nicht Schritt halten kann, an Menschen, die in seiner Sicht echt erfolgreich sind. Es kommt bei Thomas nicht an, wenn wir ihm erklären wollen, dass die auch manchmal todunglücklich in ihrem Leben sind. Er sieht nur die äußere Seite, die äußere Form. Und diese Form möchte er auch gestalten."

Eine Beziehung zu haben bedeutet für Thomas, normal zu sein. Dazuzugehören. Auf jeden Fall: Nicht behindert zu sein. Und hier liegt auf jeden Fall für die Betreuer ein wichtiger Punkt für die Beantwortung von Thomas' Hilfebedarf. Denn es wird klar, dass das Akzeptanzproblem die stärkste Triebfeder für Thomas' geäußerte Sehnsüchte ist. So wird es einer der wichtigsten Punkte in Thomas' Betreuungsplan, den er gemeinsam mit seinem Betreuer aufgestellt hat, zu lernen, wie er damit umgeht und akzeptiert, dass er ist wie er ist, was er kann und was nicht. Das führte zu kummervollen, schmerzlichen Situationen. Thomas wurde davon eine Zeit lang ziemlich depressiv und erschöpft. Aber es war doch nötig. Zu erleben, dass eine Beziehung, wie sie durch seine Familienmitglieder vorgelebt wird, nicht wirklich das war, was er tatsächlich erstrebte, war für ihn eine Verlustsituation. Eine zerstörte Hoffnung. Thomas muss lernen, mit anderen Erwartungen zu leben, aus denen aber Perspektiven hergeleitet werden können. Zum Glück stehen auch die in seinem Betreuungsplan.

Im Laufe der Zeit ist Thomas weniger stark darauf fokussiert, eine Freundin zu haben. Nun möchte er gern Auto fahren. Denn das tun seine Brüder auch. Ja, so schnell kann ein Selbstbild nicht verändert werden. Er stürzt sich mit aller Kraft auf die neue Idee, ein Auto zu besitzen. „Müssen wir ihn nun wieder frustrieren?", fragt einer der Betreuer.

Wenn Sie als Betreuer die wirkliche Bedeutung hinter einem Verhalten aufdecken, vermeiden Sie die Auseinandersetzung mit Wünschen und Idealen, die im Prinzip nichts mit diesem einen Menschen zu tun haben. Noch einmal sei gesagt, dass das nicht bedeutet, dass man jemandem nicht ernsthaft zuhört. Oder dass jemand nicht seinen Träumen nachhängen dürfte. Im Gegenteil. In der Betreuung sind Sie selbstverständlich gemeinsam mit einem Menschen auf dem Weg, aber jemandem, der sich zum Narren macht, müssen Sie aus Verantwortlichkeitsgefühl heraus sehr wohl einen Spiegel vorhalten, nur dann respektieren Sie ihn wirklich. Gleichzeitig können Sie eventuell die Träume eines Menschen begleiten, indem Sie z. B. im Falle von Thomas, den Begriff der Beziehung auf eine andere Weise mit Sinn erfüllen oder einen anderen Inhalt für das Phänomen Autofahren finden, wenn dies im Grunde nicht realisierbar ist.

Beziehung, ein dehnbarer Begriff
Viele Menschen finden es sehr schwierig, Kontakte oder Beziehungen zu knüpfen oder zu unterhalten. Das hat nicht direkt damit zu tun, ob man behindert ist oder nicht. Keinesfalls. Viele Beziehungen gehen wieder auseinander. Tatsache ist aber, dass Menschen Beziehungen sehr wichtig finden, wobei wir den Begriff Beziehungen in seiner weitestmöglichen Bedeutung auffassen müssen.

„Wenn man Menschen danach fragt, was ihnen ihr Leben lebenswert macht, folgen – so zeigt die Erfahrung – in der Regel Antworten und Auseinandersetzungen, die in fünf Kapiteln zusammengefasst werden können, nämlich:
– Beziehungen
– Wahlfreiheit,
– Respekt und Wertschätzung,
– Fertigkeiten,
– Orte, Abwechslung" (Bosch 1997, S. 5).

Diese fünf Aspekte werden auch als die fünf Zugänge zu Lebensqualität bezeichnet. Der Begriff Beziehungen steht in der Regel ganz oben in dieser Liste.

„Beziehungen: Es ist schön, geborgen zu sein, verbunden mit Menschen, die dir viel bedeuten, denen du etwas bedeutest, Menschen die dich lieben, die du liebst. Oder die du einfach nett findest, mit denen man gut umgehen kann, bei denen du dich gut fühlst. Es gibt vielerlei Beziehungen: Zu deinen Eltern, deinen Kindern, deinem Partner, einer (sehr guten) Freundin, einem Freund, zu Nachbarn, Menschen im Sportverein, im Chor, im Verein, (gute) Bekannte, andere Familienmitglieder, Arbeitskollegen, Gemeindemitglieder. Vielleicht ist die wichtigste Beziehung die Beziehung, die du zu Gott hast, wie mir kürzlich jemand nicht ohne Begeisterung gesagt hat ... Eine Beziehung haben = berührt werden. Dazu gehören. Verbunden sein" (ebd.).

Dieses Zitat haben wir bewusst übernommen, um zu sagen,
- dass es etwas außergewöhnlich Wichtiges ist, Beziehungen zu haben; die praktischen Inhalte dieses Begriffs sind wertvolle Inhalte unseres Lebens;
- dass „Beziehung" ein sehr weit gefasster Begriff ist. Wenn wir also über die Beziehungsgestaltung von Menschen mit einer geistigen Behinderung sprechen, halten wir es für wichtig, die Inhalte dieser Beziehungsbildung ganz offen zu lassen. Es gibt so viele Möglichkeiten. Es geht nur darum, wie eine bestimmte Person ist, was sie wünscht, verlangt, kann und tatsächlich möchte.

Kontakte knüpfen und unterhalten

In den Niederlanden hat es fünf ernstzunehmende Kontaktvermittlungsstellen für Menschen mit einer geistigen Behinderung gegeben. Diese Büros kamen gut an, um Menschen mit geistiger Behinderung miteinander in Kontakt zu bringen. Aber sie wurden aufgegeben: Die Beziehungen dauerten im Allgemeinen nicht an. Es fehlte an Unterstützung, Beziehungen unterhalten zu können. Menschen mit einer geistigen Behinderung brauchen oft viel – professionelle – Unterstützung, um ihre Beziehungen am Leben zu halten.

Chris und Petra

Wir kennen Chris aus Kapitel 2.4.2. Chris war der, der verrückt ist nach Lederhosen und eine Frau sucht, die Lederhosen trägt. Am liebsten eine, deren Hose wie angegossen sitzt! Chris kann das ziemlich bildhaft erläutern. Er hat einiges davon seiner Betreuerin Herma angedeutet. Sie erkennt Chris' Wünsche und bespricht mit ihm, wie sie ihn dabei unterstützen könnte.

Gemeinsam kommen sie auf den Gedanken, dass eine Anzeige in der Zeitung kein übermäßiger Luxus wäre. Chris hält das für eine ganz großartige Idee, ziemlich spannend. Angenommen, man findet so jemanden, wie kommt man miteinander ins Gespräch?

„Sollen wir das üben?", schlägt Herma vor. Chris findet, das hört sich gut an. Sie spricht mit ihm über soziale Fähigkeiten. Die sind bei Chris nicht besonders gut entwickelt. Also meldet er sich bei einem sozialpädagogischen Dienst für ein spezielles Training an. Während einer Reihe von Abenden wird dort eine Anzahl von Aspekten sozialer Fähigkeiten eingeübt, unter anderem,

- jemanden ansprechen,
- jemandem ein Kompliment machen,
- jemanden nach seinem Hobby fragen,
- wie man ein Gespräch führt,
- lernen, nein zu sagen,
- seine Meinung sagen, ohne in Konflikte zu geraten.

Chris findet das ganz schön schwer. Prima ist dagegen die Tatsache, dass die Betreuerin des sozialpädagogischen Dienstes und Herma, Chris' Betreuerin, gemeinsam mit ihm und regelmäßig ihre Überlegungen über die Effekte des Trainings austauschen. Im Mittelpunkt steht die folgende Frage: Gelingt es Chris, einen Transfer von dem, was er in den Übungen (mit Rollenspiel und Videoaufzeichnung) gelernt hat, auf seine tägliche Lebenswelt zu vollziehen?

Gleichzeitig inseriert Chris munter weiter und ist, nach langem Zögern, Mitglied eines örtlichen Clubs geworden. Herma übt unterdessen mit Chris und noch einigen weiteren Klienten das Verhalten in Situationen, in denen es darauf ankommt, soziale Fähigkeiten einzusetzen. Diese Übungen werden auch in der Praxis ausprobiert.

Nicht ohne Erfolg! Chris hat im Club Petra kennen gelernt, ein Mädchen, das er sehr nett findet. Er erzählt stolz, dass er es gewagt hat, sie zu sich einzuladen. Petra hat auch eine leichte geistige Behinderung. Chris und Petra haben sich schnell ineinander verliebt und möchten gern mehr, wissen aber nicht genau, was (sie tun könnten). Sie haben schon miteinander im Bett gelegen, wagten aber nicht weiterzugehen. Herma kann an ihrer Haltung ablesen, dass sie nicht wissen, was sie nun anfangen sollen, und schlägt Chris vor, sich miteinander über einige Gedanken auszutauschen. Dieser Vorschlag entspringt auch aus Hermas Verantwortlichkeitsgefühl: Was wissen die beiden schon von all den Dingen, die mit Sexualität und Beziehung zu tun haben?

Herma schlägt Chris vor, ihm etwas darüber zu erzählen. „Petra kann auch gern dabei sein!", sagt sie.

Freundschaft, Beziehung, miteinander schlafen

Chris und Petra sind begierige Abnehmer von Informationen, und ihre anfänglich erlebte Scheu ist in den Kontakten mit Herma ziemlich schnell verschwunden. Das hat viel mit Hermas Haltung zu tun: Sie ist der Meinung, dass sie ihre Klienten logischerweise in die Gelegenheit versetzt, frank und frei ihre Gedanken über diese Materie auszutauschen, wenn sie selbst auf ganz normale Art und Weise über Sex spricht. „Chris und Petra sind sehr davon abhängig, welches Verhalten ich als Vorbild zeige", sagt Herma. „Was das anbelangt, können wir einander vieles vermitteln." Bei einem ersten Kontakt fühlt Herma vor, welche Fragen anliegen. Das sind viele. Herma übersetzt Chris und Petras Fragen folgendermaßen:

- „Wie verhindert ihr, dass Petra schwanger wird?"
- „Was ist sicherer Sex?"
- „Wie könnt ihr gut Rücksicht aufeinander nehmen?"
- „Was bedeutet Respekt?"
- „Auf welche Weise könnt ihr miteinander schlafen?"
- „Was ist ein Vorspiel? Was ist ein Nachspiel?"
- „Woran erkenne ich, dass der andere mich lieb hat?"
- „Wie funktionieren Kondome?"
- „Darf ich nein sagen, wenn ich keine Lust habe?"

Es gibt Sachfragen und Fragen zum Betreuungsbedarf. Dass Petra nicht schwanger werden darf, hatte Chris Herma gesagt. Das war eine wortwörtliche Frage. Aber was ein Vorspiel ist, das war eine nicht ausgesprochene Frage, die von Herma formuliert und interpretiert wurde, basierend auf dem, was Chris und Petra ihr (nicht) sagten (Betreuerin sein ist eine Wissenschaft!), ebenso die Frage über das Nein-Sagen. Unausgesprochene Fragen kann man überprüfen, aus dem Verhalten der Betroffenen ableiten und zwischen den Zeilen lesen. In einem ersten Gespräch erklärt Herma den Unterschied zwischen Freundschaft, Beziehung und miteinander schlafen. Dass Chris und Petra einander mögen, ist ganz deutlich. Aber sie finden einander mehr als nett, außergewöhnlich nett. „Ja, wir sind verliebt", sagt Petra strahlend. „Wir haben eine feste Beziehung", ergänzt Chris. „Wie könnt ihr das merken?", fragt Herma. Also, darüber müssen Chris und Petra lachen. „Na ja", sagt Petra, „ich hab Schmetterlinge im Bauch, das habe ich in einem Buch gelesen, aber es stimmt genau, ich will immer mit ihm zusammen sein."

Sie sprechen über die Gefühle, die sie füreinander haben, darüber, einander lieb zu gewinnen, über körperliche Reaktionen und darüber, dass sie viel füreinander tun möchten. „Ja, das ist mehr als eine gute Freundschaft. Und jetzt habt ihr Fragen über das Lieben", wiederholt Herma. „Ja ...", Chris zögert etwas, „wir möchten schon miteinander schlafen, aber wir möchten keine Kinder bekommen. Dafür sind wir noch zu jung." – Auf das Thema Kinderwunsch kommen wir in einem späteren Kapitel zu sprechen. – „Muss man dann immer Kondome benutzen?", fragt Chris.

Manche Menschen mit einer leichten geistigen Behinderung gehen von der Annahme aus, dass Geschlechtsverkehr selbstverständlich dazugehört, wenn sie eine Freundin oder einen Freund haben. Im Allgemeinen kann man ihnen den Unterschied erklären. Wenn es nicht geschieht, kann es zu

Missverständnissen im Umgang miteinander führen. Chris und Petra haben den Unterschied zwischen beidem gut verstanden.

Lernen, über Sex zu sprechen

Viele Menschen mit oder ohne eine geistige Behinderung finden es schwierig, über Sex zu sprechen. Folglich tun das viele dann auch mit ihrem Partner nicht. Das kann zu vielerlei Missverständnissen führen: Denn wie wisst ihr voneinander, was ihr schön findet, welche Wünsche und Sehnsüchte euch bewegen? Und erzählt ihr einander, dass ihr keine Lust habt oder dass ihr Liebe auf eine ganz andere Weise ausprobieren möchtet oder etwas häufiger oder seltener?

Eines der Ziele sexueller Aufklärung ist, über Sex sprechen zu lernen. Auf jeden Fall beim Thema Beziehungen. Denn wie geht ihr sonst miteinander um? Wie lernt ihr einander sonst kennen? Respektiert ihr einander? Berücksichtigt ihr wechselseitig eure Sehnsüchte und Wünsche? Dann müsst ihr sie erst einmal kennen und lernen, darüber zu sprechen.

Miteinander schlafen

Herma schlägt Chris und Petra vor, einen Film über Sex anzusehen. Es geht um den Teil 3 der Videos „Liebe und Leib".

Einige Vorschläge:
Allein auf diesem Video befinden sich eine Menge Themen, über die man miteinander Gedanken austauschen sollte. Alles auf einmal kann leicht zu viel werden. Es geht nämlich unter anderem um die Themen Vorspiel, Rücksicht aufeinander nehmen, nein sagen, Kondomgebrauch, Heterosexualität, Homosexuelle und Lesbierinnen, und darüber hinaus ist es auch noch unsere Aufgabe, darauf zu achten, wie der Klient oder die Klientin darauf reagiert, was er bzw. sie von dem Sprachgebrauch hält und ob auch alles verstanden wird. Das ist manchmal schwierig. Deshalb kann es empfehlenswert sein, kleine Sequenzen des Videos für sich anzusehen und darüber zu sprechen, je nach Möglichkeiten des Klienten.

Auch ist empfehlenswert, den Film zuerst allein zu Hause anzusehen. Es kann passieren, dass Sie im ersten Moment über die detaillierten Bilder erschrocken sind (manches ist ungewöhnlich konkret), daran sollten sie gewöhnt sein. Denn dann sind Sie darauf vorbereitet und müssen nicht mehr allzu viel darüber nachdenken, wie Sie reagieren, wenn Sie gemeinsam mit Ihrem Klienten so einen Film ansehen.

Schließlich ist es der Mühe wert, darüber nachzudenken, wie Sie sexuelle Aufklärung anfangen, wenn es um ein Thema wie „Miteinander Schlafen" geht. Wird es nötig sein, sich erst noch mit dem Körperbild, dem Selbstbild und den dazugehörigen Kenntnissen mit Selbstbefriedigung und anderen Themen zu befassen? Das hängt ganz vom jeweiligen Klienten ab. Was weiß dieser bereits? Wurde der Betreffende je aufgeklärt? Gibt es Tabus? Was möchte die Klientin oder der Klient, wie Sie mit ihr bzw. ihm umgehen?

„Vögeln ist mehr als den Pimmel in die Möse stecken"

Der dritte Videoband handelt also von Sex. Ein Mann und eine Frau sehen sich ein Paar an, dass miteinander Liebe macht. Aber es wird nicht direkt miteinander geschlafen, kein genitaler Kontakt hergestellt. Denn „vögeln ist mehr als den Pimmel in die Möse stecken", sagt die Frau auf diesem Video. Darüber ist der Mann im ersten Moment sehr überrascht. Diesem „Pimmel in Möse" geht (oft, nicht immer) ein Vorspiel voraus.

„Vögeln ist mehr als den Pimmel in die Möse stecken." Das klingt heftig! Noch einmal raten wir dazu, mit Klienten auch über den Wortgebrauch zu sprechen, und zwar aus Selbstrespekt und Respekt vor dem Klienten. Dann kann man gemeinsam eine Wortwahl finden, wobei im Mittelpunkt das Erleben des Klienten steht.

Viele Menschen mit einer leichten geistigen Behinderung wissen nicht, dass Lieben z. B. beinhalten kann, dass der Mann seinen Penis in die Vagina einer Frau einführt und dann – sanft oder heftig, wie Herma noch sagte, „auf und ab bewegt" und dass das ein schönes Gefühl machen kann. Der Mann kann dann einen Orgasmus bekommen, d. h., „dass dann stoßweise eine weiße Flüssigkeit, Sperma, aus seinem Penis und in die Vagina der Frau kommt". Es ist wichtig, dass wir als Betreuer oder Eltern oder Lehrer realisieren, dass die meisten Menschen mit einer leichten geistigen Behinderung diese Dinge nicht wissen. Sie gehen vielleicht von der Annahme aus, dass sie so viel im Fernsehen sehen, dass so große Offenheit besteht, es gibt doch eigentlich keine Tabus mehr, dass sie doch wissen, wie es geht, „wo Bartel den Most holt". Aber die meisten Bilder im Fernsehen sind nicht gänzlich eindeutig (beispielsweise sieht man Bewegungen unter einer Decke), nicht vollkommen konkret und lassen der Fantasie noch einiges übrig. Bei sexueller Aufklärung können wir nicht konkret genug sein. Wenn wir nicht konkret genug sind, lassen wir sie im Regen stehen. Chris und Petra wussten das aber doch, das mit dem Penis in der Vagina. Aber der Satz, dass „vögeln mehr ist als den Pimmel in die Möse stecken", überrascht sie doch. Sie sind davon ausgegangen, dass man sich aufeinander legt und „dass es dann anfängt". „Dann macht man es eben", sagt Chris. „Dann steckst du deinen steifen Pimmel in die Vagina und kannst dann abspritzen!" Darüber muss Petra sehr lachen. Chris dann übrigens auch. Von einem Vorspiel hatten die beiden allerdings noch nie gehört. Darüber sollte Herma ihnen einiges erzählen.

Die Bedeutung (des Wissens) vom Vorspiel

Herma erzählt Chris und Petra, dass sich lieben – „und damit meine ich, mit dem Pimmel in die Vagina gehen, wie der Mann und die Frau auf diesem Bild", sie zeigt eine Abbildung – miteinander noch schöner wird, wenn ihr gemeinsam verschiedene schöne Sachen gemacht habt. Ihr habt mehr davon, wenn ihr lieb zueinander seid, wenn ihr zusammen schöne, liebe Sachen macht. Wenn ihr einander verwöhnt, könnt ihr eine angenehme Atmosphäre schaffen", sagt Herma. „Also legt euch nicht sofort aufeinander, sondern gebt euch erst ein paar Küsschen, auf den Mund küssen, auf die Nase, auf den Hals, wo immer ihr es möchtet. Achtet darauf, was der andere schön findet. Vielleicht möchtet ihr euch das auch sagen.

Ihr könnt euch überall streicheln, auf dem Rücken, auf dem Bauch, auf der Brust, am Busen, ihr könnt schön miteinander kuscheln. Vielleicht findet ihr es auch schön, am Ohr zu knabbern oder am Ohr beknabbert zu werden." Darüber muss Petra enorm lachen. Aber sie findet es doch auch sehr interessant, was Herma da erzählt.

„Ihr könnt euch vielleicht gegenseitig fragen, was ihr schön findet", sagt Herma. „Das ist vielleicht ungewohnt, aber auch gar nicht so schlecht, so hört ihr wenigstens, was der andere schön findet. Danach könnt ihr euch dann richten. Denn einander lieben bedeutet auch: das tun, was der andere gern möchte."

Herma denkt kurz nach: „Worum es geht", sagt sie dann, „ist natürlich, dass ihr ganz lieb miteinander seid, dass ihr Sachen macht, die der andere schön findet. Dann ist man wieder ein bisschen wie neu verliebt, möchte gern beieinander sein, man bekommt Lust aufeinander, so dass der Pimmel von allein steif wird und die Vagina feucht."

Ein steifer Penis und eine feuchte Vagina

Chris und Petra sind wirklich ganz überrascht über diese Erklärungen. Solche Geschichten hatten sie noch nie gehört! Dass man auch etwas dafür tun muss, um Lust zu bekommen! Was aber auch auffällt ist, dass Chris ganz einfach eine Erektion bekommt (das geht sogar, ohne dass er angefasst wird, er muss nur an eine schöne Frau denken, sagt er stolz), aber Petras Vagina wird nicht so schnell feucht.

„Wenn die Vagina nicht nass ist, soll man nicht miteinander schlafen", hat Herma auch gesagt. Das war etwas Neues für die beiden. Später haben Chris und Petra das geübt. Spannend, aber auch schön. Offensichtlich kann Chris so lieb zu Petra sein und genau die Dinge tun, die sie schön findet, dass sie manchmal – nicht immer! – auch Lust bekommt und bereit ist, mit ihm zu schlafen. Und dann ist ihre Vagina auch feucht.

Petra findet es z. B. ganz besonders schön, wenn Chris ihren Rücken streichelt und sanft ihren Po anfasst. Am liebsten mit jeder Hand eine Pobacke. Und dann ein bisschen zudrücken! Eigentlich findet sie das am schönsten, ja, vielleicht ist es das Schönste überhaupt. Und sie findet es auch sehr schön, wenn Chris mit seinen Fingern ihren Kitzler, ihre Klitoris streichelt. Das muss er allerdings sehr vorsichtig tun. Natürlich haben sie darüber

Herma nichts erzählt. Das ist doch ihr Geheimnis. Aber die Geschichte von Herma, dass man aufeinander hören muss und einander ernst nehmen soll, das ist wohl bei ihnen angekommen. „Herma kann Sachen gut erklären", sagt Petra, „stimmt's? Vorspiel, nein wirklich, davon hatte ich noch nie was gehört."

Nur miteinander schlafen, wenn beide es wollen und schön finden

Herma hat den beiden noch mehr zu sagen. Sie hat in ihren Kontakten zu Chris und Petra bemerkt, dass Petra es Chris nicht so einfach sagen kann, wenn sie etwas nicht schön findet, wenn sie zu etwas keine Lust hat, besonders wenn Chris sich dafür begeistert und etwas besonders gerne möchte. Petra kann sich selbst nicht so gut schützen (in Kapitel 3.5.5 kommen wir ausführlich auf das Thema Selbstbehauptung zu sprechen). Es wird für Petra ein Thema sein, nein sagen zu lernen.

Das zeigt sich auch auf anderen Gebieten. So ist Petra nach einigen Monaten zu Chris gezogen. Sie haben eine Wohnung mit drei Zimmern. Chris geht davon aus, dass sie ständig beieinander sind. Aber das möchte Petra eigentlich nicht. Herma hilft den beiden, miteinander von ihren Wünschen zu sprechen. Chris war erst etwas überrascht, dass Petra auch manchmal allein sein möchte. „Beisammensein ist doch gemütlich?" Davon geht er aus. Aber Petras Norm ist das nicht. Es zeigt sich, dass es sinnvoll ist, dass Herma dieses Thema ab und an wieder anschneidet; Petra scheint noch einiger Unterstützung auf diesem Gebiet zu bedürfen.

Und Liebe machen, das tut man nur, wenn alle beide Lust dazu haben, und auch nur so, wie beide es möchten. Daran musste Chris sich auch erst noch gewöhnen. Auch hatte er die erste Erläuterung von Herma über den erigierten Penis und die nasse Vagina noch nicht ganz richtig interpretiert; er war davon ausgegangen, dass eine feuchte Vagina bedeutet, dass Petra mit ihm schlafen möchte. Und nicht: eine feuchte Vagina bedeutet, dass du in der Lage bist, mit dem anderen zu schlafen. Denn Petra will wirklich nicht immer.

Gleichberechtigung: Kein Zwang

Das Unterlassen von Zwang, der Respekt für die Wünsche des anderen, das ist in den ersten Gesprächen mit Herma immer wieder Thema. Denn Chris hat ein wenig die Neigung, seinen Willen durchzusetzen („Hilf mir, mich zurückzuhalten, mich an die Grenzen zu halten, die Petra setzt"), und Petra findet es schwierig, ihre Grenzen zu benennen („Hilf mir, meine Grenzen zu erkennen, sie zu benennen und mich besser zu verteidigen"). Mit Zustimmung der beiden werden diese Aspekte in ihren Betreuungsplan aufgenommen. Die Gespräche als solche scheinen eine angemessene Antwort auf den speziellen Hilfebedarf zu sein; Chris' und Petras sozial-emotionales Niveau ist so ausgebildet, dass es bei Gesprächen bleiben kann.

Das Durchsetzen seines Willens erkennen wir auch in Chris' Vorliebe für Leder wieder. Er möchte so gerne, dass Petra Lederhosen trägt. Und Slips, die er aufregend findet. Aber davon möchte Petra überhaupt nichts wissen. Das hält sie für Quatsch. Und Herma macht Petra ein Kompliment für ihre Standhaftigkeit in diesem Fall.

Safersex: Nur mit Kondom

Chris fragte: „Muss ich beim Vögeln immer ein Kondom nehmen?" „Natürlich", antwortet Herma, „du vögelst mit Kondom oder gar nicht." Und dann informiert sie über das Folgende:

Ansteckende Geschlechtskrankheiten, unter anderem AIDS

„Erst mit dem einen schlafen, dann mit einem anderen, dabei kann man Geschlechtskrankheiten bekommen", sagt Herma. Petra reagiert mit Überraschung: „Geschlechtskrankheiten?" Herma versucht, Petra und Chris etwas über die Übertragung von Geschlechtskrankheiten durch Sperma oder Blut zu erklären. Sie glaubt, dass sie das verständlich gesagt hat, aber die beiden Klienten haben nicht viel davon verstanden. Danach verwendet sie einen Text aus „Kein Kind mehr". Dort heißt es:

„Manche Krankheiten sind ansteckend. Das heißt, dass eine Person die Krankheit an eine andere weitergeben kann. Du kannst z. B. Grippe bekommen, wenn jemand mit Grippe in deiner Nähe hustet. Es gibt auch Krankheiten, die man weitergeben kann, wenn man miteinander schläft. Diese Krankheiten nennt man Geschlechtskrankheiten. Bei manchen Geschlechtskrankheiten merkt man, dass man sie hat: Zum Beispiel, wenn es an deinem Pimmel oder deiner Spalte juckt oder wenn du Geschwüre oder Warzen am Pimmel, an der Spalte oder am Anus hast. Wenn du also ungewohnte Sachen an deinem Pimmel, deiner Spalte oder deinem Anus bemerkst, hast du vielleicht eine Geschlechtskrankheit.

Manchmal merkst du nichts davon, wenn du eine Geschlechtskrankheit hast, aber dein Körper ist dann trotzdem krank, und du kannst die Krankheit auch weitergeben. Bei den meisten Geschlechtskrankheiten kannst du wieder gesund werden, wenn du bald zum Doktor gehst, um dich behandeln zu lassen. Wenn eine Geschlechtskrankheit nicht behandelt wird, kann das ernste Folgen haben.

AIDS ist eine besondere Geschlechtskrankheit. Du kannst es niemandem ansehen, ob er oder sie AIDS hat. Wenn du dich mit AIDS angesteckt hast, kannst du nicht wieder gesund werden. Deshalb ist es ganz wichtig, dass du dafür sorgst, kein AIDS zu bekommen. Durch bestimmte Arten von Geschlechtsverkehr ist die Wahrscheinlichkeit, AIDS oder eine andere Geschlechtskrankheit zu bekommen, größer (unsicherer Sex). Mit Safersex kannst du AIDS und anderen Geschlechtskrankheiten vorbeugen. Es gibt verschiedene Arten von Safersex, z. B. einander zu streicheln, (Zungen-)Küsse, miteinander kuscheln, und wenn man beim Geschlechtsverkehr Kondome gebraucht."

Eine ziemlich große Anzahl von Menschen mit leichter geistiger Behinderung findet den vorangegangenen Text leider zu schwierig und zu ungenau. Eine Alternative wäre es, Geschlechtskrankheiten mithilfe von Zeichnungen zu erklären (z. B. aus Faltblättern über Geschlechtskrankheiten). Man kann auch Bilder aus einem Buch verwenden, auf denen Geschwüre sichtbar sind. Auf Zeichnungen einer Vagina oder eines Penis kann man auch nachzeichnen, indem die Geschwüre dann z. B. rot gefärbt werden.

In den Niederlanden wurde zur Besprechung von AIDS ein Spiel entwickelt. In Spielform kann man sich dort eine (fiktive) Geschlechtskrankheit zuziehen. Das Ziel ist, verständlich zu machen, wie man eine solche Krankheit bekommen kann, z. B. wenn man sich mit wechselnden Kontakten einlässt oder mit mehreren Menschen sexuellen Kontakt hat.

Kondomgebrauch

Herma erläutert den Kondomgebrauch auf verschiedene Art und Weise. Erst zeigt sie Bilder aus dem Buch „Kein Kind mehr", eines, auf dem über einem erigierten Penis ein Kondom abgerollt wird, eines, auf dem sichtbar ist, dass im Reservoir des Kondoms Sperma ist, und eines, in dem das Kondom inzwischen abgerollt worden ist. Schließlich landet das verwendete Kondom mit dem Sperma in der Mülltonne. Herma zeigt auch Fotos und Zeichnungen vom Kondomgebrauch beim Geschlechtsverkehr.

Später zeigt Herma Chris und Petra einen Film mit dem Titel „Sicher lieben". In diesem Film gibt es auch Übungen, wie man ein Kondom überstreift. Dabei kann man einiges verkehrt machen. Kondomgebrauch sollte ausführlich behandelt werden, heißt es in dem Buch „Kein Kind mehr". Unsere Erfahrungen im Umgang mit Klienten bestätigen das. Es liegt in der Verantwortlichkeit von Betreuern, von Einrichtungen und Organisationen, die dafür nötige Offenheit und Zeit aufzubringen. Es wäre wenig professionell, es dabei zu belassen, dies für ein schwieriges Thema zu halten. Denn wenn man über geringeres Abstraktionsvermögen verfügt, dann ist es hilfreich, sehr konkret und mit einigen Wiederholungen von einem Betreuer zu hören,

— dass ein Kondom reißen kann („sei also vorsichtig mit spitzen Fingernägeln"). Das gilt schon in dem Moment, in dem man das Kondom aus der Verpackung holt.

— dass ein Kondom nur einmal benutzt wird (die Praxis liefert hierzu durchaus Anekdoten! Aber ernsthaft: Wenn Sie das als Mensch mit geistiger Behinderung wirklich nicht wissen, was tun Sie dann?)

— dass man ein Kondom sehr vorsichtig über den Penis abrollen muss.

— dass man das tun muss, ehe man mit dem Geschlechtsverkehr beginnt („es können auch schon Samenzellen in der Vorflüssigkeit sein")

- dass man das Kondom sehr vorsichtig abmachen muss, um das in das Kondom gespritzte Sperma nicht in die Nähe der Vagina der Partnerin kommen zu lassen.

Später übt Herma mit Chris und Petra auch noch mit einem Kunstpenis. Das erweist sich als sehr konkretes Hilfsmittel.

Menschen mit einer leichten geistigen Behinderung und Kondomgebrauch

Wenn Sie jemanden mit einer leichten geistigen Behinderung fragen, ob er weiß, was ein Kondom ist, sagt er – nach unserer Erfahrung – meistens, dass er so etwas noch nie gesehen (abgesehen von einigen Ausnahmen), geschweige denn benutzt hat. Dieser Umstand unterstreicht die Verantwortung von Betreuern, Eltern und Lehrkräften. Sichtlich ist die Besprechung des Kondomgebrauchs vor allem spannend. Das Üben mit dem Kunstpenis ist ein erstes Sich-Herantasten, später Gelegenheit zu Fröhlichkeit und Humor. Und wie gelingt, nachdem man den Kondomgebrauch an einem Kunstpenis geübt hat, der Transfer in die Praxis, in den eigenen Gebrauch, zum eigenen Penis und der Vagina der Partnerin?

Diesbezüglich möchten wir einige Vorschläge nicht verschweigen.

Zu allererst müssen die Klienten wissen, wo sie Kondome überhaupt kaufen können. Wenn sie das wissen, müssen sie das auch wagen. Häufig fehlt dazu der Mut. Was hält einen Betreuer davon ab, mit in den Supermarkt zu gehen und den Klienten zum richtigen Regal zu begleiten?

Dann muss der Kondomgebrauch an sich selbst geübt werden. Herma hat Chris gebeten, selbst ein Kondom überzustreifen, und Petra könnte das auch einmal bei Chris tun. Damit unterstreicht man auch die gemeinsame Verantwortlichkeit. So haben sie das geübt. Dabei ergaben sich auch komische Momente, was möglicherweise nicht schlecht für ein Vorspiel ist (denn es nimmt etwas von der Anspannung). Weiterhin ist es wichtig, das Abstreifen des Kondoms ernsthaft zu üben.

Männern mit einer leichten geistigen Behinderung sollte man, unabhängig davon, ob sie eine Partnerin haben oder allein sind, anraten, einmal mit einem übergestreiften Kondom zu masturbieren, um das einmal zu erleben und zu sehen, dass das Sperma darin aufgefangen wird, dass man davon einen weißen Fleck erkennen kann. Dann kann man auch gut üben, das Kondom vorsichtig wieder abzunehmen. Auch Fragen der Hygiene können dann mit ihnen besprochen werden.

Variationen beim Geschlechtsverkehr

Mithilfe von Fotos und Videomaterial zeigt Herma Chris und Petra auf deren Wunsch hin etwas von verschiedenen, „Stellungen", wie die beiden Klienten das genannt hatten. Dabei wird auch auf das Thema oraler oder analer Kontakt eingegangen. Es waren aber Klara und Johann besonders an diesen Themen interessiert, weswegen wir im Zusammenhang mit diesen beiden gleich über sexuelle Variationen sprechen werden.

Die Bedeutung (der Kenntnis) vom Nachspiel

Herma hatte Chris und Petra etwas über das Vorspiel gesagt. Aber sie möchte auch die Besprechung des Nachspiels nicht außer Acht lassen.

„Wenn ihr miteinander geschlafen habt", sagt Herma, „könnt ihr euch voneinander wegdrehen und gleich einschlafen. Das ist an sich nicht schlecht, das kann einfach angenehm sein, jedenfalls, wenn ihr das beide schön findet. Manche Menschen finden es schön, es noch ein bisschen nachzugenießen, eine Zigarette zu rauchen und zu besprechen, ob jeder von beiden es schön gefunden hat, oder einfach sich noch ein wenig aneinander zu kuscheln, etwas zu streicheln, sich dem anderen zu widmen. Das kann eine schöne Atmosphäre schaffen." Chris und Petra erkennen einiges von dem, was Herma sagt, wieder.

Es kommt vor, dass Menschen nach dem Geschlechtsverkehr, mit oder ohne daraus folgendem Orgasmus, hoch emotionalisiert sind, z. B. von der Tatsache durchdrungen, was der andere ihm oder ihr bedeutet. Ein Nachspiel hat dann einen wichtigen Wert, kann die Beziehung positiv stärken und konsolidieren. Die Art des Nachspiels ist oft vom Inhalt der Beziehung abhängig. In einer funktional ausgerichteten Beziehung gibt es häufig kein oder ein eher oberflächlicheres Nachspiel, in einer intimen Beziehung können beim Nachspiel sehr heftige Gefühle auftreten. Auch wird die Form des Nachspiels von der Tatsache beeinflusst, ob Menschen (gerade) heftig verliebt sind oder bereits eine langwährende sexuelle Beziehung haben. In dieser zuletzt genannten Situation ist es z. B. auch eher möglich, sich nach dem Geschlechtsakt zur Seite zu drehen; „Das muss auch mal sein können", äußerte unlängst ein Soziologe, „sonst hat man gleich ein Problem." Beide Parteien müssen das aber miteinander geklärt haben, ergänzte der Sexualkundler.

So schwierige Wörter hat Herma nicht verwendet. Chris und Petra würden das sicher nicht verstehen. Aber den zugrunde liegenden Tonfall hat sie schon vermittelt. „Es ist schön, wenn ihr voneinander wisst, was jeder wichtig findet," hatte sie gesagt, „dann könnt ihr euch aufeinander einstellen."

Klara und Johann

Von Klara und Johann hieß es, sie hätten eine „zufriedenstellende Beziehung, die auch sexuell gefärbt ist." Bei der Aufklärung zeigen beide ihre Überraschung über die bis dahin unbekannte Tatsache, dass es mehrere Möglichkeiten gibt, einander sexuell zu genießen. Klara und Johann lesen selbst einfache Aufklärungshefte, die sie von ihrem Betreuer Hans bekommen haben. Hans hatte einen Zwei-Tages-Kurs „Sexualität und Beziehungsbildung bei Menschen mit einer geistigen Behinderung" mitgemacht, einen Kurs, in dem der Aspekt der sexuellen Aufklärung für Menschen mit einer geistigen Behinderung hervorgehoben wurde. Der Kursus erwies sich als willkommene Unterstützung im Hinblick auf den Hilfebedarf, mit dem Hans konfrontiert wurde.

Die Missionarsstellung

Klara und Johann kannten nur die so genannte Missionarsstellung, also eine Haltung, bei der der Mann abgestützt auf der Frau liegt. Diese Haltung fanden sie sehr schön. Aber ihre (sexuelle) Beziehung gewann noch an Zufriedenheit, Genuss und Spannung, als sie sexuelle Variationen kennen lernten. Das geschah durch Bücher, Bilder und Filme. Wenn nötig, konnten sie darüber mit Hans ihre Gedanken austauschen. „Ihr könnt mir ruhig Fragen dazu stellen, ja!", hatte Hans sie eingeladen.

Von hinten

Aber dass ein Mann auch von hinten in die Vagina der Frau eindringen kann, erwies sich als eine Entdeckung, die die beiden hoch schätzten. Das kann auf dem Bett geschehen, wobei Klara auf Händen und Knien aufgestützt ist und Johann, ebenfalls auf Knien mit seinem Penis in Klaras Vagina eindringt. Aber das geht auch im Stehen, wobei Klara sich vorn überbeugt und sich zur Unterstützung irgendwo festhält. „Wenn wir so miteinander schlafen, drückt Johann nicht so schwer auf mir", sagte Klara. „Und ich werde nicht so schnell müde", ergänzte Johann. Viele Frauen finden, dass der Penis bei dieser sexuellen Variante besser spürbar ist, unter anderem, weil er dann tiefer in die Vagina eindringen kann. Auch finden viele Menschen mit oder ohne eine geistige Behinderung diese Variation angenehm, weil der Penis dabei leichter gesteuert werden kann und weil der Mann die Frau dabei gleichzeitig an vielen Stellen streicheln kann.

Die Frau reitet auf dem Mann

Etwas Ähnliches kann man über die Stellung sagen, bei der die Frau auf dem Mann reitet. Dass Klara „auf dem Penis von Johann sitzen konnte", erwies sich als Offenbarung. In diesem Fall übernimmt die Frau, Klara, mehr Initiative, und sie gibt das Tempo an. „Manchmal ganz schön anstrengend", sagt Klara „aber doch schön. Nur muss man gut darauf achten, dass der Penis nicht rausrutscht." Darüber muss Johann lachen. Es erfordert einige Steuerfrau-Künste, diese sexuelle Variante adäquat auszuüben, und ein sicheres Maß motorischer Beherrschung.

Die Initiative ergreifen, selbst den Ton angeben, einer eigenen Entscheidung folgen: An diese Gedanken musste sich Klara erst gewöhnen. Zumindest war sie davon ausgegangen, dass „der Mann immer entscheidet und es so macht, wie es sein soll". Diese Selbstverständlichkeit konnte beiseite geschoben werden, etwas, das Johann – der anfänglich auch von dieser Annahme ausging – durchaus angenehm fand. „So ist es noch viel spannender", sagt er, „noch schöner".

Oraler Sex

Klara und Johann sind sehr lernbegierig. Sie haben Fotos von Paaren gesehen, die einander küssen und lecken „sogar am Penis und der Vagina!" sagt Johann zu Hans. Hans erzählt nun etwas vom Blasen und Lecken. Das kann man tun, wenn man einander sehr lieb hat und sich beieinander gut fühlt, wenn man sehr erregt ist („geil" sagt Johann dazu), wenn man einander überall küssen und lecken mag. Die Geschlechtsorgane sind am empfindlichsten für Berührungen, für Streicheln und Reize. Besonders wenn man sehr erregt ist, kann es sehr angenehm sein, „einander da zu verwöhnen". So könnte die Frau den Penis des Mannes lecken, z. B. erst mit der Zunge daran entlang fahren, dann am Rand der Eichel entlang. „Das sind für einen Mann sehr empfindsame Stellen", sagt Hans. „Viele Männer finden das ganz herrlich." Johann muss darüber ein bisschen lachen. Aber er kann es sich auch vorstellen. Hans führt seine Geschichte weiter: „Wenn ihr es alle beide wirklich gut findet, kann die Frau den Penis des Mannes in den Mund nehmen und mit dem Mund auf- und abgehen. Dann geht der Penis immer ein kleines Stückchen oder tiefer hinein. Sie kann einmal einfach auf- und abgehen, ein anderes Mal kann sie saugen, dann wieder einmal die Eichel lecken. Mit der Hand kann sie den unteren Teil des Penis festhalten und streicheln. Wenn man einen Mann so bläst, kann er einen Orgasmus bekommen."

Klara und Johann verschlägt's die Sprache. Er spricht über alles, als ob es vollkommen selbstverständlich wäre, nichts Geheimnisvolles, Spannendes, sondern ganz neutral und einfach. „Aber", sagt er sehr nachdrücklich, „das macht man miteinander nur, wenn alle beide es wollen und schön finden. Man muss immer sagen, wo die Grenze ist. Wir haben ja miteinander schon darüber gesprochen, wie wichtig es ist, aufeinander Rücksicht zu nehmen."

Klara und Johann sind beeindruckt. „Man kann das aber auch bei einer Frau machen, das habe ich auf einem Bild gesehen", sagt Klara.
„Stimmt", sagt Hans. „Habt Ihr Fragen dazu?"

Natürlich gibt es Fragen. Nur wagen Klara und Johann nicht so recht, die zu äußern. „Vielleicht kommen die Fragen bald von allein", denkt Hans und packt einige Bilder aus.

Auf einem der Bilder ist eine Frau zu sehen, die auf ihrem Rücken im Bett liegt, die Beine gespreizt, die Knie angezogen. Ein Mann leckt mit seiner Zunge die Vagina der Frau. „Seht mal", sagt Hans, „hier leckt ein Mann eine Frau in der Vagina und am Kitzler. Ein Mann kann eine Frau überall lecken, jedenfalls, wenn das alle beide gern wollen. Darüber haben wir ja schon früher gesprochen, man soll nie etwas gegen seinen Willen tun. Die Stelle, die bei der Frau die empfindlichste ist, ist der Kitzler, dieser kleine Hügel ganz vorne, seht ihr, das könnt ihr auf dem Bild auch sehen. Der Kitzler wird oft größer, wenn eine Frau sehr erregt ist. Viele Frauen finden es sehr schön, dort geleckt zu werden. Wenn ihr ganz bewusst diesen Kitzler mit den Fingern oder mit der Zunge berührt, kann eine Frau einen Orgasmus bekommen ... (in diesem Moment erkennt Hans bei Klara und Johann ziemliche Überraschung). Man kann also in der Vagina lecken, daran entlang, man kann mit der Zunge um den Kitzler kreisen. Die Kunst besteht natürlich darin, dass man voneinander weiß, was der andere schön und angenehm findet. Ein Mann sollte natürlich gut darauf horchen, wie die Frau reagiert, wie ihr Körper reagiert, ob sie z. B. stöhnt, und natürlich kann die Frau dem Mann auch sagen, was er tun soll, was sie schön findet, was sie nicht angenehm findet, falls er so etwas tut. Über Sex zu sprechen ist wichtig." Hans bemerkt einige Zurückhaltung bei Klara und Johann. Er fragt, was los ist. „Ja", sagt Klara etwas schüchtern, „das mit dem Orgasmus, kannst du darüber etwas mehr sagen?"

Die Bedeutung der klitoralen Stimulation

Wir hatten weiter vorn gesagt, dass Johann und Klara eine „zufriedenstellende sexuelle Beziehung haben", dass sie sich für Sex interessieren, dass sie auch Bücher darüber lesen. An diesem Verhalten könnte abgelesen werden, dass Johann und Klara gut wissen, wie das alles geht. Ganz ungewöhnlich erwies sich aber, dass Klara und Johann nur die Missionarshaltung kannten (was an sich genügen könnte, wenn Menschen damit zufrieden sind und das Ausdruck ihrer Wahl ist). Nun ist Hans von der Tatsache überrascht, dass die scheinbar über alles Informierten nicht wussten, dass die meisten Frauen nur dann einen Orgasmus bekommen, wenn die Klitoris gut stimuliert wird.

„Johann hat viel öfter einen Orgasmus", sagt Klara.
„Stimmt", sagt Johann, „wie kommt das?"
„Wisst ihr, wie eine Frau einen Orgasmus bekommen kann?", fragt Hans.
„Ja, wenn man schön vögelt", sagt Klara, „ein paar mal hat es bei uns geklappt."

Hans gibt einige Informationen über klitorale Stimulation. Er spricht darüber, dass das Spielen mit dem Kitzler zur Selbstbefriedigung und zum Orgasmus führen kann. Das hatten Johann und Klara nicht gewusst. Nach den Erläuterungen, die Hans gibt, kommen die Gesprächspartner dahinter, dass die Fälle, in denen Klara einen Orgasmus hatte, sich eher zufällig ergeben hatten, als dass sie Folge bewusst zielgerichteten Tuns der beiden waren. In diesen Fällen hatten Johann und Klara so miteinander geschlafen, dass der Penis über die Klitoris glitt und dabei einen gewissen Druck ausübte. Wenn diese genussreiche Bewegung lang genug dauerte, kam Klara zum Orgasmus. Aber das war eher Glück als Können!

Hans zeigt noch einige Bilder von Vaginas, auf denen alle Teile, unter anderem die Klitoris, gut zu erkennen sind. Er zeigt ein Bild aus dem Buch „Kein Kind mehr", auf dem eine Frau ihre Schamlippen etwas auseinander zieht, so dass der Kitzler gut zu sehen ist. Danach zeigt er auch Fotos von masturbierenden Frauen und schließlich einen Film, in dem man zusehen kann, wie eine Frau sich mit den Fingern befriedigt.

Über diese Erklärungen sind Johann und Klara sehr überrascht. Aber in ihrem Verhalten wird auch eine gewisse Erleichterung spürbar. Das sexuelle (Er)Leben der beiden Partner ist noch einfühlsamer geworden und reicher an Variationen. Und Hans wiederum ist überrascht über die Tatsache, wie oft der Schein trügt, wie oft man als Betreuer von der Annahme ausgehen kann, dass die anvertrauten Menschen mit geistiger Behinderung wissen, wie alles geht, dass sie Wahlmöglichkeiten kennen, dass sie im eigenen (Er)Leben Regie führen können. Es bestärkt Hans wieder einmal in seiner Überzeugung, dass man Menschen mit geistiger Behinderung nichts vorenthalten darf, wenn man ihnen eine ehrliche Chance geben möchte, in ihrem Leben eine gute Wahl zu treffen.

Neundundsechzig
Hans gibt seinen beiden Klienten einen Film mit, in dem ein Mann und eine Frau einander gleichzeitig blasen und lecken. „Die Haltung, die diese zwei miteinander einnehmen, nennt man neunundsechzig, weil der Mann und die Frau so zueinander gebogen sind, wie sechs und die neun einander gegenüberliegen und sich gegenseitig verwöhnen. Wenn ihr Fragen darüber habt, nur zu", sagt er. Aber es gibt keine Fragen.

Analverkehr
Hans hat Johann und Klara auch die Bedeutung der Verwendung von Kondomen erläutert. Das haben beide gut verstanden. Hans setzte dabei auch den Film „Sicher lieben" (KLOS TV 1991) ein. In diesem Film ist an einer bestimmten Stelle die Rede von „Mund- und Arschficken". Wir möchten an dieser Stelle noch einmal betonen, dass es wichtig ist, sich auf eine gemeinsame Wortwahl zu verständigen. „Arschficken", also Analverkehr, kannten Klara und Johann nicht. (In diesem Film wird von Analverkehr abgeraten, es ist von Unterwerfung die Rede und von sicherem Sex und der Gefahr, einer Ansteckung mit AIDS.) Johann und Klara hatten keine weiteren Fragen dazu. In Kapitel 4 werden wir bei der Besprechung von Homosexualität auf das Thema Analverkehr zurückkommen.

Gegenseitige Masturbation
Auf Nachfrage von Klara und Johann führt Hans mit beiden immer wieder einmal Gespräche, wenn auch mit der Zeit seltener. Anfangs waren die beiden Klienten noch ziemlich von Informationen über Aufklärungsfragen durch Hans abhängig. Später wird Hans mehr als Ratgeber gesehen.

In späteren Gesprächen ging es noch um einige Alternativen. Wenn man sich z. B. gut und geborgen beieinander fühlt – auch das wurde unter anderem besprochen – aber einer der beiden hat keine Lust auf Geschlechtsverkehr (genitaler oder oraler Kontakt), der andere aber wohl, was kann man dann machen? Man soll doch, nein, man muss doch die Wünsche des anderen berücksichtigen. „Dann könntet ihr euch z. B. gegenseitig masturbieren", sagt Hans. „Oder einer kann den anderen masturbieren, falls er selbst keinen Orgasmus wünscht oder überhaupt keine Lust auf sexuelle Stimulation hat. Es kann sich natürlich auch einer selbst masturbieren, während beide kuschelig beieinander liegen." „Worum es immer geht, ist Folgendes: Nichts muss sein! Es ist gut, wenn ihr miteinander über diese Dinge reden könnt, dass ihr einander versteht und dass ihr etwas von euren Wünschen und Fantasien kennt." Über diese Dinge hat Hans zu Klara und Johann gesprochen. Ihrerseits erzählen diese beiden Hans nicht alles, was sie tun. „Das braucht ihr auch nicht", hat Hans den beiden immer wieder gesagt. „Diese Sachen sind immer ganz intim, auch dass wir hier so gemeinsam miteinander darüber sprechen, aber ich versuche zu sagen, was alles eventuell möglich sein kann. Wie intim dieses Thema vielleicht ist oder sich anfühlt, es ist alles technisch gemeint, als Information darüber, was Menschen miteinander tun können. Ihr bestimmt selbst, welche Informationen ihr über euch an mich loswerden wollt. Das ist eine Frage der Privatsphäre."

Grenzen selbst bestimmen und auch die Privatsphäre im Blick haben, das können Klara und Johann gut. So fragten sie vor einiger Zeit, veranlasst von Hans' Geschichte über klitorale Stimulation – wenn auch mit einiger Scheu – nach mehr Informationen über den Orgasmus bei einer Frau und erzählten auch, dass Klara fast noch nie „gekommen war" (es bestand großes Bedürfnis an Informationen und Handlungsverlegenheit im Hinblick auf Orgasmen). Aber sie erzählten Hans nicht, was sie von ihm anlässlich seiner Erklärungen über das gegenseitige Masturbieren gelernt hatten, was man tun könnte, wenn einer von beiden keine Lust hat usw.

Klara hat regelmäßig überhaupt keine Lust darauf, dass Johann in sie eindringt. Aber sie findet Johann doch lieb. Wenn sie keine Lust hat, sagt sie das. Oft mag sie dann doch bei ihm liegen und ihn masturbieren. Das findet Johann auch sehr schön. So sind beide zufrieden. Diese Information haben sie von Hans gelernt. Hans weiß aber nicht, welche Wahl sie schließlich auf diesem Gebiet für sich getroffen haben. Manchmal masturbiert Johann auch, während Klara im Bett liegt. Früher hat er das nicht gewagt. Aber nach den Gesprächen mit Hans kamen Johann und Klara zu der inneren Einsicht, dass jeder er bzw. sie selbst sein können muss, dass man sich voneinander unterscheiden darf, dass Wünsche und Verlangen verschieden sind, ja sogar, dass das gut so ist. „Wenn du das schön findest, finde ich das auch gut", hatte Klara gesagt.

Ein Vibrator

Viele Menschen (mit einer leichten geistigen Behinderung) verwenden einen Vibrator. Hans hat Klara und Johann – anlässlich ihrer Berichte über Klaras seltene Orgasmen – auch darauf aufmerksam gemacht, dass es Vibratoren gibt. Die beiden haben Hans nichts darüber gesagt, aber sie machen doch gelegentlich Gebrauch davon. Es fällt Klara leichter, Johanns Wünschen und Verlangen zu folgen, wenn sie gleichzeitig mit einem Vibrator stimuliert wird.

Feine Nuancen:
Keine Lust oder das Eingehen auf die Wünsche des anderen
In all unseren Ausführungen haben wir hervorgehoben, dass es im Rahmen von Aufklärung sehr wichtig ist zu sagen, dass niemand etwas tun muss, wozu er oder sie keine Lust hat. Selbstbehauptung und Respekt voreinander spielen dabei eine Rolle. Die folgenden behutsamen Nuancen bieten Sie als Betreuer nur dann an, wenn Sie die Situation so einschätzen, dass die zwei betreffenden Klienten miteinander in ihrer Beziehung umgehen können und auf diesem Gebiet für Betreuung offen sind. Offen für Betreuung im Sinne von: Wenn beide miteinander nicht klarkommen, wird einer von ihnen beim Ratgeber um Unterstützung bitten.

Es geht um folgende Nuance: In einer schon lang bestehenden Beziehung, in der man gut aufeinander eingespielt ist und einander vertraut, muss es für manche Menschen an sich nicht unangenehm sein, ein wenig auf die sexuellen Wünsche des anderen einzugehen, selbst wenn man selbst nicht direkt Lust dazu hat. Wie schlimm ist es, nicht miteinander zu schlafen, wenn der andere es besonders gern will? Und auch: Wie schlimm ist es, miteinander zu schlafen, wenn man keine Lust dazu hat? Wenn man einander liebt, ist es nicht immer schlimm, auf den Wunsch des anderen einzugehen. Wichtig ist dann, zu prüfen, wie man mit dem Verschieben der eigenen Grenzen umgeht. Im Umgang miteinander ist man (nicht nur auf sexuellem Gebiet) ständig mit Grenzen beschäftigt. Es gibt eine Grenze zwischen mir und dem anderen. Der andere darf nicht gegen meinen Willen über meine Grenzen hinweggehen. Manchmal muss ich meine Grenzen angeben. Und manchmal kann ich sie verschieben. Wichtig ist dabei, wie es sich anfühlt und ob ich das Gefühl behalte, ich selbst zu bleiben. Mit extremen Verschiebungen der eigenen Grenzen bewirkt man, selbst zu kurz zu kommen. Mit dem Verschieben der eigenen Grenzen zugunsten des anderen kann man seine Beziehung bereichern und intensivieren. In diesem Sinne kann ein sexueller Kontakt zugunsten des anderen aufgenommen werden: „Ich tu das so gern für dich." „Ich finde es schön, das für dich zu tun." „Ich finde es großartig zu sehen, wie du es genießt." „Dass du mich genießt und es mit mir genießt." Auch hier gilt, dass es von unschätzbarem Wert ist, miteinander über Wünsche zu sprechen und verbal oder nonverbal zu zeigen, was man wünscht und wie man sich fühlt. Alles steht und fällt mit der Kommunikation.

Fantasie und Spannung
Seit Hans ihnen im Bereich der sexuellen Aufklärung Unterstützung angeboten hat, reden Klara und Johann viel mehr miteinander (und zwar nicht nur über Sex!). Die Frequenz der Gespräche mit Hans hat abgenommen, und der Inhalt dieser Gespräche hat sich drastisch geändert. Klara und Jo-

hann sind mündiger geworden. Sie haben größere Regiekompetenz für ihr eigenes Leben gewonnen. Was Hans auch auffiel, ist, dass die Zunahme des Wissens auf sexuellem Gebiet und der angemessene Gedankenaustausch darüber großen Einfluss auf die Psyche der beiden hat. „Ja", sagt Hans zu einer Kollegin, „Körper und Geist gehören zusammen. Ich bin davon überzeugt, dass es großen Einfluss auf das allgemeine Wohlbefinden hat, wenn man sich sexuell in seiner Haut wohl fühlt." „Schreib doch mal ein Buch darüber", reagierte die Kollegin mit humorvollem Unterton.

Das hat Hans allerdings nicht vor. „Ich bin doch nicht verrückt", sagt er noch. Und er merkt, dass Klara und Johann anfangen, andere Fragen zu stellen.

Sie haben in einem Buch etwas über Fantasie gelesen. Dass man, wenn man seine Fantasie in der sexuellen Beziehung auslebt, noch mehr Vergnügen an- und miteinander erleben kann. Johann fragt Hans, was damit gemeint ist. Im ersten Moment scheint das für Hans eine schwierige Frage zu sein. Und das sagt er auch. Klara und Johann finden es sonderbar, dass Hans um eine Antwort verlegen ist. Aber später sagt Hans, dass es um Folgendes geht: Dass man bestimmte Dinge gern mit seinem Partner tun möchte, Dinge, die einem so durch den Kopf gehen, spannende Dinge. Z. B.: Wo schlaft ihr miteinander? Im Bett, im Bad, unter der Dusche? Auf einem Stuhl in der Küche? Im Wohnzimmer auf dem Sofa? Oder am Fenster des Schlafzimmers mit dem Blick nach draußen?

Man schläft doch im Bett miteinander?

Über diese Bemerkung von Hans müssen Johann und Klara staunen. „Sag mal", sagt Johann, „man schläft doch im Bett miteinander?" „Das ist schon recht so", sagt Hans, „aber manche Menschen finden es spannend, es auch noch an anderen Orten zu tun." Johann findet das sehr seltsam. „Komische Menschen", sagt er noch.

„Und weißt du, was man noch häufig hört?" sagt Hans.
„Nein", Johann klingt neugierig. „Dass manche Menschen es aufregend finden, wenn sie an besonderen Orten miteinander schlafen, weil sie dann manchmal daran denken, dass sie vielleicht von anderen gesehen werden können. Sie wollen nicht wirklich gesehen werden, aber allein der Gedanke, dass sie gesehen werden könnten, ist für sie spannend und erregend." Na, dafür findet Johann nur zwei Wörter: „Völlig bescheuert!" Klara reagiert nicht. Sie denkt nach. Sie findet das Thema ziemlich ulkig und spannend, wenn man es mal so sieht.

Was Hans nicht weiß, ist, dass Klara seine Bemerkungen in die Tat umsetzt. Klara findet es spannend, wenn Johann sie vor dem Schlafzimmerfenster „von hinten nimmt". Die Spannung bringt neue Erregung in ihre Beziehung. Johann genießt die Erregung, die er bei Klara erlebt, und findet es sehr schön, dass Klara die Initiative ergriffen hat.

Die Macht der Betreuer

Sie können – womöglich anlässlich von Fragen Ihrer Klientin oder Ihres Klienten – Informationen verschaffen oder das lassen.

Macht ist ein neutraler Begriff. Sie können sie gebrauchen, sie können sie missbrauchen. Hans kann Johann und Klara im Rahmen der sexuellen Aufklärung, eines wichtigen Teils seines Berufs, alles sagen. Er könnte das auch lassen. In beiden Fällen geht er auf sehr unterschiedliche Weise mit beträchtlichen Folgen, enormen Konsequenzen und mit seiner Macht um.

Wissen ist Macht. Hans verfügt über viel Wissen, über viel Macht. Die kann er mit Johann und Klara teilen, er kann es aber auch lassen. Glücklicherweise teilt er seine Macht, seinen Überblick über das Leben. Dadurch erhalten Johann und Klara mehr Regiekompetenz für ihr eigenes Leben. Hans empfindet ein starkes Gefühl, möglichst viel seiner Macht mit anderen zu teilen. Viele Betreuer teilen aber ihre Macht nicht mit ihren Klienten. Wie schade für sie. Und noch bedauerlicher für die Klienten. Denn die sollten, soweit es uns betrifft, so unabhängig wie möglich werden. In dieser Hinsicht werden Klienten durch die Haltung ihrer Betreuer gesteuert. Hans ist sich der Macht, über der er verfügt, sehr bewusst. In der ungleichen Beziehung, die er mit Johann und Klara hat, versucht er, so gleichberechtigt wie möglich mit ihnen umzugehen. Er versucht, in der Abhängigkeit, die er auf ihrer Seite erlebt, so viel Unabhängigkeit wie möglich zu schaffen. Mit Hans haben es Klara und Johann gut getroffen!

Johann und Klara haben sehr viel von Hans gelernt. Sie schlafen nur dann miteinander, wenn beide Lust dazu haben. Sie praktizieren nun mehr als nur die Missionarshaltung, haben Freude daran, sie haben auch manchmal oralen Sex oder lieben sich vor dem Fenster, ohne gesehen zu werden, oder auf dem Sofa, das war eine Idee von Johann. Sie kennen einander auf sexuellem Gebiet viel besser, kennen voneinander Wünsche und Verlangen.

Was den oralen Sex anbelangt: Klara tut es nur, wenn sie Lust dazu hat. Allein wenn sie selbst sehr erregt ist und in Stimmung, kann sie es selbst genießen. Johann hat für oralen Sex eine Vorliebe, das bedeutet ihm „das Schönste der Welt". Wenn sie keine Lust auf mehr hat, masturbiert sie ihn gelegentlich, aber nur, wenn ihr das nicht widerstrebt.

Alle diese Dinge haben sie von Hans gelernt. Das heißt, durch seine Erklärungen über diese Art von Dingen im Allgemeinen kamen sie zur bewussten Auswahl dieser persönlichen Art und Weise, abgestimmt auf ihre individuellen Bedürfnisse. Wie stark ist ein Betreuer, der diese Macht abgeben kann!

Das Erleben, die Atmosphäre ist etwas anderes als Technik

Es gab noch einen Punkt, den Hans aus eigener Initiative an die beiden Partner weitergeben wollte. Dabei ging es um Atmosphäre, um das Erleben.

„Also", hatte Hans gesagt, „jetzt haben wir viel über technische Dinge geredet."

„Technische Dinge?", fragte Klara.

„Ja, wie ihr miteinander schlafen könnt, wie das geht, dass z. B. die Vagina feucht sein muss und über verschiedene Stellungen und darüber, wie das alles so geht. Aber nichts darüber, wie es sich anfühlt. Die Atmosphäre ist sehr wichtig."

Hans spricht noch einmal mit Klara und Johann über das Vorspiel. Und darüber, dass es schön sein kann – noch bevor das Vorspiel beginnt –, miteinander eine angenehme Atmosphäre aufzubauen, es miteinander schön zu haben. Gardinen zu, Kerzen an. Gemeinsam schöne Dinge tun. Einander zuhören. Ein Gläschen Wein dazu. Klara trinkt keinen Alkohol, „aber heiße Schokolade finde ich ganz lecker!", sagt sie strahlend. „Die Geselligkeit, das Beieinandersein, das hat auch mit Sexualität zu tun", sagt Hans. „Wenn ihr das Gefühl habt, dass ihr wirklich beieinander seid, dass ihr etwas miteinander teilt, dann wird es auch mit dem Sex immer schöner", sagt er.

Klara und Johann verstehen nicht alles, sind aber beeindruckt. Denn sie spüren, dass Hans ganz ernsthaft spricht, dass er es meint, ja selbst emotional beteiligt ist und vor allem das Beste für sie will. Das kann man bei Hans immer ganz deutlich spüren. „Gemeinsam etwas tun", sagt Hans, „das ist alle Mühen wert." Was Klara und Johann nicht wissen, ist, dass Hans selbst zu Hause enorme Probleme mit seiner Frau hat. Die hat einen anderen Mann gefunden und wird ihn vermutlich verlassen. Und die Kinder mitnehmen. „Nur über meine Leiche", hatte Hans kürzlich zu seiner Frau gesagt.

Aus purer Lust am Sex – wechselnde Kontakte

So weit die Geschichte von Klara und Johann, die eine Beziehung miteinander haben und es dank der professionellen Unterstützung durch Hans – auch auf sexuellem Gebiet – gut miteinander haben.

Nun ist „eine Beziehung" ein außerordentlich vielfältig interpretierbarer Begriff. Nach allen Seiten offen. Beziehungen machen unser Leben lebenswert.

So gibt es z. B. Menschen mit einer leichten geistigen Behinderung, die, ebenso wie viele Menschen ohne eine geistige Behinderung, einzig oder hauptsächlich wegen Sex Kontakt mit jemandem haben. Rein Sex, um Sex zu haben. Dabei kann es auch um Menschen gehen, die immer denselben Partner aufsuchen.

> „Jost und Martin haben beide sexuelle Bedürfnisse. Sie wohnen miteinander in derselben Wohngruppe. Regelmäßig befriedigen sie einander. Das Team hat klare sexuelle Aufklärung vermittelt. Inzwischen hat man sich im Team mit der Frage beschäftigt, ob die Männer denn mit dieser Situation zufrieden wären oder ob nicht allzu großer Druck auf Jost ausgeübt würde. Bei näherer Betrachtung (einfach ein Gespräch und die Be-

obachtung Martins) schien dies nicht der Fall zu sein. Es ist in Ordnung so, vorausgesetzt dass die Aktivitäten einigermaßen dosiert und in der Privatsphäre stattfinden" (Bosch 1995, S. 109–110).

Jörn, ein junger Mann mit einer leichten geistigen Behinderung, hat Freundinnen, mit denen er regelmäßig sexuellen Kontakt hat. „Ich will mich nicht an jemanden binden", sagt er. Jörn kann übrigens auch nicht besonders gut eine Beziehung führen. Einmal hatte er eine Freundin etwas länger. Er findet es aber schwierig, ungeachtet der angebotenen Unterstützung auf diesem Gebiet, bei ein und derselben Person zu bleiben. Er genießt den Sex mit den diversen Freundinnen. Und die diversen Freundinnen ebenso.

So wie viele andere Menschen (mit einer leichten geistigen Behinderung) verliebt sich Jörn oft und schnell und wendet seine Aufmerksamkeit ziemlich schnell wieder einer anderen Person zu.

Der Betreuer hat Jörn regelmäßig erklärt, wie wichtig die Verwendung von Kondomen ist. Jörn benutzt sie auch immer. Auch mit der Bedeutung von Hygiene hatten sie sich befasst. Und mit der Tatsache, dass das Bedürfnis nach sexuellem Kontakt von beiden Seiten kommen muss, dass Gleichberechtigung dazugehört.

Verschiedene Normen und Werte

Sex aus Lust am Sex. Damit könnten Sie als Betreuer(in) doch ziemlich viel Schwierigkeiten haben. Zum Beispiel weil Sie finden,

- dass Sexualität nur seinen richtigen Ort innerhalb einer (andauernden) Beziehung haben kann;
- dass Sex aus Lust am Sex eigentlich beinhaltet, dass Sie Ihren eigenen Körper und den des anderen nicht respektieren;
- dass die Bibel im Hinblick auf respektvollen Umgang miteinander andere Normen nennt, dass Gott uns andere, sehr bedeutungsvolle Normen mitgegeben hat, die wir auf Erden gestalten können;
- dass Klienten dadurch unnötig verschiedene Risiken eingehen usw.

Diese Themen, die in Beispielen bezüglich Sex um des Sex' willen kulminieren, konfrontieren uns enorm mit unseren eigenen Normen und Werten.

Über die Sexualität eines anderen zu sprechen, ist eigentlich unmöglich, ohne über den eigenen Blick auf Sexualität, Beziehung und Intimität zu sprechen. Wenn wir über andere sprechen, sprechen wir auch über uns selbst. Wir treten dem anderen mit uns selbst entgegen. Es ist sehr leicht möglich, dass Sie enorm viel Schwierigkeiten damit haben, was ein Klient auf sexuellem Gebiet tut, mit dem, was er oder sie sich ausgesucht hat. Dem müssen wir mit Respekt begegnen, denn jeder hat seine eigenen Normen und Werte. Die Kunst besteht darin, glücklich damit zu sein. Und wieder ein anderer kann mit anderen Normen und Werten glücklich sein. Es gibt viele Lebensweisen, die friedlich nebeneinander bestehen können.

Weiter vorn haben wir unsere Vision im Hinblick auf die Wahlfreiheit der Klienten vorgetragen. Der Klient steht im Mittelpunkt. Der Klient bestimmt die Normen. Der Klient ist die Norm. Zusammenfassend möchten wir sagen: „Die Einheitlichkeit kommt im Willen, Vielgestaltigkeit zu garantieren, zum Ausdruck.

„Die Pluriformität gründet darin, dass sie gemeinsam den umfangreichen Schattierungen einzigartiger sexueller Möglichkeiten der Menschen mit einer geistigen Behinderung zu ihrem Recht verhelfen wollen. Menschen sind sehr einzigartig. So wird Pluriformität geschützt, und im Mittelpunkt bleibt immer der eine Mensch mit seinen bzw. ihren Möglichkeiten. Natürlich gibt es Restriktionen: Wenn jemand sich selbst oder anderen sichtbar Schaden zufügt, ist das eine Legitimation, einzugreifen. Hier besteht ein enger Zusammenhang mit dem Maße, in dem ein Klient selbstverantwortete Selbstbestimmung ausüben kann" (Bosch 1995, S. 54).

Wir halten es für wichtig, dass die Mitglieder eines Teams Kenntnis über die von ihnen vertretenen Normen und Werte haben, dass man über den Blick eines jeden auf Sexualität und Beziehung informiert ist. Wenn man einander besser versteht, kann man besser aufeinander Rücksicht nehmen und kann einander besser bei der Beantwortung von Fragen der Klienten auf dem Gebiet von Beziehung und Sexualität ergänzen.

Beziehungen für Menschen mit mäßiger geistiger Behinderung

Persönliche und funktionelle Beziehungen

- Persönliche Beziehungen: Wir haben eine Beziehung zueinander, wir können uns ineinander hineinversetzen, der Kontakt hat einen ziemlich intimen Charakter, eine Färbung und Inhalte, die typisch zu uns gehören. Persönlich, eigenartig, unserer Beziehung gerecht werdend. Es gibt ein Gefühl der Verbundenheit, der Begegnung.

- Funktionale Beziehungen: Wir handeln miteinander auf der Basis von Absprachen. Es ist ein Zusammenspiel, aber doch von einzelnen Personen. Wir gehen eher sachlich miteinander um. In einer funktionalen Beziehung ist auch das Element der Konkurrenz eher vorhanden.

Menschen mit einer leichten geistigen Behinderung finden es schwieriger als Menschen ohne eine geistige Behinderung, sich in einen Partner hineinzuversetzen. Es ist selbstverständlich, dass Menschen mit einer mittelgradigen geistigen Behinderung das noch schwieriger finden, es als noch schwerer erfahren, das Erleben des anderen zu erfassen. Es ist nur natürlich, dass „das gemeinsame Spiel einzelner Persönlichkeiten" hier Vorrang hat. Bei einer Reihe von Paaren mit einer mittelgradigen geistigen Behinderung ist keine Rede von sexuellen Kontakten. Wenn wir dieses konstatieren, halten wir es dennoch für wichtig, möglichst herauszufinden, was die dahinterliegenden Gründe sind. Oft gibt es kein Bedürfnis nach sexuellem Austausch, aber ebenso häufig liegt dieser Form des Zusammenlebens Handlungsverlegenheit und nie erhaltene sexuelle Aufklärung zugrunde. Das Aufspüren der Bedeutung des Verhaltens erweist sich in solchen Situationen in jeder Hinsicht als der Mühe Wert.

Bei einer weiteren Reihe von Personen mit einer mittelgradigen geistigen Behinderung können wir aus dem Umgang miteinander *die Bedeutung des Status* ablesen: Wir haben eine Beziehung!

Hans und Jane führen gemeinsam – mit Unterstützung – einen Haushalt. Die eben genannten Anmerkungen über das Konkurrenzprinzip, die Struktur von Absprachen und die Bedeutung, eine Beziehung zueinander zu haben, sind bei ihnen oft erkennbar: Als Jane einen neuen Rock hat, will Hans eine neue Hose haben. Die Struktur der Absprachen ist klar (wie das auch häufig bei Menschen ohne eine geistige Behinderung vorherrscht): Jane kocht den Kaffee, Hans schenkt den Kaffee ein. Jane kocht, Hans wäscht ab. Auf Empfehlung ihrer Betreuer gibt es eine Liste der anfallenden Arbeiten; ohne Betreuung kommen Hans und Jane nicht gut klar.

Auch das Zusammensein ist mit Unterstützung der Betreuer gut auf den Weg gebracht. Jedenfalls erleben die beiden das Beieinandersitzen im Wohnzimmer, das gemeinsam etwas tun – wenn auch häufig eher nebenals miteinander – als etwas Angenehmes. Aber sie kommen nicht von selbst darauf. Immer brauchen sie einen Anstoß dazu.

Perspektiven von Kontakten

Manche Menschen fragen: „Was ist eigentlich die Bedeutung dieser Beziehung?" Wir sagen darauf als Erstes: „Was ist denn genau die Bedeutung Ihrer Beziehung?" Überdies sind die Inhalte von Beziehungen offenkundig unterschiedlich, eine Beziehung ist persönlicher, eine andere sachlicher. Die Kunst besteht darin, die Perspektive eines Kontakts von zwei Menschen zu betrachten. Hans und Jane sind auf ihre Weise stolz auf ihre Beziehung. Mit Unterstützung ihrer Betreuer unternehmen sie viel zusammen. Ihre Beziehung verstärkt bei beiden das Selbstwertgefühl enorm. Sie ziehen vielerlei Bedeutung aus ihrer Beziehung.

In der Beziehung von Hans und Jane können wir auch von Gleichberechtigung sprechen. Es gibt keinen Zwang. Ja, sie liegen durchaus miteinander im Bett. Nein, sie schlafen nicht miteinander. Sie behalten ihre Pyjamas an. Die Umgebung sollte sich vor moralischer Entrüstung hüten. Beziehungen können auf ganz unterschiedliche Arten gefärbt sein.

Überforderung vermeiden

Die Betreuer von Hans und Jane haben sie sexuell aufgeklärt. Sie fingen an mit Band 3 von „Liebe und Leib": „Sex", in dem es hauptsächlich um sexuellen Verkehr geht. Schließlich liegen die beiden Klienten miteinander im Bett! Dann darf die Bedeutung der Benutzung von Kondomen natürlich auch nicht vergessen werden. Diese Herangehensweise erwies sich – bei allem Respekt – als ziemliche Überforderung.

Solche Fragen stellen sich bei Hans und Jane nämlich gar nicht. Auf einen Video-Film reagierten beide schockiert. Die Betreuerin war überrascht und raufte sich ratlos die Haare.

Es ist eine Kunst, sexuelle Aufklärung immer an die Erlebenswelt und die Fragen eines Klienten anzupassen. Folglich ist es auch sinnvoll, immer mit dem Thema Körperbild zu beginnen (siehe auch Kapitel 3.5.2) so dass Fragen des Hilfebedarfs klarer werden, und, wenn nötig, den hermeneutischen Kreis auf den jeweiligen Klienten anzupassen.

Manche Paare mit einer mittelschweren geistigen Behinderung haben klaren Hilfebedarf im Bereich von Beziehung und Sexualität.

Kommen wir noch einmal auf Vincent und Marion zu sprechen (Kapitel 2.2.2), die auf der Ebene von Aufklärung vielerlei Hilfebedarf zeigten. Vincent, der Marion wie selbstverständlich penetrierte, wenn er Lust dazu hatte, hielt mit ihr zusammen ein sonderbares Vorspiel ab: Er pinkelte auf Marions Vagina und drang in sie ein, nachdem sein Glied steif geworden war. Marion bekam schmerzhafte Beschwerden, machte aber noch entschuldigende Bemerkungen über „Vincents großen Pimmel, der passt nicht". Auf dem Gebiet ihrer Beziehung gab es für Vincent und Marion noch einiges zu erklären.

Die hermeneutischen Kreise für Vincent und Marion
Wenn wir den hermeneutischen Kreis für die 22-jährige Marion ausfüllen, ist Folgendes zu konstatieren:

1. Marion ist körperlich normal entwickelt. Sie menstruiert. Sie hat sexuelle Gefühle. Durch ziemlich ungewöhnliche Umstände hat Marion vaginale Beschwerden entwickelt. Es ist die Rede von Vaginismus.
2. Marion hat ein geistiges Entwicklungsalter von sechs Jahren. Verbal ist sie gut entwickelt. Diesbezüglich wirkt sie ziemlich schlau. Ihr Auffassungsvermögen ist aber weniger weit entwickelt. Hierin liegt die Gefahr, sie zu überfordern.
3. Die emotionale Entwicklung liegt noch niedriger. Emotional gesehen ist die flott sprechende, offenbar sichere Marion ein kleines Mädchen von niedrigem Entwicklungsalter: Vergleichbar mit einem Kind zu Beginn des Vorschulalters von dreieinhalb Jahren. Sie weiß also schon ungefähr, was sich gehört und was nicht, aber sie verfügt im Umgang mit anderen Menschen, wie Vincent, nicht über die Stärke, sich entsprechend zu verhalten. Marion verfügt nur über geringe Belastbarkeit, ist schnell angespannt, sie benennt ihre Grenzen nicht (jedenfalls nicht in der Beziehung zu Vincent, was sich fatal auswirkt). Marion ist wenig bis gar in der Lage, sich zur Wehr zu setzen.

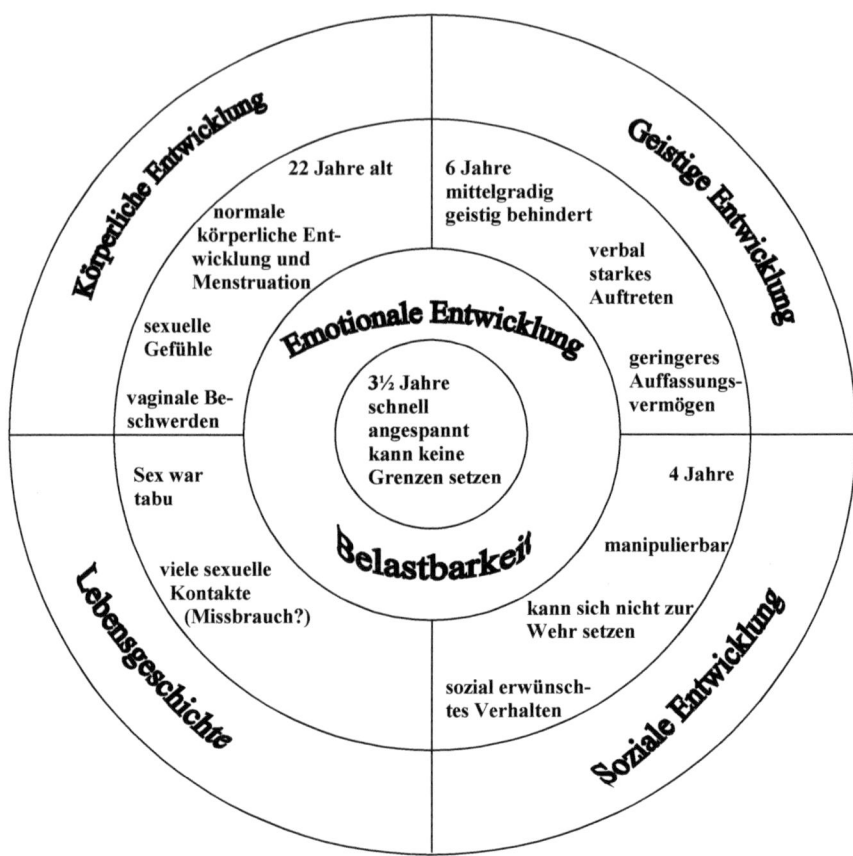

Abbildung 8: Der hermeneutische Kreis für Marion

4. Sie zeigt eine damit verbundene soziale Entwicklung von drei Jahren. Offenbar verhält sich Marion ziemlich sozial: Sie ist hilfsbereit, fürsorglich und hat, dank einem liebevollen Milieu, in dem sie aufwuchs, „gute Manieren". Mit diesen Umgangsformen schneidet Marion im Umgang mit anderen Menschen gut ab. In der Vergangenheit hatte Marion folglich auch viele Freunde und sexuelle Kontakte. Es entstand aber der Eindruck, dass diese Freunde Marions gute Manieren missbrauchten. Einen Freund haben: Das gehört sich so, das ist Status. Folge war, dass Marion in ihrer Auswahl nicht besonders wählerisch war. Marion verhält sich offenbar sozial adäquat: Was sie zeigt, ist häufig sozial erwünschtes Verhalten. Wie ein Chamäleon folgt sie dem, was die Umgebung verlangt. Sie benennt keine Grenzen, sie reagiert auf das, was andere von ihr erwarten: Sie ist manipulierbar.

5. Marion hat während ihrer Erziehungs- und Entwicklungsgeschichte ein liebevolles häusliches Milieu erlebt, in dem man guten Manieren viel Aufmerksamkeit schenkte. Sex war tabu. Glücklicherweise konnte sie

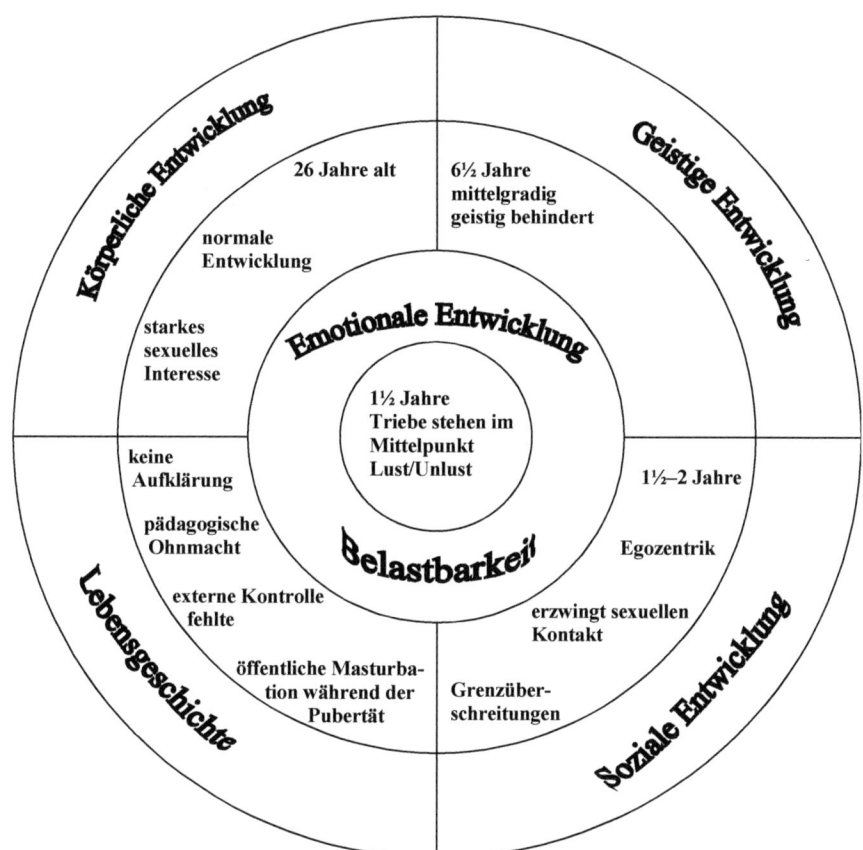

Abbildung 9: Der hermeneutische Kreis für Vincent

hierüber aber mit ihrer Schwester reden, mit der sie eine vertrauensvolle Bindung hatte. Dadurch wurde Sexualität offen ansprechbar. In der Praxis hat Marion viele sexuelle Erfahrungen gemacht und viel gelernt. Ob das allerdings sexuelle Erfahrungen sind oder sexueller Missbrauch, das wird nicht immer deutlich. Während der sexuellen Aufklärung konnte sie ziemlich viele Dinge benennen, z. B. Blasen. Marion wurde zu Hause zu spontanem Verhalten angeregt. Dadurch hat sie eine offene, positive Ausstrahlung.

Wenn wir den hermeneutischen Kreis für den 26-jährigen Vincent anwenden, ist Folgendes zu konstatieren:

1. Vincent ist körperlich normal entwickelt. Sein Sexualtrieb ist stark entwickelt.

2. Vincents geistiges Entwicklungsalter liegt bei sechseinhalb Jahren.

3. Er zeigt ein emotionales Entwicklungsalter, das weit darunter liegt. Vincents Triebe stehen im Mittelpunkt: Wenn er Lust verspürt, muss diese

so schnell wie möglich befriedigt werden. Vincent reagiert unmittelbar. Seine Triebe erlauben kaum Aufschub. Bei Kritik setzt er sich zur Wehr. Er befindet sich in emotionaler Hinsicht also in der oralen und analen Phase (Baby- bzw. Kleinkindniveau) von anderthalb Jahren.

4. Damit verbunden ist auch Vincents soziale Entwicklung. Er kann sich angesichts seines Egozentrismus nicht in einen anderen Menschen hineinversetzen. Er lässt – sozial – aus sich raus, was ihn – emotional – bewegt. Er erzwingt folglich auch Geschlechtsverkehr ohne zu berücksichtigen, dass das manchmal unerwünscht ist, wirklich grenzüberschreitend. Vincent kann nicht anders.

5. In seiner Erziehungs- und Entwicklungsgeschichte hat Vincent keine sexuelle Aufklärung erhalten. Sein Vater starb vor vielen Jahren, er war für Vincent eine externe Kontrollinstanz gewesen. Seitdem lief es mit Vincent nicht so gut. In der Pubertät masturbierte Vincent öffentlich auf der Straße. Er kam regelmäßig mit der Polizei in Berührung. Seine Mutter fühlte sich pädagogisch machtlos; im Zuge einer Krisenintervention kam Vincent in eine klinische Einrichtung. Nach jahrelangen Problemen, insbesondere rund um Sexualität und Beziehungen, ist einiges doch besser geworden: In einer Beziehung scheint Vincents Sexualtrieb nun doch regulierbar; es bedarf dazu aber einer fortwährenden externen Kontrolle, eines positiv steuernden externen Gewissens.

Wenn wir die zwei hermeneutischen Kreise, die zwei Geschichten von Vincent und Marion nebeneinander legen, erkennen wir, dass beide in ihrer Kommunikation an Missverständnissen scheitern werden und dass ihre Beziehung zum Misslingen verurteilt ist. Ihre Beziehung bleibt dann etwas Unerreichbares. Sie können einander nicht verstehen. Das allzu willige Opfer Marion, eine junge Frau, die überall mitmacht, ausgeliefert an den triebhaft eingestellten Vincent, der wie selbstverständlich nimmt, „was ihm zusteht". Bei so viel Fügsamkeit bleibt einem so primär eingestellten jungen Mann wenig anderes als Grenzüberschreitung – ein Teufelskreis. Betreuer können Vincent und Marion aber helfen, einander (doch noch) hinreichend zu verstehen, sie derart unterstützen, dass sie doch ein Gefühl von Zugänglichkeit erlangen. Auf der Ebene der Aufklärung und der Bildung einer Beziehung wird viel zusätzliche Unterstützung nötig sein.

Wenn wir diese zwei Lebensgeschichten, diese zwei Personen, diese zwei hermeneutischen Kreise nebeneinander stellen, sehen wir ein Bild der Unzugänglichkeit. Wie sollen Menschen mit derartigen hermeneutischen Kreisen ohne Unterstützung etwas voneinander verstehen können? Dafür sollen die Betreuer wohl Zeit bereitstellen!

Methodisches Vorgehen
Auch bei Vincent und Marion erwies sich, dass sie überfordert waren. Ihre Umgebung hatte zwar den Eindruck, dass die beiden durchaus wussten, wie

man miteinander schlafen kann, wie das alles geht. Aber es zeigte sich, dass dies nicht der Fall war. Marion entwickelte dadurch vaginale Beschwerden und wurde mit der Zeit depressiv.

Die Betreuerin von Vincent und Marion verabredete mit beiden Partnern, sexuelle Aufklärung zu machen, und zwar für beide gleichzeitig, „Schrittchen für Schrittchen, nicht zu viel auf einmal". Schrittweise sah das im Falle von Vincent und Marion ungefähr folgendermaßen aus:

– *Mit dem Körperbild beginnen (vgl. Kapitel 3.5.2).* Die Betreuerin hat sich mit Marion und Vincent mit der Frage beschäftigt, ob sie ihren eigenen Körper und den des anderen kennen. Wie alles so aussieht, wie alles funktioniert. Dabei hat sie wieder Bilder und Filme eingesetzt. Diese Erklärungen förderten einige Fragen zu Tage. Es wurde nämlich schnell klar, dass Marion nicht wusste, was ein Orgasmus ist, und nicht über die Funktion der Klitoris informiert war. Marion ist erstaunt. Es stellt sich heraus, dass sie schnell erlernt, wie man einen Orgasmus bekommt. Auch Vincent ist erstaunt. Dass er seine Freundin verwöhnen kann, indem er ihrer Klitoris Aufmerksamkeit schenkt, ist etwas Neues für ihn. Auch erwies sich, dass Vincent nicht recht wusste, wie man seinen Penis gut sauber hält. Als sie sich mit dem Körperbild und mit Masturbation beschäftigten, sprach die Betreuerin mit den beiden auch darüber, wie wichtig es ist, Rücksicht aufeinander zu nehmen. „Wenn du keine Lust hast, mach es nicht." „Wenn der andere keine Lust hat, mach es auch nicht."

– *Zusammenleben.* Wie nimmt man aufeinander Rücksicht? Für Marion liegt der Akzent auf dem Thema Selbstbehauptung (siehe auch Kapitel 3.5.5). Nein sagen, Grenzen setzen und darauf auch stolz sein, all das wird besprochen. Dazu zeigt die Betreuerin Bilder erwünschter und unerwünschter Verhaltensweisen. Vincent ist bei diesen Erklärungen auch dabei. Die Betreuerin bekräftigt gewünschte Reaktionen von Vincent und Marion besonders positiv. Bei Fragen des Zusammenlebens auf positive Weise spricht die Betreuerin nicht allein das Thema Sexualität an. Auch Themen wie „wer tut was und warum?" (eine gerechte Aufgabenverteilung, Vincent und Marion erweisen sich als sehr sensibel dafür), „wie trifft man miteinander Absprachen?", „wann ist man allein, wann zusammen?", „weißt du, was der andere gerne möchte, was er oder sie schön findet?" All das wird besprochen, und zwar mit recht hoher Betreuungsintensität, einmal pro Woche.
Für Vincent liegt der Akzent darauf, wie man Rücksicht auf den anderen nimmt. Nicht miteinander schlafen, wenn die Partnerin das nicht möchte, nicht immer fernsehen, wenn die Partnerin das nicht möchte, Fragen, ob Marion etwas tun möchte. In den wöchentlichen Gesprächen erkundigt sich die Betreuerin bei den beiden, wie es gelaufen ist: Das Nein-Sagen und das Rücksicht-Nehmen aufeinander. Dabei geht sie nicht allzu sehr auf das ein, was nicht geklappt hat, sondern bestätigt gelungene Handlungen auf sehr positive Weise.

„Ich hab gesagt, dass ich nicht im Garten sitzen wollte", sagt Marion. „Das hast du großartig gemacht", sagt die Betreuerin.

„Ich wollte mit Marion zusammen sein, aber Marion wollte nicht", sagt Vincent, „da bin ich nach oben gegangen, Fußball gucken." „Das hast du prima gemacht", sagt die Betreuerin und gibt ihm einen herzlichen Klaps auf die Schulter.

− *Miteinander schlafen.* In den Gesprächen mit der Betreuerin lernen Vincent und Marion, über Sex zu sprechen. Denn das hatten sie eigentlich noch nie getan. Es gab bis dahin − mit gewisser Selbstverständlichkeit − nur einige routinemäßige Handlungen. Marion ging, mal mehr, mal weniger gezwungenermaßen, ins Bett, Vincent drang in sie ein und das wars. Mit allen bekannten Folgen. In Anbetracht der absonderlichen Weise, in der das Vorspiel bis dahin stattfand (Vincent pinkelte auf Marions Vagina), widmete die Betreuerin der Erklärung des Vorspiels extra Zeit. Das ist weniger einfach als bei den leicht geistig behinderten Chris und Petra (Kapitel 3.5.4). Vincent und Marion haben eine mittelgradige geistige Behinderung. Die Bedeutung sehr konkreter Erklärungen, schrittweisen Vorgehens und vieler Wiederholungen steigt bei sinkendem Entwicklungslebensalter.

Die Bedeutung (der Kenntnis) des Vorspiels

„Wie könnt ihr Euch lieben?", fragt die Betreuerin. „Na, man liegt aufeinander", sagt Vincent, „und dann kann man poppen." „Ja, das ist vielleicht schon schön, aber es geht noch viel besser", sagt die Betreuerin. „Seht mal her, hier sind zwei Menschen, die sich sehr, sehr lieb haben", sie zeigt Bilder von Menschen, die einander küssen und streicheln.

Schritt für Schritt erläutert die Betreuerin, was zu sehen ist. „Hier legt jemand den Arm um die Schulter des anderen. Seht mal, er küsst sie auf die Wange. Macht ihr das auch manchmal?" Doch. „Wie hat euch das gefallen?" Marion fand das ganz schön, Vincent fand es nicht besonders (Die Betreuerin spricht nun darüber, die Wünsche des anderen zu berücksichtigen, aufeinander zu hören: „Es ist schön, wenn man tut, was der andere gerne möchte."). Es wird über das Küssen gesprochen. Sie reden darüber, wie es ihnen gefällt. Auch über Streicheln sprechen sie.

In der Erfahrung hat sich gezeigt, dass es bei Menschen mit einer mittelgradigen oder schweren geistigen Behinderung empfehlenswert sein kann, ein Album anzulegen. Das ist ein Buch, in dem Bilder von Menschen, „die lieb miteinander sind", die einander auf angenehme Weise berühren, gesammelt werden. Solche Bilder kann man zuhauf in Wochenzeitschriften finden. Auf diese Bilder, die von den Klienten selbst ausgesucht worden sind, kann man während der Aufklärung regelmäßig zurückgreifen und die Kraft der Wiederholung nutzen. Das Album wird zum persönlichen Bilderbuch. Einander streicheln: Es scheint eine regelrechte Streichelstunde zu werden. Sie sprechen über Streicheln über den Rücken, mit Bekleidung. „Gefällt dir das?"

„Wie fühlt es sich an?" „Wie ist es ohne T-Shirt?" „Ist es schön?" „Wie macht ihr das?" „Fest oder sachte?" Marion findet behutsames Streicheln ziemlich gut. Und es ist für sie auch schön, wenn Vincent sie ein bisschen kitzelt. Davon muss sie manchmal lachen, aber es verschafft ihr auch ein schönes Gefühl. Vincent ist sehr erstaunt über das, was er zu hören bekommt. Alles ist neu für ihn. Aber er findet es auch „ziemlich witzig". Die Betreuerin empfiehlt ihnen, diese Dinge miteinander zu üben, einfach auszuprobieren und einander sagen, was man schön findet.

Ein anderes Mal sagt sie: „Man kann beim Streicheln mit der Hand auch etwas tiefer gehen. Die Brüste streicheln, den Bauch streicheln. Dann kommt man wie von selbst zur Vagina oder zum Pimmel." Noch einmal spricht sie über die Bedeutung einer feuchten Vagina.

Beachtenswert ist, dass die Betreuerin im Kontakt mit Vincent und Marion immer wieder nachfragt, worüber sie miteinander gesprochen hatten. „Wie ging es mit dem Streicheln?" „Wie gefiel euch das?" „Was war schön?" „Was nicht?" „Sagt ihr euch das dann?" So wird aus sexueller Aufklärung echte Praxislektion.

Bemerkenswert ist auch, dass die Betreuerin alles so konkret wie möglich benennt. Also: „Auf die Vagina pinkeln, Vincent, nein, das darfst du nicht tun. Das ist nicht gut. Das ist nicht erlaubt."

Hier wurde nun für das Thema Vorspiel viel mehr Zeit als in dem vorherigen Beispiel bereitgestellt. Es gab kleinere Einheiten und immer die Frage, ob beide Partner verstehen, worum es geht. Und Nachfragen, wie etwas sich anfühlt, ob es schön ist, ob nicht. Und beiden Gelegenheit bieten, zuzuhören, was der andere schön findet und gern oder absolut nicht möchte. Und ganz viele Wiederholungen. Denn Vincent und Marion sind Menschen mit einer mittelgradigen geistigen Behinderung.

Zur Unterstützung: Ein befristetes Verbot von Geschlechtsverkehr
Beim Blick auf Vincents emotionales Entwicklungsalter und auf seine Geschichte (und die übrigen Angaben in seinem hermeneutischen Kreis) ist es vielleicht besser zu verstehen, dass er ziemlich „schwanzfixiert" ist. Liebe mit Marion bedeutet für Vincent: seinen Pimmel so schnell wie möglich in ihre Vagina zu bringen, so schnell wie möglich seine Triebe zu befriedigen. Darüber spricht die Betreuerin mit den beiden: Dass dieses „so schnell wie möglich vögeln" meistens nicht das direkte Ziel des Miteinander-Schlafens ist. Daher bringt sie ausführliche, detaillierte Erklärungen über die Bedeutungen des Vorspiels.

Wenn wir Marions emotionales Entwicklungsalter und ihre Geschichte (und die übrigen Angaben in ihrem hermeneutischen Kreis) ansehen, ist es vielleicht etwas besser zu verstehen, dass sie so schwer nein sagen und ihre Grenzen setzen kann.

Beide Kreise miteinander verweisen auf extra Unterstützung durch die Betreuerin auf dem Gebiet des Knüpfens und Unterhaltens von Kontakten, jedenfalls auf sexueller Ebene. Daher – und nach Beratung mit dem Pädagogen – wird Vincent ein „zeitweises Vögelverbot" auferlegt (vögeln ist die von den beiden verwendete Terminologie). „Wisst ihr", sagt die Betreuerin, „Vincent will immer schnell vögeln, Marion kann schwer nein sagen. Ihr sollt üben, ein Vorspiel zu machen, und vielleicht ist es gut, wenn ihr eine Weile nicht miteinander vögelt. Also natürlich lieben, kuschelig beieinander liegen, liebe Dinge tun, aber wirklich vögeln, das sollt ihr ein Weilchen nicht."

Zur Unterstützung wird diese Erklärung von der Betreuerin buchstäblich auf einen Kalender geschrieben. Ein Datum wird angekreuzt. Bis zu dieser Zeit gilt: Kein Penis in die Vagina.

Bei mehreren Paaren mit (auch ohne!) eine geistige Behinderung wurde ein befristetes Verbot von Geschlechtsverkehr durchgeführt. Häufig kommt auch folgende Lösung vor: Nur montags und freitags oder nur am Wochenende. Die Erfahrung hat uns gelehrt, dass das Ruhe verschaffen kann.

Ein befristetes Verbot von Geschlechtsverkehr beinhaltet viele Vorteile:

- Mancherlei Anspannung wird vorgebeugt: Die Anspannung, schnell Geschlechtsverkehr haben zu wollen, die Anspannung, die es mit sich bringt, immer nein sagen zu müssen, Leistungsdruck wird vermieden, nichts muss sein.
- Es gibt eine „legitime Zeit" (denn das ist verabredet), sich bewusst mit anderen Dingen zu beschäftigen (und nicht ans Miteinander-Schlafen denken zu müssen). Es gibt größere Aufmerksamkeit füreinander, mehr Zeit, in der man einander Genuss bereiten und lernen kann, besser auf den eigenen Körper zu hören: Wie reagiert mein Körper auf sexuelle Erregung? Wie reagiert der Körper meines Partners auf sexuelle Erregung? Welche Stellen sind besonders empfänglich? Welche nicht? So erweist sich – wie so oft –, dass für Marion ein längeres sexuelles Vorspiel enorm wichtig ist. Und dabei ist klitorale Stimulation („mit meinem Kitzler spielen", wie Marion das nennt), wenn sie es möchte, sehr wertvoll. Zu beachten ist, dass Marion dieses Wissen erst durch diese sexuelle Aufklärung erfahren hat. Sie ist erwachsener und ruhiger dadurch geworden.
- Man lernt so – wie basal oder einfach auch immer – miteinander zu sprechen, lernt, über Sex zu sprechen, und schult die Aufmerksamkeit, einander zuzuhören.
- Eine ganze Reihe von Menschen erlebt ein befristetes Verbot des Geschlechtsverkehrs als etwas Spannendes, sogar als etwas besonders Reizvolles. Das vergrößert dann geradezu das Gefühl, einander zu genießen, und der schließlich folgende genitale Kontakt gewinnt an Wert.

Über Sex reden lernen

Die Betreuerin spricht mit Vincent und Marion regelmäßig über deren Erfahrungen mit dem Vögelverbot. Sie bespricht mit ihnen, was sie miteinander erleben. Diese Unterstützung ist nötig. Denn über Sex sprechen lernen, ist sehr schwierig. Anfangs finden diese Gespräche einmal in der Woche statt.

Ein Beispiel für eine Befragung Schritt für Schritt:

„Vincent, was findest du schön?"
„Gemütlich mit Marion kuscheln."
„Findest du es schwierig, nicht zu vögeln?"
„Sehr schwierig."
„Ja, das kann ich genau sehen", sagt Marion.
„Wie denn?" fragt die Betreuerin.
„Na ja, er hat dann immer einen steifen Pimmel. Was kann er da machen?"
Das beschäftigt auch Vincent. Die Betreuerin weiß Rat.
„Wenn Vincent nicht mit seinem Pimmel in deine Vagina kommen darf, kann er doch selbst mit seinem Pimmel spielen, während er neben dir liegt."
Sie kommt noch einmal auf die ersten Gespräche, die sie miteinander über Körperbild, Masturbation und Aufmerksamkeit füreinander hatten, zurück.
„Vincent hat schließlich Lust dazu, er ist ziemlich erregt, das sieht man genau an seinem Pimmel. Aber es gibt mehrere Möglichkeiten, sich zu verwöhnen."

Auf diesen Gedanken waren die zwei geistig behinderten Partner selbst nicht gekommen. Sie setzen es in die Praxis um. Es fällt auf, dass sie Vieles von dem, was ihre Betreuerin ihnen vorschlägt, in die Praxis umsetzen. Die meisten Menschen mit einer mittelschweren geistigen Behinderung sind – bei allem Respekt – nicht von allein so kreativ. Viele Verhaltensmuster, die angeboten werden, führen sie auch aus.

In den kurzen Gesprächen kommen unter anderem folgende Themen an die Reihe:

– Was gefällt dir gut?
– Was gefällt dem anderen gut?
– Wie kannst du das dem anderen sagen?
– Wie fühlst du, dass du etwas nicht willst?
– Woran merkst du das?
– Tut dann etwas weh?
– Wirst du dann nervös?
– Oder traurig?
– Es ist gut, wenn du das sagst!
– Es ist gut, wenn du darauf hörst!

Insbesondere in der Anfangszeit ist eine intensive Begleitung nötig! Aber die soll Spaß machen und Resultate bringen. Vincent und Marion sind in ihrer Beziehung viel zufriedener und stolz geworden. Mit der Zeit sind Marions vaginale Beschwerden verschwunden. Das ging nicht ohne Widerstände. Besonders zu Gunsten von Vincent erwies sich eine Unterstützung durch ein Token-System als notwendig. Aber heute tritt Marion als Gastdozentin in einem Folgekurs sexueller Aufklärung in der Wohnstätte, in der sie wohnt, auf. Sie erzählt vor allem etwas über das Vorspiel. Davon weiß sie nämlich eine Menge.

Ein Token-System zur Unterstützung des befristeten Verbots von Geschlechtsverkehr

Es ging nicht ohne Widerstände, haben wir eben geschrieben. Jedenfalls findet Vincent es schwierig, sich zurückzuhalten, manchmal verspürt er die Neigung, „Marion zu nehmen". Sich zu masturbieren scheint eine schöne Alternative zu sein – auch Marion findet es gut – doch für den primär lebenden Vincent nicht gut genug. Die Betreuerin führt ein Token-System ein (siehe Kapitel 2.4.2). Sich zurückzuhalten – wenn Marion nicht will, dass er in sie eindringt – führt zu einer Belohnung. Das wird täglich bewertet. Wenn es gelingt, gibt es ein Bild. Und dies geschieht während eines ernsten kurzen Gesprächs. Gelingt es nicht so gut, weil Vincent sich während des Tages doch ziemlich aufdringlich zeigte, dann bekommt er während des ernsten Gesprächs kein Bild, es wird aber die Erwartung ausgesprochen, dass es morgen doch gelingen wird.

Zehn Bilder ergeben eine Belohnung ... etwas Schönes mit Marion zusammen tun. Einen Ausflug machen. Vielleicht auch etwas auf sexueller Ebene. Aber nur, wenn Marion das möchte. Wenn sie sieht, wie Vincent sein Bestes gibt, ist Marion zu Nachgiebigkeit geneigt. Das scheint der Beziehung zugute zu kommen.

Sexuelle Variationen zur Unterstützung des befristeten Verbots von Geschlechtsverkehr

Während eines Gesprächs über das befristete Verbot von Geschlechtsverkehr schildert die Betreuerin den beiden, dass es mehrere Möglichkeiten gibt, sich oder einander sexuell zu genießen. Das führt dann zum Thema „Sexuelle Variationen". Bewusst entscheidet sich die Betreuerin dafür, nicht ausführlich allerhand sexuelle Haltungen wie „von hinten", „auf dem Mann reiten" oder orale und anale Variationen zu besprechen. In dieser Hinsicht fürchtet sie Überforderung, bedenkt man, wie es um die beiden steht (siehe die zwei hermeneutischen Kreise). Beide sind doch ziemlich verletzlich, denkt sie. Sie überlegt Folgendes: Ich sollte besser beim Erlebensniveau der beiden Partner anschließen. Sie fühlt sich zu schnell genommen, er nimmt sie zu schnell, aber wir wollen eine Konfrontation vermeiden. So rät sie ihnen, einander bei erwachenden Bedürfnissen gegenseitig als Alternative zu masturbieren. Damit knüpft sie an ihre Fähigkeiten an, schließlich können sie bereits masturbieren. Also können sie es auch füreinander tun. Die beiden erleben das als eine wunderbare Alternative, auf die sie selbst nicht gekommen waren.

Beziehungen für Menschen mit einer schweren geistigen Behinderung

Im vorherigen Kapitel schrieben wir: Menschen mit einer leichten geistigen Behinderung finden es schwieriger als Menschen ohne eine geistige Behinderung, sich in einen Partner hineinzuversetzen. Es ist selbstverständlich, dass Menschen mit einer mittelgradigen geistigen Behinderung das noch schwieriger finden, es als noch schwerer erfahren, das Erleben des anderen zu erfassen. Es ist nur natürlich, dass „das gemeinsame Spiel einzelner Persönlichkeiten" hier Vorrang hat.

Menschen mit einer schweren geistigen Behinderung erleben sich selbst – im Vergleich mit den vorgenannten Gruppen – noch stärker als Mittelpunkt, als Zentrum der Welt. Ihnen fällt es doch sehr schwer, sich in jemand anderen hineinzuversetzen. Das ist nur logisch, wenn man egozentrisch eingestellt ist. Beziehungen im Sinne von „Wir haben etwas miteinander, wir gehören zusammen, wir haben eine feste Beziehung, schlafen auch miteinander" (Freundschaft, feste Beziehung und miteinander schlafen) kommt bei dieser Gruppe von Menschen nicht häufig vor.

Mit diesen Bemerkungen wollen wir nicht leugnen, dass eine Reihe von Menschen mit schwerer geistiger Behinderung einen Freund oder eine Freundin hat. Viele von ihnen zeigen sozial angepasstes Verhalten, sozial erwünschtes Verhalten, indem sie in ihrem Leben wichtige Menschen imitieren oder von ihnen als Modell lernen.

„Wir sind Freunde"

Hans und Louis besuchen einander regelmäßig. Sie sind Freunde. Sie haben sich in einem Verein kennen gelernt und finden einander nett. Sie sehen gemeinsam fern und besuchen denselben Club. Hans und Louis hatten sexuelle Aufklärung. Louis befriedigt sich selbst, Hans nicht. Sie haben nicht das Bedürfnis nach Sexualität miteinander, besuchen einander nicht deswegen. Aber sie möchten gern zusammen wohnen, denn das empfinden sie als gesellig.

Grenzüberschreitungen

Weiter oben schrieben wir, dass bei den meisten Menschen mit einer schweren geistigen Behinderung keine internalisierte Normen- und Werteentwicklung in Gang gekommen ist. Viele von ihnen kennen es nicht, dass ihr Gewissen zu ihnen spricht. Bei einer ziemlichen Anzahl von ihnen hängt das mit ihrem sozial-emotionalen Funktionsniveau zusammen. Diese Menschen finden es schwierig, die Grenzen anderer zu berücksichtigen, wenn sie Lust verspüren. Das zeigt sich dann in grenzüberschreitendem Verhalten.

So steigt Theo in die Betten von Mitbewohnern. Er sucht die Menschen auf, die sich nicht so gut wehren können, und nähert sich ihnen sexuell. Die

Betreuung versucht, Theos sexuelle Bedürfnisse positiv zu kanalisieren (Masturbation ist okay) und tritt selbst als externes Gewissen auf: Dies gehört sich und das gehört sich nicht.

Nicht denken, sondern tun

Birgit, Sandra, Matthias und Jan, Jugendliche mit schwerer geistiger Behinderung, wohnen seit kurzem in einer Einfamilienwohnung. Es gibt Probleme. Matthias, sehr mit Selbsterkundung beschäftig, masturbiert seit kurzem. Er findet es schön, spannend und hört überhaupt nicht wieder damit auf: Das sehen wir bei Menschen mit einer schweren geistigen Behinderung häufig. Der Trieb steht regelmäßig im Zentrum, und oft fehlt es an Normen- und Wertebewusstsein. Anfangs ließ die Betreuung einiges durchgehen, aber dann zieht Matthias seine Hose auch im Wohnzimmer runter und zeigt seinen Penis. Die Frauen sind interessiert, sie lachen darüber. Jan fühlt sich unbehaglich. Er zieht sich zurück.

„Müssen wir Aufklärung anbieten?", fragten sich die Betreuer. „Wie sehen wir die Dinge?" Allerhand Fragen stellen sich wieder und wieder, aber es bleibt allein beim darüber Sprechen.

Matthias entwickelt sich auf sexueller Ebene weiter. Er hat im Fernsehen gesehen, dass man ohne Kleidung aufeinander liegen kann. Das möchte er auch einmal mit Sandra ausprobieren. Die findet das durchaus gut. Die Betreuerin kommt ins Zimmer und findet die beiden nackt im Bett. Sie reagiert wütend. „Macht, dass ihr nach unten kommt!" Unten erwartet die beiden eine Predigt über Lieben und Verhütungsmittel, vielerlei schwierige Wörter. Jedenfalls scheint etwas, dass sie schön finden, nicht erlaubt zu sein. „Dann müssen wir es eben heimlich tun", sagt Sandra später zu Matthias, „wenn die Betreuer weg sind, abends."

Die beiden treffen einander regelmäßig. Matthias wird sterilisiert. Aufklärung gibt es weiter nicht. Es wird auch nichts eingeschränkt. Sterilisation, das ist ein Freibrief (buchstäblich und im übertragenen Sinn): Tun und Lassen was man will, und Eltern und Betreuer verschließen die Augen, ohne dass Normen und Werte vorgebracht werden und ganz offen Aufklärung erteilt wird.

Sandra findet es gut. Dann muss es Birgit doch auch gefallen. Davon geht Matthias aus. Ungefragt kriecht er zu ihr unter die Decke. Was dort genau geschieht, wissen die Betreuer nicht, aber Birgit reagiert ernstlich verwirrt, in letzter Zeit schlägt sie mit ihrem Kopf gegen die Wand! Jan fängt auch an, sich ängstlich zu verhalten. Nun wird das Thema (endlich!) ernst genommen: Das Team lässt sich auf dem Feld von Sexualität und Beziehung von Menschen mit einer geistigen Behinderung fortbilden. Konkret beschäftigt man sich mit der Frage: „Wie gebe ich sexuelle Aufklärung?"

Die Moral dieser (wahren) Geschichte lautet im Hinblick auf die Betreuer: Erteile jedem sexuelle Aufklärung, das ist jedermanns Recht. Warte nicht, bis etwas geschieht. Aufklärung hat eine gute präventive Wirkung. Durch offene Aufklärung lernen Menschen, sich auf angenehme Weise zu beherrschen. Es klingt paradox, aber seien Sie offen! Durch Offenheit setzen Sie Grenzen.

Die Moral der vorangegangen Geschichte im Hinblick auf Beziehungen von Menschen mit einer schweren geistigen Behinderung: Inwiefern können wir bei ihnen von Beziehungen sprechen? Häufig entspricht das nicht unseren Normen und Werten, vielleicht müssen wir damit etwas zurückhaltender sein. Natürlich steht der Klient im Zentrum, er muss aber durch allgemeingültige Normen und Werte eingegrenzt werden: Wo jemand einem anderen schadet, müssen wir eingreifen (Prinzip der Gleichwertigkeit). Zu jedermann erwünscht oder unerwünscht ins Bett steigen: Da müssen wir eingreifen und erklären.

Die Brückenfunktion der Betreuer

Ein Klient ist sehr von seinem Betreuer abhängig: Der sagt ihm, was sich gehört und was nicht, was lieben ist, masturbieren (davon haben Matthias und seine Freundinnen wirklich nichts verstanden). Wo man sich liebt, wie oft. Denn Matthias und Sandra können es nicht selbst entscheiden, können den Konflikt nicht lösen. Dann muss man als Betreuer Unterstützung anbieten. Der Betreuer hat häufig eine Brückenfunktion, manchmal beim Knüpfen von Kontakten, manchmal beim Unterhalten von Beziehungen.

Zum Begriff Brückenfunktion:

„Ich hab mich verliebt!", ruft Toni durch den Flur. „In Marlen von nebenan. Also muss ich Kondome haben." „Hoho", sagt Erik, sein Betreuer. „Setz dich mal, erzähl mir davon." Toni erzählt, dass er „Schmetterlinge im Bauch hat, alles wegen Marlen, ich hab eine Freundin, ich brauche Kondome." Erik versucht, das Ganze etwas klarer zu bekommen. „Du bist verliebt, Toni, das ist ein tolles Gefühl. Das kann jedem passieren. Ich bin auch mal verliebt gewesen, aber nicht in Mädchen, sondern immer in Jungs."
„Hast du dann auch immer Kondome genommen?"
„Wieso?", fragt Erik.
„Na ja, das hab ich im Fernsehen gesehen", sagt Toni. Er bezieht sich auf die Werbekampagne für Safersex, in der Kondome beworben werden.
Erik hört sich das an. „Weiß Marlen schon davon, von deinen Gefühlen ... ?" „Nein, das nicht, aber sie weiß es doch." Toni sieht jetzt ganz entschieden aus. „Nun ja", sagt Erik, „wenn du ihr das nicht erzählst, dann weiß sie es nicht, stimmt's! Aber warum fragst du immer nach den Kondomen?" „Wegen der Sicherheit! Dann bekommt Marlen keine Angst, dann ist sie bei mir sicher ..." Nun schaut Toni ganz ernst.

Erik versteht jetzt, dass Toni ein Wort aus der Werbung aufgeschnappt hat, dass ihn ziemlich anspricht. Er realisiert, dass der Beginn eines Kontakts viel Unterstützung braucht. Als Erstes sagt er, dass Toni Marlen begrüßen sollte oder ein Gespräch mit ihr anfangen.

Nach zwei Wochen hat das geklappt. Toni hat Marlen zum Kaffee eingeladen, er ist überglücklich. Erik unternimmt weitere Versuche.

„Küsst ihr euch?"

„Bäh, sag mal! Das tun wir nicht."

„Mh, oder berührt ihr einander?"

„Berühren? Wir trinken doch Kaffee! Dann berührt man sich doch nicht, oder? Dann fällt uns doch der Kaffee runter! Du bist ganz schön dumm, Erik." Beide müssen ein bisschen über den dummen Erik lachen.

Es bleibt beim Kaffeetrinken, aber inzwischen hat Marlens Mutter mit sexueller Aufklärung begonnen. „Darauf hat mein Kind ein Recht", sagt sie. „Ich möchte, dass sie vorbereitet ist für den Fall, dass sich wirklich etwas daraus entwickelt."

Erik hat vor, die beiden als Paar aufzuklären. Daraus ergeben sich zwei Ziele:

– Eine einfache Aufklärung, durch die das Sprechen über Sex normal wird, so dass sie z. B. Unterschiede zwischen Mann und Frau bezeichnen können. Da sitzen nämlich ein Mann und eine Frau zusammen beim Kaffeetrinken, dann muss man auch wissen, was für Unterschiede es gibt.

– Gelegenheiten bieten, Fragen zu stellen. Offenheit und Sicherheit bieten. Nein sagen ist erlaubt.

Erik fängt mit Zeichnungen an, später mit Fotos. Die körperlichen Unterschiede werden klar. Das ist für beide eine Offenbarung. Allerdings sagen beide, dass sie „das" nicht tun und dass sie „das" auch nicht wollen.

Tagesbetreuung für Menschen mit schwerer geistiger Behinderung:
„Hier in der Tagesstätte haben wir mit Sex nichts zu tun"

Miriam ist tagsüber in einer Tagesstätte (oder einer Werkstatt für behinderte Menschen oder einem Außenarbeitsplatz). Wie die meisten ihrer Kollegen hat die 24-jährige Miriam eine schwere geistige Behinderung. Ihr Betreuer sagt: „Dies hier ist eine Tagesstätte, hier wird gearbeitet, wir bereiten Menschen hier für einen vollwertigen Arbeitsplatz in der Werkstatt oder auf dem freien Arbeitsmarkt vor. Integration, Inklusion durch Normalisierung. Das Thema Sexualität spielt hier natürlich keine Rolle. Begründet auf der Normalisierungsidee finden wir es ganz logisch, uns nicht auf das Thema Sexualität einzulassen, das ist mehr etwas für die Situation zu Hause, also für die Eltern zu Hause oder die Mitarbeiter in der Wohnstätte."

Wie übel! Dass man Klienten und Mitarbeiter so im Regen stehen lässt! Was kann nicht alles in einer Tagesstätte passieren ...

Wer die Schwelle einer Tagesstätte (oder Werkstatt für behinderte
Menschen) überschreitet, hört nicht auf, ein sexuelles Wesen zu sein

Als wäre man an manchen Stellen kein sexuelles Wesen mehr. Miriam z. B. erzählt ihrer Betreuerin in der Wohnstätte, dass sie morgens, wenn sie arbeiten geht, immer von zwei Männern in die Brüste gekniffen wird. „Ja, große Jungen, die auch Löffel einpacken." Auf Nachfrage zeigt sich, dass dies seit Jahren so ging. Miriam hat es nicht anders gelernt. Manche Mitarbeiter sahen es gelegentlich, aber noch keiner hatte es zur Sprache gebracht.

In derselben Tagesstätte geht Konrad, ein junger Mann mit einer schweren geistigen Behinderung regelmäßig hinter den Fahrradstand, um sich selbst zu befriedigen. Es gibt auch zwei Männer, die einander gelegentlich oral befriedigen. Und Karl und Johanna „tun es in den Büschen", sagt Klara. Miriam versteht, dass das mit Sex oder so zu tun hat, aber was das tatsächlich beinhaltet, versteht sie nicht so gut. In dieser Tagesstätte greift man bei auffälligen Verhaltensweisen nicht ein, es werden keine Normen gesetzt. Es gibt kein Regelwerk hinsichtlich respektvoller Begegnung in Bezug auf Sexualität, Körperlichkeit, Intimität, Beziehung. Es gibt keine Vision, keine Richtlinien des Umgangs, man befasst sich nicht mit gegensätzlichen Normen und Werten. Kurzum, es fehlt an Führung. Man hat noch nicht einmal darüber gesprochen.

Ja, vielleicht mal von Kollege zu Kollege, dann aber eher anekdotisch. Man verschließt die Augen und toleriert Grenzüberschreitungen. Man könnte sagen, dass dies als ungerechte Behandlung zu bezeichnen ist. Denn nicht eingreifen bedeutet doch eingreifen, wer nichts tut, tut doch etwas. Verletzliche Menschen ihrem Schicksal zu überlassen ist menschenverachtend. Dadurch entsteht eine bestimmte Kultur, eine bestimmte Atmosphäre. Und dann ist man vielleicht noch überrascht, wenn es Menschen gibt, die sich aneinander vergreifen. Dem hat man aber selbst in die Hand gespielt.

Der Betreuer als Aufklärer, als Katalysator

Es geht auch anders. Rob arbeitet als Betreuer in einer Tagesstätte. „Eine Tagesstätte ist ein großer Platz, an dem sich Menschen treffen. Aus Erfahrung weiß ich, dass hier viele sexuelle Äußerungen vorkommen, die gut gesteuert werden müssen. Ich kann und muss den Menschen vieles erklären", sagt er, „und wenn ich nicht zurecht komme, nehme ich Kontakt mit den Betreuern der Wohnstätte oder mit den Eltern auf. Mit denen habe ich übrigens vielfältige Kontakte, und dabei kommt auch ein Thema wie Sexualität an die Reihe." Rob erzählt, dass er ein Klima der Offenheit schafft, in dem einfach über alles Mögliche gesprochen wird, unter anderem auch über Sexualität. Das geschieht auf eine Weise, die Sicherheit vermittelt. Wegen seiner Haltung kommen Klienten häufig mit Fragen zu ihm. „Es wird immer mal etwas über Sex gesagt, aber man versteht wenig davon. Beim Kaffee frage ich gelegentlich, ob sie die Unterschiede zwischen Mann und Frau kennen, so zwischen Tür und Angel, da kriegt man tolle Antworten ... Und dahinter stehen oft Fragen und Hilfebedarf. Die gebe ich an Eltern oder Betreuer in Wohneinrichtungen weiter. Ja, wir geben hier auch sexuelle Aufklärung im Rahmen der Ausbildung. Wenn man sieht, wie wenig sich die Burschen schützen können, realisiert man, wie groß unsere Verantwortung ist. Ich finde es erschreckend, wenn ich sehe, wie wenig Aufmerksamkeit in Tagesstätten für dieses Thema aufgebracht wird, das gilt auch für die Werkstätten für Behinderte."

Beziehungen für Menschen mit sehr schwerer geistiger Behinderung

Beziehungen im Sinne von „Ich will etwas mit dir anfangen", „Ich will etwas mit dir", „Ich versetze mich in dich hinein und nehme Rücksicht auf dich" ist für Menschen dieser Zielgruppe per Definition unmöglich. Damit sagen wir nicht, dass keine Rede von Beziehungsbildung sein könnte. Im Gegenteil! Aber: Was ist eine Beziehung?

Das ist und bleibt ein Begriff, der auf verschiedene Weisen mit Leben erfüllt werden kann. In Bezug auf unsere Zielgruppe der Menschen mit sehr schwerer geistiger Behinderung wirft das Fragen auf. Menschen, die mit Personen mit einer sehr schweren geistigen Behinderung zusammenarbeiten, wissen aus Erfahrung, wie wichtig es ist, vorhersehbare, wiedererkennbare unerschütterliche Kontakte mit ihnen einzugehen. Ihre Intentionen sind die treibende Kraft, die Klienten sind davon sehr abhängig. Wo sie sich selbst nur schwer in einen anderen hineinversetzen können, sind sie umso abhängiger von der tatsächlich gewollten Intention des anderen, sich in sie hineinzuversetzen. An Betreuer und Eltern oder Verwandte, die mit diesen Menschen umgehen, ist ein besonderer Appell gerichtet: Sie müssen gut Zeichen interpretieren können, Zeichen dieser verletzlichen, leicht zu manipulierenden Personen.

Menschen mit einer sehr schweren geistigen Behinderung haben Beziehungen zu ihrer Familie und zu ihren Betreuern. An ihnen liegt es, die Verhaltensweisen der Betroffenen mit der richtigen Interpretation zu versorgen.

In diesen Beziehungen ist die Art des Kontakts von großer Bedeutung.

3.5.5 Selbstbehauptung

**Einleitung: Menschen mit einer geistigen Behinderung –
ideale Opfer sexuellen Missbrauchs**

Ein sehr wichtiger Teil sexueller Aufklärung ist das Thema Selbstbehauptung. Viele Klienten können sich kaum zur Wehr setzen. Hilfebedürftig zu sein macht zusätzlich verletzlich. Man bezeichnet Menschen mit einer geistigen Behinderung auch als ideale Opfer sexuellen Missbrauchs. Jedenfalls

„ist bei ihnen immer – in größerem und kleinerem Ausmaß die Rede von Abhängigkeitsbeziehungen. In gewissem Sinn ist das eine Unterlegenheitsposition. Es wird in ihrer Umgebung – zu Recht oder nicht – vieles für sie geregelt. Die Umgebung kann also eher Macht über sie ausüben als im Falle von Menschen ohne Handicap. Menschen in ihrer Umgebung begleiten sie – wenn nötig – beim Zubettgehen, beim Duschen und bei allerhand anderen Situationen, die einen intimen Charakter haben. Menschen kommen sich in solchen Situationen sehr nahe, sie teilen intime Momente. Das ist logisch. In einer Beziehung, die durch Vertrauen zueinander gekennzeichnet ist, kann man das erwarten. Um Vertrauen in sich selbst zu bekommen, um zu wachsen, ist es nötig, eine angenehme, warme Beziehung zu haben. Dieses Vertrauen hat ein Klient nötig, um sich sicher zu fühlen. Sicherheit wiederum ist nötig, um sich anderen Dingen zu nähern, um sich entfalten zu können. In so einer Vertrauensbeziehung kann Missbrauch entstehen. Die Verführung liegt auf der Lauer" (Bosch 1995, S. 125–126).

In der eben beschriebenen Abhängigkeitssituation kommen die Betroffenen dann auch noch mit vielen Helfern in Berührung. Bei vielen sind das im Durchschnitt tausend in einem Menschenleben. Dabei kann wohl ein Individuum sein, dass Übles im Sinn hat und seine oder ihre Grenzen nicht gut handhaben kann.

Zusätzlich kommunizieren Menschen mit geistiger Behinderung häufig auf körperliche Weise. Was ist die Bedeutung solchen Verhaltens? Es ist nicht unwahrscheinlich, dass solchem Verhalten die falsche Bedeutung zugeschrieben wird.

Monika, eine schöne, junge, spontane Frau mit einer mittelschweren geistigen Behinderung schmiegt sich mit ihren körperlichen Rundungen regelmäßig an andere. Monika ist sehr leiblich, körperlich eingestellt. Sie kommt einem sehr nahe, wirkt intim. Sie könnten denken: „Sie will mich verlocken", oder „was für ein geiles Mädchen", oder „was will die Frau von mir?" Diese letzte Frage erweist sich nach der richtigen Ausfüllung des hermeneutischen Kreises für Monika als ganz einfach zu beantworten: Monika sucht Bestätigung, Wärme, Geborgenheit.

Ein sexueller Unterton liegt ihr fern. Aber im ersten Moment haben sie das bezweifelt. Es ist nur gut, wenn Sie solche Fragen und Erlebnisse regelmäßig mit Ihren Kollegen besprechen.

Körperbild, Normen und Werte und Beziehungen stehen in Verbindung zur Selbstbehauptung
Wenn Sie die vorangegangenen Bemerkungen betrachten, realisieren Sie umso mehr, dass sexuelle Aufklärung sehr wichtig ist. Wir schließen dieses Kapitel über sexuelle Aufklärung nicht umsonst mit einem großen Kapitel über Selbstbehauptung ab. Die drei vorangegangenen Kapitel über Körperbild, Normen und Werte und Beziehungen gehen dem Phänomen Selbstbehauptung bewusst voran.

Körperbild:
Ein positives Körperbild und ein positives Selbstbild sind eng miteinander verwandt. Wenn Sie Ihren eigenen Körper gut kennen und auch die Gefühle, die mit dem Körper zu tun haben, benennen können, ist die Chance größer, dass Sie sich selbst behaupten. Das Wissen um den eigenen Körper und die Gefühle, die das eine oder andere mit sich bringt („was finde ich schön und was nicht?"), sind Voraussetzungen, um spüren zu können, dass Grenzen überschritten wurden und das dann auch sagen zu können. Etliche Klienten haben – in gewisser Weise – nicht verstanden, dass sie missbraucht wurden, weil es ihnen an Wissen über den eigenen Körper und ihre Grenzen mangelte.

Normen und Werte:
Wenn Sie gültige, gesellschaftlich anerkannte Normen und Werte kennen, sind Sie mehr und eher in der Lage, zu sagen, wann Sie unwürdig behandelt wurden. Ihnen zu nahe zu rücken, während Sie das nicht wollen, ist etwas, das nicht toleriert werden darf. Die Norm „anständig miteinander umgehen" wird damit überschritten. Die Norm zu kennen, trägt zu einer möglichen Haltung der Selbstbehauptung gegenüber Überschreitungen dieser Norm bzw. Ihrer Grenzen bei.

Beziehungen:
Beim Thema Beziehungen sprachen wir unter anderem über die Bedeutung der Gleichberechtigung, den Sinn des Vorspiels, darüber, Lust zu haben, mit einem anderen etwas zu teilen, sei es auf geistiger oder sexueller Ebene (ohne das fängt man damit gar nicht erst an, also nur dann zusammen ins Zimmer gehen oder miteinander schlafen, wenn beide Lust dazu haben), wir sprachen auch über Abwesenheit von Zwang und die Perspektive eines Kontakts. Der Inhalt all dieser Punkte trägt zum Gefühl, sich selbst behaupten zu können, bei.

Selbstbehauptung: Ein sicherer Ort für sich selbst
Selbstbehauptung heißt, sich wehren können, in der Lage sein, Widerstand zu bieten, sich selbst zu verteidigen, den Umständen gewachsen sein, ausreichend Selbstvertrauen haben, selbstsicher sein, eine Situation in der Hand haben und innerhalb von Situationen auf angemessene Weise handeln zu können. Dein Körper gehört dir, niemand darf dich oder deinen Körper schädigen.

Selbstbehauptung bedeutet auch: Angenehme Gefühle von unangenehmen unterscheiden zu können. Selbst bestimmen zu können, wer dich anfasst und wer nicht, eigene Bedürfnisse erkennen können, lernen, selbst die Wahl zu treffen, lernen, wie man Kontakte knüpft, lernen, welche Geheimnisse du haben kannst und welche du unbedingt einem anderen erzählen musst, lernen, nein zu sagen. Auch lernen, Risikos einzuschätzen.

Selbstbehauptung ist ein sehr weiter Begriff. In der folgenden Betrachtung von Menschen mit einer leichten, einer mittelgradigen, einer schweren und einer sehr schweren geistigen Behinderung werden diese Themen näher betrachtet.

Selbstbehauptung ist – nach unserer Erfahrung – ein essentielles Thema im Leben der meisten Menschen mit einer geistigen Behinderung. Jeder Mensch findet es wichtig, sich selbst einen sicheren Platz zu schaffen, an seinem eigenen Ort zu Hause zu sein, mit sich selbst vertraut zu sein und mit den anderen, mit denen er oder sie zusammen wohnt und die ihm oder ihr begegnen. Dieses Erleben hat viel mit dem Gefühl zu tun, sich selbst schützen zu können.

Menschen mit einer leichten geistigen Behinderung

In der Einleitung eben gingen wir auf die Abhängigkeitssituation, in der Menschen mit einer geistigen Behinderung sich befinden, ein. Menschen mit einer leichten geistigen Behinderung nehmen, soweit es diese Abhängigkeitssituationen betrifft, ihrerseits eine sehr verletzliche Position ein. Wenn wir die moderne Haltung gegenüber Menschen mit geistiger Behinderung betrachten, können wir zumindest konstatieren, dass immer mehr von Autonomie und Selbstbestimmung die Rede ist. Was jemand selbst kann, macht er selbst, immer mehr Menschen wohnen inklusiv (mit oder ohne exklusive Betreuung). Das gilt insbesondere für Menschen mit einer leichten geistigen Behinderung: Dezentralisation, individuelles Wohnen, das sind Schlagworte, die in ihrem Leben Ausschlag geben. So ergibt sich, dass sie immer mehr in Berührung mit immer mehr Menschen kommen und dass die Bedeutung der Selbstbehauptung (noch mehr) zugenommen hat.

Wir sind Karl schon zweimal begegnet: Er ist 54 Jahre alt und leicht geistig behindert. Karl schämte sich für seine nächtlichen Samenergüsse. In der sexuellen Aufklärung lernte er, dass das normal ist, dass das jeder Mann hat. Karl hat nicht zu masturbieren begonnen, seine Eltern gucken doch vom Himmel auf ihn herunter.

Ein individuelles Selbstbehauptungsprogramm

Wenn Susann, seine Betreuerin, sich intensiver mit Karl befasst (und dabei den hermeneutischen Kreis verwendet), erkennt sie bald die Bedeutung hinter Karls Verhalten. Karl hat viele Ängste, Angst zu masturbieren (Vater und Mutter!) und, etwas offener formuliert: Angst, Gefühle zu äußern, für sich Verantwortung zu übernehmen, herausfinden zu wollen, was er selbst denkt und will, eine Meinung zu haben und zu äußern. Karl sollte ein Selbstbehauptungstraining mitmachen, so lautet ein Vorschlag von Susann. Aber das wagte er nicht. So kam es, dass Susann nach Beratung mit Karl ein individuelles Selbstbehauptungsprogramm startete mit dem Ziel, Karl in die Lage zu versetzen, sich selbst besser zu behaupten. Dabei verwenden sie Arbeitsblätter, in denen man gebeten wird, etwas über sich selbst zu erzählen oder aufzuschreiben. Auf dem ersten Blatt findet Karl Fragen wie:

– Karl, wer bist du, wo wohnst du?
– Wie sieht deine Familiensituation aus?
– Welches Essen magst du gern?
– Was kannst du nicht ausstehen?
– Was ist dein Herzenswunsch?

Auf dem zweiten Blatt wird Karl mit anderen Fragen konfrontiert:

– Was kannst du besonders gut?
– Was sind deine Hobbys?
– Was findest du an dir selbst gut, was findest du weniger schön?

Das sind allerhand Fragen, die je nach Kreativität ganz anders ausgefüllt werden können. Karl reagiert sehr bedächtig. Er findet es sehr schwierig, etwas über sich selbst zu erzählen oder aufzuschreiben. Das ist eine Erfahrung, die wir bei vielen Menschen mit einer leichten geistigen Behinderung machen. Susann bemerkt, dass die Angst in Karl tief sitzt. Sie entscheidet, dass Karl schrittweise, ganz langsam und mit vielen Wiederholungen und Bekräftigungen begegnet werden muss, wenn man Resultate auf dem Gebiet der Selbstbehauptung erzielen will. Und das Ziel lautet: Karl lernt sich selbst besser kennen, und zwar

– auf geistiger Ebene: Welche Menschen stehen mir nahe, was ist mein Bild von der Zukunft, was will ich und wie kann ich es erreichen, wie lerne ich, meine Wahl zu treffen?
– auf körperlicher Ebene.

Bewusstsein schaffen

Karl fängt an, Susann zu vertrauen. Susann hilft Karl nach folgendem Schema, sich selbst besser zu verteidigen:

1. Man muss ein Bewusstsein entwickeln, wer man ist. Unter anderem, indem man sich mit der Frage: „Wer bist du?" befasst. Dafür interviewt Karl Susann und stellt Fragen wie: „Was findest du an dir schön und was nicht so schön?" „Was kannst du gut, was kannst du weniger gut?"

2. Man muss ein Bewusstsein von Männlichkeit und Weiblichkeit entwickeln. Zum Beispiel durch Beschäftigung mit der Frage: „Welche männlichen Rollen gibt es?" „Welche Rollen gibt es für Frauen?" Diese Fragen werden dabei aber nicht mit dem Ziel gestellt, geschlechtsspezifische Sozialisation zu bestätigen, etwa im Sinne von: Frauen ziehen Kinder groß und Männer sind technisch veranlagt. Aber Erfahrungen aus der Praxis haben gezeigt, dass die einfache Beschäftigung mit diesen Dingen Bewusstsein und Kenntnis von der eigenen Person und Kenntnis der eigenen Grenzen auslöst. Die Beschäftigung mit sehr unterschiedlichen

Rollen wie Kaffee kochen, herrlich schmusen, Motorrad fahren und Mülleimer rausbringen führt dazu, dass Menschen sich mit folgenden Fragen beschäftigen: „Wer bin ich?" „Was finde ich wichtig?" Bei der Bewusstseinsbildung von Männlichkeit und Weiblichkeit geht Susann mit der Zeit auch auf äußerliche Unterschiede ein: Kleidung, Frisur, Körperbau und körperliche Unterschiede. Solche Aufklärung hatte Karl noch nie. Folglich reagiert er auch sehr erstaunt, als er zum ersten Mal ein Bild einer Vagina sieht. „Komisch", er war verlegen, aber auch interessiert. Karls Reaktion – und auch die vieler anderer Menschen mit einer leichten geistigen Behinderung – macht uns auf die Tatsache aufmerksam, dass wir sehr vorsichtig mit dem Angebot von konkretem, explizitem Material umgehen müssen; für eine Reihe von Klienten ist dieses Material sehr konfrontierend. Es empfiehlt sich ein allmählicher Aufbau der Bildangebote.

3. Man muss ein Bewusstsein schaffen für das, was ich schön finde und was ich nicht schön finde. Hier geht es um Berührungen. Susann zeigt bei diesem Thema ein Video „Über meinen Körper bestimme ich" (Philadelphia 1997). In diesem Video kommt der Unterschied zwischen Mann und Frau zur Sprache, und es werden auch verschiedene Berührungen gezeigt. Welche Berührung ist okay, welche ist es nicht? Jemand wird von einer Person berührt, zu der eine Beziehung besteht, oder von einem guten Freund oder einer guten Freundin oder von jemandem, der unbekannt ist. Bei wem soll man eine Grenze setzen? Karl findet das ziemlich kompliziert, aber er sieht sich den Film dreimal an. Dann versteht er es! Aber über Sex zu sprechen, findet er nach wie vor schwierig.

Susann ist sehr vorsichtig mit dem Material, das sie anbietet. Sie bemerkt, dass es für Karl schwierig bleibt, sich selbst zu berühren. Eine Kollegin macht ihr den Vorschlag, Karl einmal mit dem neuen Pastor ein Gespräch führen zu lassen. Schließlich scheint seine Ängstlichkeit gegenüber Sexualität und Berührungen etwas mit seinen Eltern zu tun zu haben, „die vom Himmel auf ihn niederschauen". Karl wurde Mitglied einer Gesprächsgruppe der Kirche. Karl masturbiert (noch) nicht. Und das muss er natürlich auch nicht tun. Darum geht es nicht. Was Karl aber auf jeden Fall gelernt hat, ist, dass Papa und Mama „nicht immer – oben auf einer Wolke sitzend – nach unten gucken, sondern dass sie angenehm im Himmel wohnen und dort ihr eigenes Leben führen."

In den Gesprächen darüber, was Karl gut gefällt und was er wichtig findet (Susan) und wie seine Eltern im Himmel sich dazu verhalten (die Gesprächsgruppe der Kirche), verliert Karl in Laufe einiger Monate einen Teil seiner Ängste und seiner Scheu. Aufbauend auf dieser Stärkung seines Selbstbewusstseins unterstützt Susann Karl auch weiterhin: Wie knüpfe ich Kontakte, wie kann ich ein Gespräch beginnen?

Seit kurzem hat Karl eine Freundin in der Werkstatt. Das ist noch ein Geheimnis, aber Susann ist informiert. Karl fühlt sich wohler in seiner Haut, er hat deutlich mehr Selbstvertrauen. Er hat sogar seine Haare länger wachsen lassen. Wenn das Mutter wüsste!

Es gibt mehrere Übungen, um Menschen zu einem positiveren Körpererleben zu verhelfen. Eine positive Körperwahrnehmung ist ein Beitrag zur Selbstbehauptung.

– Sieh mal in den Spiegel. Wie siehst du aus? Schreib auf, was du siehst.
– Setzt euch einander gegenüber. Schaut euch an. Wie sieht der andere/die andere aus? Sprecht miteinander darüber!
– Was findest du an dir selbst am schönsten? Was gefällt dir weniger gut? Erzähle uns etwas darüber im Gesprächskreis. Was macht dich anders als die anderen?
– Ihr könnt ein Kartenspiel spielen. Auf den Karten stehen lauter Fragen über das Äußerliche: „Was tust du, wenn du einen Pickel hast?" „Färbst du manchmal deine Haare?" „Probierst du neue Frisuren?" „Wie oft duschst du?" Das Ziel dieser Fragen ist es, über das Äußere und die Körperpflege sprechen zu lernen, über sich selbst sprechen zu lernen, die eigenen Grenzen kennen zu lernen, die eigene Meinung, sich selbst. „Nenne von jedem Gruppenmitglied eine schöne Eigenschaft."
– Ziehen Sie eine Kosmetikerin hinzu, eine Friseurin, einen Make-up-Kursus, jemanden, der etwas über Kleidung sagen kann.

Oft reagieren Klienten positiv auf diese Art kreativer Dinge. Sie sehen dabei Resultate im Sinne von: „Ich werde mir meiner selbst bewusster".

Menschen mit einer mäßigen geistigen Behinderung

In Kapitel 3.5.4 haben wir ausführlich über Vincent und Marion gesprochen. Vincent war der, der im Rahmen des Vorspiels auf Marions Vagina pinkelte. Vincent und Marion haben gelernt, mehr aufeinander Rücksicht zu nehmen. Wenn einer von beiden keine Lust zu etwas hat, finden sie etwas anderes, das beide genießen können.

Sie hatten ein befristetes Verbot für Geschlechtsverkehr und lernten, auch auf andere Weise von und miteinander Lust zu erleben.

Lernen, nein zu sagen

Anfangs konnte Marion schlecht nein sagen. Sie passte sich immer brav an die Wünsche, die Bitten, die Erwartungen der anderen an. So war sie schließlich erzogen worden. Das war ihre Stärke: ein bindendes, soziales Element im Umgang miteinander, aber es war auch ihre Fallgrube: Marion war leicht zu haben, in jeder Hinsicht. Daher konnte Marion auch keinerlei Selbstbehauptung zeigen, als Vincent sexuell aufdringlich wurde, sie entwickelte vaginale Beschwerden und wurde depressiv.

Marions Betreuerin hat die Aspekte „Nein sagen lernen" und „Grenzen setzen lernen" schon einige Male besprochen. Trotzdem möchte sich Marion noch für einen Kursus Selbstbehauptung anmelden. Der wird in einer anderen Wohneinrichtung angeboten. Marion konnte allein mit dem Zug dort hinfahren. Sie war mächtig stolz darauf! In diesem Kurs wurde während der ersten Stunden am Thema Selbstbild/Körperbild und am Ausdrücken von Gefühlen gearbeitet. Danach folgte eine Serie von Stunden unter dem Motto „Für sich selbst eintreten".

Auf den eigenen Körper hören, Gefühle ernst nehmen,
darüber sprechen und so für sich selbst eintreten
Schritt 1: Auf den eigenen Körper hören
Diese Lektion folgt einem logischen Aufbau. Die erste Stunde, der erste Schritt besteht aus der Beschäftigung mit dem Gefühl der Anspannung. Was ist Anspannung? Darüber gibt es einen Gedankenaustausch in der Gruppe. Marion hat schon einmal das Wort Stress gehört. Hier hört sie zum ersten Mal, dass Stress Anspannung bezeichnet:

– Es gibt eine angenehme Anspannung. Zum Beispiel, wenn du bald Geburtstag hast. Oder wenn du verliebt bist. Oder wenn du denkst, dass du den großen Preis in einer Lotterie gewinnen wirst. Oder wenn du beim Jahrmarkt in der Achterbahn sitzt. Oder ...
– Es gibt eine unangenehme Anspannung. Wenn du z. B. gerade dann verschlafen hast, wenn du zur Bewohnerbesprechung sollst. Oder wenn du etwas vor einer größeren Gruppe von Menschen sagen sollst. Oder ...

Und was passiert dann in deinem Körper, wenn du Anspannung empfindest? Dein Herz klopft schneller, oder du atmest schneller, oder dir wird heiß und du fängst an zu schwitzen. Vielleicht bekommst du Bauchweh, Kopfschmerzen und bist womöglich ganz durcheinander. Wo merkst du die Anspannung? Wie fühlt sich das an? Das eine Mal ist schlimmer als ein anderes Mal, und jeder Mensch verhält sich bei Anspannung wieder anders. Darüber wird in der Gruppe gesprochen: Sechs Frauen sind da, die Schwierigkeiten haben, ihre Grenzen zu nennen.

Marion ist enorm überrascht. Sie lernt, sich darauf zu konzentrieren, wie ihr Körper auf Anspannung reagiert. Das hatte sie noch nie getan. Sie lernt, auf ihren Körper zu hören. Sie kommt dahinter, dass die Anspannung in ihrem Nacken etwas mit einem unangenehmen Gefühl zu tun hat, einem Gefühl von: „Ich will das nicht." Und das Gefühl in ihrer Vagina, dieses Scheißgefühl im Unterbauch, das heißt auch: „Halt stopp, das will ich nicht, das finde ich unangenehm."

Schritt 2: Gefühle benennen
Viele Menschen mit oder ohne eine geistige Behinderung haben nicht gelernt, ihre Gefühle zu benennen. Eine ganze Reihe von Menschen mit einer mittelgradigen geistigen Behinderung also auch nicht. Die Kursusleiterin

bittet Marion, solche Anspannung zu beschreiben. Marion findet das schwierig. Aber es erleichtert sie enorm, wenn es ab und zu gelingt. Und dann bekommt sie Komplimente aus der ganzen Gruppe. So eine nette Gruppe! Und auch eine ganz sichere Gruppe.

Schritt 3: Im Alltag seine Gefühle beschreiben,
für sich selbst eintreten ... nein sagen

Wenn du für dich selbst eintrittst, nein sagst und dann auch noch davon überzeugt bist, wirst du dir auf die Dauer weniger Spannungen zuziehen. So sagt Marion im Kursus (ganz geschickt!): „Wenn ich nicht mit meinem Freund ins Bett will, dann sage ich NEIN!, ganz normal, oder?" Aber in der Praxis, im Umgang mit Vincent, zeigt sich, dass Marion die Verbindung von Theorie zur Praxis gar nicht so leicht schafft. Das gilt übrigens für viele Menschen (mit einer mittelgradigen geistigen Behinderung). Die Kursusleiterin hatte das geahnt, schließt sich – mit Marions Zustimmung – mit deren Betreuerin kurz.

Marion hat erlebt, dass etwas schief läuft, wenn man allzu lang kein Ohr für die Signale des eigenen Körpers hat. Jetzt erkennt sie die unangenehmen Gefühle. Sie muss aber auch lernen, sie adäquat zu äußern. Das findet sie schwierig.

Das Anspannungsniveau visualisieren: Ein Spannungsthermometer

Die Betreuerin hat die Idee, einen Spannungsmaßstab in Form eines großen Thermometers herzustellen. In dessen Mitte gibt es ein längliches weißes Blatt, auf dem die Grade gekennzeichnet sind, und zwar:

– 0 Grad = keine Anspannung
– 20 Grad = angenehm warm
– 30 Grad = sehr angespannt (sehr heiß)
– mehr als 30 Grad = unglaublich angespannt, du kannst nicht mehr denken, vielleicht möchtest du zuschlagen oder weglaufen

Die Betreuerin erklärt Marion, wie sie mit einem roten Stift eintragen kann, wie es um ihr Anspannungsniveau bestellt ist. Zuerst füllen sie das gemeinsam im Hinblick auf allerlei alltägliche Situationen aus. Dabei zeigt sich unter anderem, dass es rund um die Ausführung der Aufgaben (von Vincent und Marion gerecht verteilt) ein ziemlich hohes Anspannungsniveau gibt. „Vincent räumt immer schon auf, wenn ich noch am Tisch sitze und esse", sagt Marion mit ziemlicher Anspannung. Das hat sie Vincent allerdings noch nie gesagt. Auch jetzt kam die Bemerkung nur mit Mühe heraus. Mit dem Thermometer wird sich Marion ihrer Anspannung stärker bewusst, wo die Anspannung herkommt, und sie fühlt sich ermuntert, die Dinge doch zu benennen und ihre Grenzen zu setzen. Im Hinblick auf die sexuelle Ebene haben die Betreuerin und Marion verabredet, das Spannungsthermometer abends etwa gegen neun Uhr auszufüllen. Von vornherein, vor einem eventuellen sexuellen Kontakt, kann Marion schon sehen, wie sie sich fühlt. Montag: 20

Grad, Dienstag: 20 Grad, Mittwoch: 27 Grad! „Ja", sagt Marion, „echt spannend, denn Vincent hat gesagt: ‚Ich will mit dir heute Abend schlafen, stell dich schon mal drauf ein!'" Als sie sich hiermit beschäftigen, konstatieren die Betreuerin und Marion, dass Marion und Vincent zwar inzwischen besser miteinander schlafen können, „aber manchmal habe ich doch ziemliche Angst ... dass Vincent doch plötzlich seinen Pimmel bei mir reinsteckt."

Die Betreuerin schlägt vor, das Spannungsthermometer auch nach dem Geschlechtsverkehr auszufüllen. So kann man das gesamte Spannungsniveau überblicken.

Das Niveau der Selbstbehauptung visualisieren
Die Betreuerin hat zwei Karten vorbereitet.

- Auf der einen Karte gibt es ein Gesicht mit einem offenen Mund. Diese Karte bedeutet: „Ich sage dem anderen, wie ich mich fühle" oder: „Ich sage nein."
- Die zweite Karte zeigt ein Gesicht mit einem durchgekreuzten Mund. Die Bedeutung ist: „Ich habe nichts gesagt."

Diese Karten können während eines normalen Gesprächs eingesetzt werden oder in einem Spiel, aber sie können natürlich auch neben den markierten Graden auf dem Spannungsthermometer aufgehängt werden. Habe ich bei der oder jener Gelegenheit meine Grenzen genannt? Wollte ich das? Oder nicht?

Das Ziel der Arbeit mit dem Anspannungsthermometer und den Karten ist, besser auf den eigenen Körper zu hören, die dazugehörigen Gefühle zu benennen und, wenn nötig, mit diesen Gefühlen Konsequenzen zu verbinden: Eine Grenze setzen, nein sagen. Kreative Betreuer erfinden mehrere Varianten zu diesem Thema. Es ist auf diesem Gebiet nötig, Vieles zu visualisieren und zu konkretisieren.

Die Bedeutung von Sprache bei der Selbstbehauptung
Sprache ist ein wichtiges Kommunikationsmittel. Mithilfe des gesprochenen Wortes bringen Eltern, Lehrkräfte und Betreuer Kindern, Schülern und Klienten vieles bei. Das Kind lernt in Wörtern zu sprechen, es äußert Wünsche, versteht, was der andere will, äußert seine Gefühle, lernt, diese mit anderen zu teilen. Imitation spielt dabei eine wichtige Rolle: Das Kind erlernt, soziale Interaktionen zu durchschauen und diese auch in der Praxis anzuwenden. Sprache spielt darin eine enorme Rolle. Bei Menschen mit einer leichten oder einer mittelgradigen geistigen Behinderung sehen wir, dass Sprache im Umgang mit ihnen auch eine solche wichtige Rolle spielen kann. Natürlich verläuft der Prozess langsamer, und man muss mehr Geduld miteinander haben, und es sind viel mehr Übungen nötig. Wir haben gesehen, dass diese Menschen mehr Betreuung brauchen, dass wir mit unserer Wortwahl ganz konkret sein müssen und natürlich an ihre Erlebenswelt angepasst. Aber gut, mit Worten gelingt es recht häufig, wenn auch

extra Unterstützung nötig ist mittels schrittweisem Aufbau, Visualisierung, Konkretisierung, zusätzlichen Übungen, viel Bestätigung, vielen Wiederholungen und – eigentlich endlos – viel Geduld. Aber es ist der Mühen wert! Denn Marion sagte kürzlich zu Vincent: „Heute Abend will ich nicht, dass du deinen Pimmel in mich reinsteckst, auch wenn heute Mittwoch ist!" Darüber musste Vincent sogar lachen. Und darüber wiederum musste Marion lachen. Früher hätten sie darüber einen riesigen Streit bekommen. Nun nicht mehr. Ein Kompliment an die Betreuerin!

Menschen mit einer schweren geistigen Behinderung

Menschen mit einer schweren geistigen Behinderung stehen weniger Sprachmöglichkeiten zur Verfügung. Der Sprachgebrauch zwischen ihnen und uns muss darum auch sehr praktisch, konkret und so optimal wie möglich sein. Die Gefahr beim Sprachgebrauch im Umgang mit ihnen liegt in der Infantilisierung: Auf kindgemäße Weise mit ihnen umgehen, leicht bevormundend. Das ist eine Fallgrube! Der Klient oder die Klientin fühlt haargenau, ob Sie ihn oder sie ernst nehmen. Und was die Möglichkeit, sich selbst zu behaupten, anbelangt: Mit einer solchen Sprache wird Wehrlosigkeit vergrößert.

Gegenüber Menschen mit einer schweren geistigen Behinderung müssen wir noch mehr Gebärden und Ausdruck einsetzen, um Intentionen zu verdeutlichen. Doch lassen Sie uns noch einmal zu Gerda zurückkehren.

Der hermeneutische Kreis für Gerda

Wir sind Gerda bereits in Kapitel 2.2.3 begegnet. Gerda war sexuell missbraucht worden. Wenn wir den hermeneutischen Kreis auf Gerda zuschreiben, geht es um folgende Beobachtungen:

1. Gerda ist körperlich normal entwickelt. Sie ist 64 Jahre alt und hat die Menopause hinter sich. Im Hinblick auf Gerdas Lebensalter müssen wir davon ausgehen, dass die Schleimhäute der Vagina im Zusammenhang der verminderten Östrogenproduktion dünner geworden sind und weniger Feuchtigkeit produzieren, wodurch eventuell Schäden beim Eindringen eines Penis oder anderen Gegenstands auftreten können. Was den Bewegungsapparat anbelangt, tritt im Allgemeinen in diesem Lebensalter auch eine Erschlaffung der Muskeln des Beckenbodens auf. Wir erwähnen dies im Zusammenhang mit dem sexuellen Missbrauch: Wir müssen auf eventuelle Beschädigungen achten, die an Blase oder Gebärmutter im Zusammenhang mit möglichen Senkungen der genannten Organe auftreten können.

2. Gerda verfügt über ein geistiges Entwicklungsalter von ungefähr vier Jahren. Das ist das Funktionsniveau einer schwer geistig behinderten Frau. Es bringt mit sich, dass Gerda nur unzureichend in der Lage ist, (be)drohende, gefährliche Situationen einzuschätzen oder zu relativieren.

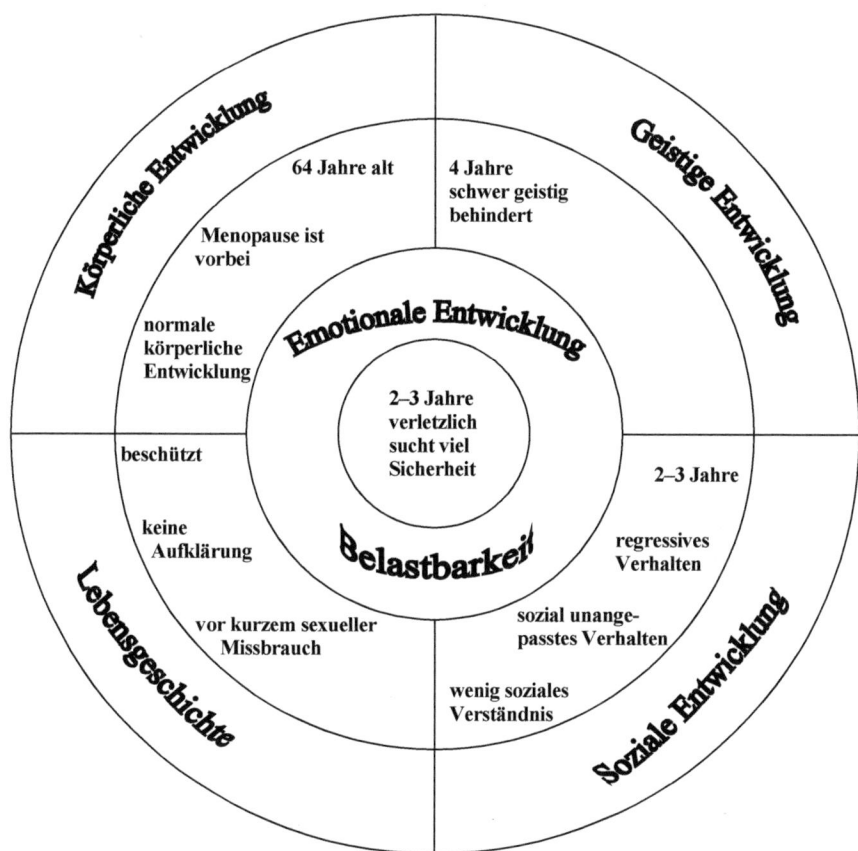

Abbildung 10: Der hermeneutische Kreis für Gerda

3. Gerda zeigt ein emotionales Entwicklungsalter, das auf zwei bis drei Jahre geschätzt wird. Wir sehen, dass Gerda infolge ihrer Angst viel Sicherheit sucht. Sie zeigt regressives Verhalten: Sie schmiert mit Kot, zieht sich immer mehr in ihr Zimmer zurück, wo sie den Kopf unter die Bettdecke steckt, verlangt direkte Nähe ihrer Betreuer (zur Bestätigung und Stützung) und zeigt auffällige, nicht altersangemessene Äußerungen und Verhaltensweisen auf sexueller Ebene. Gerda ist eine verletzliche Frau und rasch überfordert.

4. Dem entspricht Gerdas soziale Entwicklung. Sie kann sich nur sehr schwer in die Erlebenswelt eines anderen Menschen hineinversetzen. So zieht sie im Wohnzimmer ihren Rock hoch und ruft: „Herrlich, herrlich", und erfasst dabei nicht, dass dies von den anwesenden Mitbewohnern als schockierend empfunden wird. Auch hierin sehen wir den Einfluss ihrer sexuellen Missbrauchserfahrung auf ihre sozial-emotionale Welt. War sie erst lieb und freundlich, ist sie nun ab und an aggressiv, während sie gleichzeitig viel Unterstützung durch die Betreuung sucht.

5. Gerdas persönliche Lebensgeschichte ist die einer sehr beschützenden Erziehung, in der sie nichts von Sexualität gehört hatte. Einmal wurde in der Wohnstätte ein vorsichtiger Versuch unternommen, ihr Kenntnisse über den eigenen Körper beizubringen, aber dabei blieb es auch. Gerda konnte nicht ausdrücken, dass sie grob grenzüberschreitend behandelnd worden ist.

Angesichts ihrer geistigen Möglichkeiten ist die Verwendung von Sprache bei Gerda eingeschränkt. Sie kann ihre Wünsche nicht besonders gut mit Worten vermitteln. Wir müssen ihre expressiven Möglichkeiten, z. B. Gebärden, beachten.

Individuelles Training der Selbstbehauptung
Nach dem Ausfüllen des hermeneutischen Kreises haben die Betreuer gemeinsam mit einem Psychologen ein individuelles Selbstbehauptungstraining für Gerda entworfen, ein Training, das ein Jahr im Rahmen der täglichen Betreuung durchgeführt wurde. Ausgangspunkt für diese Entscheidung war Gerdas sozial-emotionales Entwicklungsalter.

Schritt 1: Der Unterschied zwischen Mann und Frau
Sehr konkret werden äußerliche Unterschiede behandelt, Bilder zeigen Kleidung, Haartracht, Körperbau. Danach folgen andere körperliche Unterschiede anhand von Zeichnungen und Fotos vom Baby bis zum Erwachsenen. Schrittweise werden auch die Geschlechtsteile besprochen. Das scheint ein aufschlussreicher Prozess für Gerda zu sein: „Sein Pimmel stand so hoch." Als diese Unterschiede nach ungefähr sechs kurzen Stunden klar sind und Gerda die Dinge ein wenig bezeichnen kann, geht die Betreuerin zum zweiten Schritt über.

Schritt 2: Der eigene Körper und das Körpererleben
          (kombiniert mit angenehmen und unangenehmen Berührungen)
„Wie siehst du aus, Gerda?" Gerda kann ihre eigenen Körperteile nicht benennen, das ist ein Phänomen, dem wir bei Menschen mit einer schweren geistigen Behinderung oft begegnen. Selbst wenn Erklärungen wiederholt werden, mangelt es am Transfer, das Wissen mit dem eigenen Körper zu verbinden.

Die Betreuerin ist ganz konkret. „Gerda, sieh mal deine Arme an, was siehst du da? Da gibt es kleine Haare, fühl mal, ist das schön? Oder nicht schön? Sieh mal dein Gesicht im Spiegel an, wie siehst du aus?" Gerda zeigt darauf Augen, Nase, Mund und Ohren und benennt die auch. „Fühl sie auch mal", sagt die Betreuerin.

Mit viel Geduld, Schritt für Schritt, und auf der Basis einer sehr sicheren, überschaubaren Situation lehrt die Betreuerin Gerda, sich selbst anzufassen. Sie erweitern diesen Prozess über den ganzen Körper, wenn Gerda beim Duschen geholfen wird, beim Waschen des Rückens. „Gefällt dir das?" „Ja?"

Aussprechen, was man tut

Die Betreuerin benennt alles, was sie tut. Dabei stellt sie auch ganz konkrete Fragen. Auf diese Weise weckt sie Gerdas Bewusstsein vom eigenen Körper. Wenn Sie diesen Prozess bei Menschen mit einer schweren geistigen Behinderung konsequent durchführen, sehen Sie die Resultate in der Praxis: Die Menschen reagieren darauf und fangen an, Dinge selbst zu benennen. Wenn Sie sich als Betreuer(in) diese Art der Arbeit zu eigen machen, bewirken Sie im Grunde, dass die Welt für Ihren Klienten besser vorhersehbar ist: Das ist sicher und überschaubar. Menschen mit einer schweren geistigen Behinderung sind von einer solchen Haltung sehr abhängig.

Schritt 3: Grenzen setzen

„Was möchtest du, was möchtest du nicht?" Mit sehr konkreten Fragen werden Bilder und Zeichnungen aus dem Buch „Kein Kind mehr" bearbeitet. Es geht dabei um erwünschte und unerwünschte Berührungen und erwünschte oder unerwünschte Situationen. Gerda findet das mit den Bildern doch ziemlich schwierig. Da gibt es z. B. ein Bild von einem Mann, der seinen Penis aus der Hose herausgeholt hat. Eine Frau sitzt auf dem Rand des Bettes und will das erkennbar nicht. Er aber doch. Aber Gerda versteht nicht, was daran verkehrt ist. Den Überblick über alle Details zu haben, das ist doch für jemanden mit einer schweren geistigen Behinderung sehr schwierig. „Er muss pinkeln", interpretiert sie das Bild.

Es wird gelehrt, welche Gefühle gut sind und welche Gefühle nicht gut sind. Glücklich sein ist gut. Angst haben ist nicht gut. Gerdas Betreuerin zeigt ihr Szenen auf einem Video einige Male, und durch die Wiederholungen fängt Gerda an, die Dinge benennen zu können. Für die Bewertung gibt es Zeichen:

– Wenn es nicht gut ist: Dann zeigst du mit deinem Daumen nach unten.
– Wenn es gut ist, zeigt dein Daumen nach oben.

In dieser letzten Sequenz wird auch geschult, welche drei Schritte man unternehmen kann, wenn man unangenehme Gefühle erlebt. Wenn jemand dich anfasst, wo du das nicht wünschst, kannst du nein sagen und verschiedene Dinge tun, z. B. schreien! Oder jemanden wegschubsen. Oder die Betreuer direkt um Hilfe fragen.

Die Betreuerin übt dies zusammen mit Gerda in deren Zimmer. Sie üben, ganz laut nein zu rufen, welche von beiden kann es am lautesten? Entsetzt kommt eine andere Betreuerin, um nachzusehen, was los ist: „Was passiert hier?" Gerda muss lachen, weil sie jetzt schon ein Resultat sieht.

Ein Rollenspiel

Die Betreuerin übt auch in Rollenspielen mit Gerda, z. B. unter der Dusche. „Gerda, wo darf man dich nicht berühren?" „Hier, hier und da nicht", sagt Gerda zufrieden, während sie nacheinander auf ihre Brüste, ihre Vagina und den Po zeigt.

Wieder spielen lernen

Wir sprachen bereits über die Bedeutung und die Einschränkung hinsichtlich des gesprochenen Wortes. Menschen mit einer schweren geistigen Behinderung verfügen nicht so gut über Sprache. Aber sie können auch durch Spiel und durch Ausdruck besser in die Lage versetzt werden, sich zur Wehr zu setzen. Das Spiel ist ein Mittel, das eigene Leben besser in den Griff zu bekommen, es zu ordnen, oder einen belastenden Tag in der Werkstatt oder in der Tagesstätte zu verarbeiten: Das kannst du deinem Kuscheltier erzählen, oder du kannst es den Puppen in deinem Barbiehaus sagen. Spiele verlocken dazu, allerhand Emotionen zu äußern, die sich im Inneren angehäuft haben. Ein großer Erfolg!

Jan ist 58 Jahre alt, meistens gut gekleidet. Sein emotionales Entwicklungsniveau liegt bei ungefähr drei Jahren. Auf dem Tisch liegen Kuscheltiere, Babypuppen, kleine Autos. Jan nimmt sich eine Puppe und will sie nicht wieder hergeben. Auch die Kuscheltiere nicht. Er fängt wahrhaftig zu sprechen an! Das hat er seit Monaten kaum getan. Die Betreuerin spricht mit der Puppe. Jan antwortet in ihrem Namen. Es fällt auf, dass Jan alle möglichen Dinge, die er schön findet oder die ihm quer liegen, auf diese Weise viel einfacher zuordnen kann und dass die Betreuerin eine zusätzliche Möglichkeit bekommt, mit ihm darüber zu kommunizieren.

Man hat in dieser Wohnstätte, in der fünf erwachsene Männer wohnen, einen Spielraum eingerichtet. „Ist das noch normal?", fragt ein kritischer Betreuer. „Es sind schließlich keine Kinder." Es entbrennt eine Diskussion über das Spannungsfeld von Normalisierung und Akzeptanz. Einigen können sie sich nicht.

Wir halten es für gesund und professionell, am Erlebensniveau jedes einzelnen Menschen anzusetzen, eines Menschen, den man im Weiteren mit ganz erwachsenem Tonfall anspricht. Dazu fällt uns Wim ein, ein Mann, mit einer leichten geistigen Behinderung. Er fährt mit dem Moped in die Stadt, ein Kondom im Rucksack. Sein Zimmer aber ist voll mit Plüschelefanten. Zwei Welten, die zusammen Wims Lebensgeschichte bilden.

Menschen mit einer sehr schweren geistigen Behinderung

Menschen mit einer sehr schweren geistigen Behinderung bilden eine Gruppe sehr verletzbarer Personen. Sie sind besonders schutzbedürftig. Häufig befasst man sich nur wenig mit der Körperlichkeit, Intimität oder Selbstbehauptung von Menschen dieser Gruppe. Leider! Eine Studie (van Berlow 1995) erbrachte, dass Menschen mit einer sehr schweren geistigen Behinderung die am stärksten durch sexuellen Missbrauch verletzbare Gruppe bilden. Wir müssen davon ausgehen, dass viel mehr geschieht als ans Tageslicht kommt. Dabei sind gerade diese Menschen besonders abhängig von der Intimität, die wir ihnen im alltäglichen Umgang bieten. Umso wichtiger ist es, über Grenzen zu sprechen, über das Umgehen miteinander, über Behandlung oder Missbrauch.

Wie intim darf man mit einem Klienten sein? Wann überschreiten Sie eine Grenze? Beim Snoezelen kuschelt sich Peter an Sie an. Er bekommt eine Erektion und schiebt sich noch näher an Sie heran. Was bewirkt das bei Ihnen? Sprechen Sie darüber miteinander?

Und wie erkennen Sie sexuellen Missbrauch? Welche Signale verweisen darauf (siehe Kapitel 4)? Ein Mensch mit sehr schwerer geistiger Behinderung ist besonders abhängig von der Fähigkeit seiner Betreuer(in), seine oder ihre Signale und Verhaltensweisen zu interpretieren, die Geschichte dahinter zu „lesen".

Rosa hat eine sehr schwere geistige Behinderung. Sie kann sitzen, aber nicht laufen. Meistens liegt sie auf einer Matte im Wohnzimmer. Wenn Rosa sich zufrieden fühlt, lutscht sie an ihrer Hand, gleichzeitig „macht sie gemütliche Brummtöne", sagt die Betreuerin. Dann wackelt sie auch hin und her, immer auf dieselbe Art und Weise.

Vor einigen Monaten hat sich das Verhalten von Rosa verändert. Sie weint auffällig viel und lutscht nicht mehr an ihrer Hand, nein, sie beißt so fest hinein, dass die Hand verbunden werden muss, und sie muss vor weitergehenden Selbstverletzungen beschützt werden. Sie bewegt ihren Körper auf stereotype Weise. Was ist nur mit Rosa los? Die Mitarbeiter machen sich auf die Suche nach ihrem besonderen Hilfebedarf. Bauchschmerzen? Ja, ihre Menstruation ist manchmal etwas unregelmäßig, an den Tagen, an denen ihre Regel beginnt, weint sie öfter, dieses Muster kennen ihre festen Betreuer. Wann hatte sie zum letzten Mal ihre Regel? Nach den Notizen der Wohnstätte war das vor ungefähr drei Monaten. „Das macht ihr wohl Beschwerden", äußert eine Betreuerin. Keine der Mitarbeiterinnen dachte in Richtung sexueller Missbrauch.

Der Arzt fragte, warum er nicht früher über diese Umstände unterrichtet wurde. Er ließ einen Schwangerschaftstest durchführen. Rosa war im zweiten Monat schwanger.

Weitere Untersuchungen und auch der Zufall brachten die unglaubliche Geschichte ans Tageslicht: Es zeigte sich, dass Rosa schon seit einigen Monaten von dem festen männlichen Nachtdienstmitarbeiter vergewaltigt worden war. Diese Tatsache schockierte die Mitarbeiterinnen und Mitarbeiter, löste heftige Emotionen aus und führte zu Diskussionen. Dabei ging es unter anderem um die Verletzlichkeit der Klienten wie auch um die Verletzlichkeit der Mitarbeiterinnen und Mitarbeiter. Es wurde festgestellt, dass mehr Offenheit auf den Gebieten der Körperlichkeit, der Leiblichkeit und der Intimität erforderlich ist. Dass auch Emotionen häufiger besprochen werden müssen. Und dass eine Vision über den Umgang mit dieser Zielgruppe im Hinblick auf Körpererleben und Intimität entwickelt werden muss (siehe auch Kapitel 4).

4. Einige spezielle Kapitel bezüglich Sexualität und Beziehungsformen von Menschen mit geistiger Behinderung

4.1 Einleitung

Die Kernfrage dieses Buchs lautet „Wie kann ich Menschen mit einer geistigen Behinderung sexuell aufklären?" In dieser Hinsicht war das vorangegangene Kapitel der zentrale Teil dieses Buchs. Es zeigt sich in der Praxis, dass unser Thema enorm viele Fragen hervorruft. Eine Reihe dieser Fragen möchten wir in diesem Kapitel ansprechen.

Welchen Platz haben z. B. Sexualität und Beziehungen im Leben von Menschen mit einer geistigen Behinderung und zusätzlichen autistischen Verhaltensweisen? Wie kann sexuelle Aufklärung für sie aussehen (Kapitel 4.2)? In Kapitel 4.3 gehen wir auf sexuellen Missbrauch ein, ein leider häufig vorkommendes Unglück von Menschen mit einer geistigen Behinderung. Gute Aufklärung vergrößert die Chance, Missbrauch zu erkennen und ihm vorzubeugen. In Kapitel 4.4 sprechen wir über Homosexualität. Häufig bilden Homosexuelle noch eine Gruppe im Verborgenen, während man ihnen so viel erklären könnte, damit auch sie auf bereichernde Weise ihrem Sexualleben Gestalt geben können.

Eine Reihe von Klienten mit einer geistigen Behinderung wünscht sich ein Kind. Damit befasst sich das Kapitel 4.5. Pädophilie, Exhibitionismus und Fetischismus kommen in Kapitel 4.6 an die Reihe. Zum Abschluss geht es in Kapitel 4.7 um die Sucht nach Sex. Da das Kernthema dieses Buchs die sexuelle Aufklärung betrifft, die sich an jeden einzelnen Menschen, der unserer Sorge anvertraut ist, richtet, werden wir die Themen in diesem Kapitel nur kurz und zusammenfassend behandeln. Dafür geben wir einige Anhaltspunkte und Faustregeln, die – wie wir aus eigener Praxiserfahrung wissen – im Umgang mit dem betreffenden Klienten von Nutzen sein können. Detaillierte Beschreibungen gibt es hier aber nicht.

4.2 Geistige Behinderung, Sexualität und Autismus

4.2.1 Einige Merkmale autistischen Verhaltens

Über Menschen mit autistischen Verhaltensweisen oder anderen, dem Autismus verwandten Beziehungsstörungen, können in der Regel drei Aussagen getroffen werden:

1. Kontakte knüpfen, Beharrlichkeit, Verständnis und Erleben funktionieren in auffälliger Weise.
2. Die (Entwicklung der) Sprache ist besonders.
3. Auffälliges Verhalten kann beobachtet werden.

Kontakt

Menschen mit einer autistischen Kontaktstörung können Informationen von außen nur schwer interpretieren, sie können ihnen nur schwer eine richtige Bedeutung entnehmen. Folglich finden sie es auch schwierig, mit anderen Menschen Kontakt aufzunehmen, sich in einen anderen Menschen hineinzuversetzen. Das hängt viel mit der Tatsache zusammen, dass ihre Welt für sie so ist, wie sie sie erleben. Etwas ist, wie es ist. Ein Kennzeichen des Autismus ist also, dass ein Autist sich nicht vorstellen kann, dass ein anderer etwas anderes denkt oder möchte als er oder sie. Oft möchten diese Menschen durchaus mit anderen in Kontakt treten, verfehlen aber den Kern der Sache, weswegen der Kontakt fremd und manchmal bizarr wirkt. Es entstehen Kommunikationsstörungen.

Für eine Reihe autistischer Menschen ist Kontakt so bedrohlich, dass sie am liebsten allein bleiben möchten und sich in einer eigenen Welt von anderen abschirmen. Für die meisten ist es aber viel eher das Unvermögen, mit anderen in Kontakt zu treten. Der Wunsch ist vorhanden, aber es gelingt nicht.

Die Sprache

Bei vielen gibt es Besonderheiten auf dem Gebiet der Sprache. Sie ist oft nur unvollständig entwickelt, und die Bedeutung ist schwer zu entschlüsseln. Es gibt viele Wiederholungen von Wörtern, manchmal Sätze ohne erkennbare Bedeutung. Es kann der Eindruck entstehen, dass der betroffene Mensch eine Menge versteht, aber der Schein trügt. Es wird ganz konkret gedacht, abstrakte Begriffe sind schwierig. Jemand von uns fragte z. B. vor kurzem einen Menschen mit einer ziemlich leichten geistigen Behinderung und einer zusätzlichen autistischen Störung: „Was ist ein Urteil?" „Ein Teil einer Uhr!", lautete die entschiedene Reaktion.

Auch das Sprechen ist häufig auffällig: Zum Beispiel monoton bei kontinuierlich hoher Stimmlage. Oder der Betroffene wiederholt immer das, was jemand zuletzt gesagt hat (Echolalie).

Auffälliges Verhalten

Viele Menschen, die eine autistische Störung haben, zeigen auffällige Verhaltensweisen. Es gibt z. B. die Neigung, sich Zahlen zu merken oder sich stets auf dieselbe Weise zu bewegen. Oder ein auffälliges, wenn nicht gar obsessives Interesse an bestimmten Themen, Gewohnheiten, Gebräuchen. Die Verhaltensmuster können mitunter abweichend, aber auch bizarr sein.

Manchmal äußern sich Obsessionen in Fixierungen, d. h., zwanghaften Handlungen. Etwas muss immer auf bestimmte Weise, einem festen Muster folgend geschehen, bis zur Zwanghaftigkeit. Die Funktion dieser Zwanghaftigkeit kann folgendermaßen erklärt werden: „Wenn ich etwas auf diese Weise tue, bewege ich mich in einem wiedererkennbaren Muster und fühle mich sicher." Menschen mit autistischen Verhaltensweisen können sich in derartigen Verhaltensmustern und Fixierungen verlieren, so dass außerhalb ihrer Fixierung nichts mehr Bestand hat. In der Begleitung autistischer Menschen versucht man, die Sicherheit der bestehenden Muster nicht wegzunehmen: „Du kannst Autos sammeln", aber doch zu kanalisieren: „Bis dahin, so viele Autos und zu bestimmten Zeiten." Das schafft Übersicht. Ein Verhaltensmuster wird akzeptiert, und gleichzeitig gibt es Raum für andere Dinge im Leben.

Wenn wir dies in den Bereich der Sexualität übertragen, erkennen wir, dass viele Menschen mit einer geistigen Behinderung und einer dem Autismus verwandten Kontaktstörung einen Reiz oder einen Anlass von außen brauchen (wer von uns übrigens nicht?), um sexuelle Erregung zu erleben. Der Anreiz kann visuell oder auditiv oder taktil sein. Es kann um Gegenstände gehen: einen Pullover, einen Strumpf oder einen Schuh. Es kann auch ein Teil einer anderen Person sein: Eine Fixierung auf blondes Haar kommt in der Praxis häufig vor. Die Obsession für einen Pferdeschwanz. Auch können spezielle Rituale Stimulanzien für sexuelle Erregung beinhalten. Wir haben einen Mann kennen gelernt, der auf bestimmte Weise Streichholzschachteln auslegte und darüber masturbierte. Das war seine Weise, sich selbst zu befriedigen.

4.2.2 Der Kontakt, die Sprache und das auffällige Verhalten autistischer Menschen verlangen eine besondere Ausrichtung sexueller Aufklärung

Wir sprechen hier über eine „pervasive" Störung. Pervasiv bedeutet, dass die Störung in alle wichtigen Gebiete des menschlichen Lebens dringt. Schwierigkeiten beim Knüpfen von Kontakten, mangelhaftes Sprachverständnis und mangelhafter Spracheinsatz sowie zwanghaftes Verhalten: Was heißt das für das Erteilen sexueller Aufklärung?

Karl, der 35-Jährige mit einer mittelschweren geistigen Behinderung, hat auch eine dem Autismus verwandte Beziehungsstörung. Er wohnt in einer großen Einrichtung in einer Gruppe von neun Menschen. Karl funktioniert nur am Rande der Gruppe gut. Kontakte knüpft er auf eine ziemlich seltsame Weise. Einmal kommt er dicht an einen heran, das nächste Mal bleibt er von einem weg. Die Mitarbeiter(innen) erleben Karl als irgendwie nicht nachvollziehbar. Manchmal ist Karl ein Wasserfall. Laut erzählt er einem eine Geschichte nach der anderen, kommt von Hölzchen auf Stöckchen, wobei ihm manchmal der Schweiß ausbricht. Durch seinen tadellosen Sprachgebrauch wurde erst spät entdeckt, dass Karl eine dem Autismus verwandte Kontaktstörung hat. Der Schein hatte getrogen. Vieles in seiner Sprache erscheint uns inhaltslos, aber mithilfe seiner Sprache fragt Karl nach Bestätigung. Häufig streunt er über das Gelände der Einrichtung. In letzter Zeit hat er eine auffällige Beschäftigung entwickelt. Immer häufiger entwendet er Pullover von den Wäscheleinen im Gelände, nimmt sie mit in sein Zimmer und masturbiert damit und in die Sachen. Damit kann er sich stundenlang beschäftigen. Karl könnte sich, wenn die Betreuung ihn nicht angemessen unterstützt, gänzlich in diese Beschäftigung verlieren.

Die Betreuerinnen und Betreuer wollen seine sexuellen Zwangshandlungen honorieren und kanalisieren:

– Honorieren: Häufig sehen wir, dass auffällige Verhaltensweisen unterbunden werden. Wenn wir aber die Vision haben, dass Menschen sexuelle Wesen sind, möchte man der Sache eine andere Richtung und dem sexuellen Verlangen Raum geben. Verbunden mit einer Vorstellung von Autismus wird man diesem sexuellen Drang, dieser Energie auf adäquatere Weise ihren Platz lassen. Zu allererst sagt das Team: Dieser Drang ist an sich akzeptiert, und dieses ist typisch Karls Art und Weise, sich selbst zu befriedigen.

– Kanalisieren: Aber Karl soll sich hierin nicht verlieren. Es gibt mehr, als in hübsche Pullis zu masturbieren. Dabei braucht Karl aber Unterstützung (dies ist sein persönlicher Hilfebedarf). Die Betreuer haben für ihn ein Token-System aufgestellt, das im Hinblick auf sein Abstraktionsniveau und die zusätzliche autistische Störung ganz konkret angelegt worden ist. „Es ist in Ordnung, wenn du mit Pullovern spielst. Es ist nicht in Ordnung, Pullis von den Wäscheleinen wegzunehmen. Hier hast du einen Pulli. Du kannst von fünf bis sechs Uhr in deinem Zimmer mit deinem Pimmel und mit dem Pulli spielen. Das ist prima!" Dieses Muster wird jeden Abend immer zur selben Zeit durchgespielt. Wenn Karl sich daran hält, zeigt der Daumen nach oben! Und es gibt ein Bild von einer hübschen Frau. Karl hat ein außergewöhnliches Interesse für rote Haare. Karl hebt die Bildchen auf, und dafür gibt es ein sehr wichtiges Ziel: Für zehn Bilder bekommt er eine Belohnung. Dann geht Karl nämlich mit einem Betreuer ins Kaufhaus und kauft einen hübschen Pulli.
Dieses System funktioniert bei Karl, und er scheint damit zufrieden zu sein. Er fühlt sich in seinen sexuellen Bedürfnissen ernst genommen, man akzeptiert sein Handicap (seine zwanghaften Muster haben eine Funktion), aber man akzeptiert nicht, dass dieses Handicap sein Leben zu sehr mit Beschlag belegt und ihn gänzlich beherrscht: Man kanalisiert das Verhaltensmuster und beantwortet auf diese Weise sein (sexuelles) Hilfebedürfnis.
Bei Karl werden, wie bei vielen Menschen mit Autismus, Visualisierung, Konkretisierung und Kanalisierung eingesetzt.

4.2.3 Geistig behindert, autistisch und in einer Beziehung

Viele Menschen ohne eine geistige Behinderung haben schon große Mühe damit, sich in einen anderen hineinzuversetzen. Mit einer geistigen Behinderung wird das oft noch ein gut Teil schwieriger. Und wie schwierig wird es erst, wenn man dann auch noch eine autistische Kontaktstörung hat! Was kann man da tun?

Visualisierung, Konkretisierung und Kanalisierung! Es folgt ein Zitat von van Zipper (1997, S. 11–12), in dem sie sich mit zwei Menschen mit einer geistigen Behinderung befasst, von denen eine Person auch autistisch ist.

„Es ist schwierig, mit einem Autisten Geschlechtsverkehr zu haben, weil dieser Kontakt nicht den Schwerpunkt hat, einander zu verstehen, das muss eher von der anderen Person kommen, auch, aufeinander Rücksicht zu nehmen. Wenn man sich seiner Erwartungen bewusst ist und bereit, sich mit dem zu begnügen, was geht, dann ist es sicher möglich, mit jemandem, der eine Form des Autismus hat, eine befriedigende Beziehung zu haben.

Eine geistig behinderte junge Frau, Trudi, hatte sich in einen Mann mit einer pervasiven Störung, Fred, verliebt. Er findet sie auch sehr nett. Beide wohnen in einer Wohneinrichtung, und hin und wieder besuchen sie sich. Leider kann auch die Liebe Fred nicht verändern, denn er entpuppt sich auch jetzt nicht als geselliger Unterhalter oder aufmerksamer Verehrer.

Fred sieht sich wie üblich das Fernsehprogramm an, das er immer ansieht, und Trudi sitzt bei ihm. Beide scheinen aber doch die Anwesenheit des anderen zu genießen. Wenn sie gemeinsam in ihr Zimmer gehen, weiß Fred, dass er jetzt mit Trudi schlafen soll.

Anfangs gab es einige Probleme als Trudi dahinter kam, dass ihr Verehrer nicht wusste, dass das Lieben nur im Zusammenspiel beider schön ist. Fred riss ihr einfach die Kleider vom Leibe. Nach einem Gespräch mit der Wohnstättenleitung wurden Verabredungen getroffen. Man muss Fred genau vorschreiben, was er tun darf und was nicht. Weil Fred keine Körpersprache interpretieren kann, verabreden sie einen Code, was Trudi sagen muss, wenn sie etwas nicht oder doch angenehm findet, weil er sonst keine Rücksicht auf sie nehmen kann. Später einmal ist Trudi ziemlich enttäuscht, als das Schmusen (gerade nach der Fernsehsendung „Gute Zeiten – Schlechte Zeiten", einem festen Programmpunkt in Freds Leben) abrupt um halb zehn unterbrochen wurde, weil dann Zeit für die Abendlimonade ist und Fred wieder in seiner Gruppe sein möchte.

Wenn Trudi Fred anruft, ob er auf eine Geburtstagsfeier mitgeht, kann er fast nie darauf eingehen, denn Fred hat ein festes Programm, von dem er nicht abweicht, außer es wäre Monate im Voraus festgelegt."

In diesem Beispiel sind Strukturierung (zugunsten des autistischen Menschen) und das Einverständnis (und die akzeptierende Haltung seiner Partnerin) von großer Bedeutung. Autistische Menschen lassen sich von Strukturen leiten. Ihre Partner und Betreuer müssen das mithilfe der Vorstellung unterstützen, dass eine Person sein darf, wie er oder sie ist. Auf diese Weise können dann auch bereichernde Beziehungen bestehen.

4.3 Sexueller Missbrauch

4.3.1 Einleitung

Da wir das Thema Sexueller Missbrauch nur kurz besprechen können, verweisen wir auf weiterführende Literatur.

Die Untersuchung (Befragung einer Stichprobe von rund 300 Professionellen) von van Berlo (1995) belegte, dass viele Menschen mit einer geistigen Behinderung sexuell missbraucht werden.

„Die Resultate bestätigen die Annahme, dass Missbrauch bei Menschen mit einer geistigen Behinderung regelmäßig und strukturell stattfindet. Jede Einrichtung, die Betreuung für Menschen mit einer geistigen Behinderung anbietet, kann damit konfrontiert werden, innerhalb und außerhalb der Einrichtung.

Einige Schlussfolgerungen der Untersuchung:

- Während zwei Jahren kam bei 1,2% der Klienten mit einer geistigen Behinderung sexueller Missbrauch ans Tageslicht. Bei weiteren 1,3% besteht immerhin die Vermutung. Ort des Missbrauchs war die Einrichtung oder zuhause während des Wochenendes oder in den Ferien oder anderswo. Täter sind andere Menschen mit einer geistigen Behinderung (36%), Mitarbeiter (16%), Menschen aus dem häuslichen Umfeld (33%) und Menschen aus der Umgebung, der Region, dem Dorf, dem Café usw. (12%).
- In vielen Einrichtungen wurde bereits ein Konzept gegen den sexuellen Missbrauch in Gang gesetzt, aber bei der größeren Anzahl der Einrichtungen ist das nicht schriftlich festgehalten. Häufig fehlt es noch an klaren Protokollen, die jedem bekannt und jedermann zugänglich sind.
- Es gibt weniger Konzepte hinsichtlich sexuellem Missbrauch als hinsichtlich Sexualität allgemein. In Einrichtungen, in denen es Programme zu Sexualität und gegen sexuellen Missbrauch gibt, werden sichtlich mehr Fälle bzw. Vermutungen gemeldet als in Einrichtungen, die keine Programme haben oder in denen die Mitarbeiterschaft nichts von solchen Programmen weiß.

- Rund ein Drittel der Antwortenden gibt an, dass im Team nicht oder kaum über Sexualität gesprochen wird.
- Eine große Anzahl von Antwortenden (74%) gibt an, Fortbildungsbedarf auf dem Gebiet von Sexualität und im Hinblick auf Signale von und den Umgang mit (Vermutungen von) sexuellem Missbrauch zu haben" (Lammers zur Untersuchung von van Berlow 1997, S. 12 und 13).

Wir schätzen dieses Zitat, denn es hebt unsere Verantwortung hervor, Sexualität und Beziehungen sowie dem Aufspüren und Vorbeugen von sexuellem Missbrauch Aufmerksamkeit zu widmen. Das Erteilen adäquater sexueller Aufklärung spielt dabei eine große Rolle.

4.3.2 Das ideale Opfer

Menschen mit einer geistigen Behinderung sind das ideale Opfer für sexuellen Missbrauch.

„Menschen mit einer geistigen Behinderung sind – mehr oder weniger – von ihren Erziehern, Pflegern, Betreuern abhängig. Aufgrund ihres Handicaps überschauen sie weniger, haben sich und ihre Umgebung weniger gut im Griff. Oft ist ihr Wissen über ihren Körper und das, was sich gehört und was sich nicht gehört, geringer (auch hier ist wieder die besondere Wichtigkeit sexueller Aufklärung zu erkennen!). Häufig sind sie weniger gut in der Lage, sich selbst zu verteidigen und weniger selbstsicher. Und darüber hinaus leben sie – vergleichsweise – oft in sozialer Isolierung" (Bosch 1995, S. 128).

4.3.3 Definition sexuellen Missbrauchs

Van Berlow definiert sexuellen Missbrauch als sexuelle Kontakte zwischen normalbegabten Menschen und Menschen mit einer geistigen Behinderung, die gegen den Willen der Letztgenannten stattfinden. Oder ohne dass die Letztgenannten – als Folge körperlicher oder persönlicher Überlegenheit, wegen emotionellem Druck, Zwang oder Gewalt oder dem Grad ihrer Behinderung – den sexuellen Kontakt überhaupt verweigern könnten.

Es kann auch um Kontakte zwischen zwei Menschen mit einer geistigen Behinderung gegen den Wunsch eines der beiden gehen. Oder wenn eine der beiden Personen als Folge der oben genannten Ungleichheit in der Beziehung den Kontakt nicht hätte verweigern können.

Mit dem Begriff sexueller Kontakt sind alle tatsächlichen sexuellen Berührungen gemeint, vom Berühren oder Berühren-Lassen der Brüste und Genitalien, Küssen mit sexuellem Hintergrund bis zu Geschlechtsverkehr (vaginal, oral oder rektal) oder Eindringen mit Gegenständen oder Fingern, vaginal oder rektal. Nicht unter diese Definition fallen das Drängen auf sexuellen Kontakt oder das Zeigen oder Zeigen-Lassen von Genitalien.

Van Berlow fand es wichtig – gerade bei Menschen mit einer geistigen Behinderung – die Definition so präzise wie möglich zu fassen, weil die Grauzone bei dieser Zielgruppe so schwer abzugrenzen ist.

4.3.4 Die Grauzone

Kürzlich sagte jemand zu uns: „Ich berühre keine Klienten mehr." Ein Kollege von ihm war zu Unrecht sexuellen Missbrauchs beschuldigt worden. Das hatte ihn ruiniert, auch seine Familie. Und der Kollege geht nun zu niemandem mehr ins Zimmer. Hier ist etwas ziemlich schiefgelaufen. Übrigens, ob die Beschuldigung zu Recht besteht oder nicht: Es gibt nur Opfer. In diesem Team ging man tatkräftig dazu über, Gedanken über die Bedeutung von Aufklärung auszutauschen, über das Wissen der jeweiligen individuellen Grenzen und über kollektive Grenzen. Es klingt vielleicht paradox, aber je mehr Verabredungen man miteinander über Grenzen trifft, desto vertrauter, intimer kann man miteinander umgehen. Denn wenn man das nicht mehr tun kann, sollte man besser einen anderen Job wählen.

Die Grauzone ist der Bereich, in dem Grenzen leicht überschritten werden können.

> „Beim Thema sexueller Missbrauch spielt das Überschreiten von Grenzen eine wichtige – negative – Rolle ... Klarheit in Bezug auf Grenzen und eine offene Aussprache darüber im Team können ein Beitrag dazu sein, sexuellem Missbrauch vorzubeugen (ihn gänzlich auszuschließen ist unmöglich). Wie oft kommen wir als Betreuer(in) nicht in intimen Kontakt mit einem Klienten? Überlegen Sie: Jemanden beim Schlafengehen schön zudecken, jemandem unter der Dusche beim Waschen helfen, jemanden eincremen, gemeinsam im Bad sein, jemandem beim Anziehen helfen usw.

> Eigentlich sind das alles schöne, angenehme Momente. Wenn Sie eine gute Beziehung mit jemandem (ihrem Klienten oder ihrer Klientin) haben, sind das ideale Momente, in denen sie den Kontakt zueinander festigen und ausbauen können. Es können sehr vertrauliche, vertrauensvolle Momente sein. Das Wachstum und die Entwicklung eines Klienten setzen häufig eine solche vertrauliche Bindung voraus. Sich einem anderen Menschen vertraut zu fühlen, ist die Basis, von der aus die Welt erkundet werden kann, wie groß oder klein sie auch sein mag" (Bosch 1995, S. 148–149).

4.3.5 Bewusst und verantwortlich mit Grenzen umgehen

„Es wäre doch zu merkwürdig, wenn wir infolge der Tatsache, dass sexueller Missbrauch auftreten kann, nicht mehr auf solche angenehme Weise miteinander umgehen könnten. Ich befürworte keinesfalls solche Überreaktion, die in der Betreuungsarbeit nicht unbekannt ist. Man darf der Körperlichkeit nicht einfach abschwören. Aber es ist eine offene Haltung von allen Betroffenen erforderlich ... Wofür ich eintrete, ist also totale Offenheit auf diesem Gebiet untereinander, gegenüber Eltern und ausgehend von der Einrichtung, in der sie arbeiten. Halten Sie alles schriftlich fest, dann müssen Sie sich für nichts schämen. Offenheit ist eine professionelle Verantwortlichkeit, eine Frage der Qualität" (Bosch ebd.).

4.3.6 Sexuellen Missbrauch erkennen und ihm zuvorkommen durch Kenntnis vom eigenen Körper, von Normen und Werten; damit und mit Beziehungen angemessen umgehen und sich selbst behaupten

In Kapitel 3 sprachen wir über die in der sexuellen Aufklärung vorkommenden Themen Körperbild, Normen und Werte, Beziehungen und Selbstbehauptung. Diese vier Themen sind eng damit verknüpft, sexuellen Missbrauch aufzuspüren oder ihm vorzubeugen.

Wir sprachen darüber, wie wichtig es ist, den eigenen Körper zu kennen, ihn genießen können und dürfen. Dass man über die eigenen Grenzen Klarheit haben muss und sagen kann, wann sie überschritten werden. Dazu muss man den eigenen Körper zuerst gut kennen. Man muss wissen, was man schön findet und was nicht, wie sich das anfühlt und wie man das nennt. Erst wenn man Klarheit über die eigenen Grenzen hat, kann man fühlen und sagen, dass sie – gegen den eigenen Willen – überschritten werden.

Hans, ein Kollege von Jana, legt ihr den Hand auf den Po. „Das darfst du nicht", sagt Jana, „das sage ich meiner Betreuerin Marlen." „He du Zicke", sagt Hans, „hab dich nicht so, du willst doch mit mir poppen?" „Ne", sagt Jana, „geh weg Hans, ich will das nicht." Jana zittert am ganzen Körper. Sie ist eine Frau mit einer mittelgradigen geistigen Behinderung, die früher schwer missbraucht worden ist. Bei der sexuellen Aufklärung hatte sie sich intensiv mit dem Körperbild befasst und darüber hinaus einen Kursus zur Selbstbehauptung mitgemacht. Immer noch geht sie zu einer psychomotorischen Therapie. Dabei beschäftigen sie sich immer wieder mit der Frage, wie sie ihren eigenen Körper erlebt, mit der Tatsache, was sie angenehm findet und was nicht, und auch damit, wie sie ihre eigenen Grenzen benennen kann, wenn sie die deutlich erlebt hat.

Jana spricht später mit Marlen darüber. „Junge, Junge", sagt Marlen „das hast du prima hingekriegt."

Marlen nimmt Kontakt mit der Werkstatt auf, damit sie auch dort nach dem Rechten sehen, und berichtet auch der Psychomotoriktherapeutin davon. „Was habe ich gehört, Jana", fragt diese und ist sehr zufrieden, „hast du Hans eins aufs Dach gegeben?"

Auch das Kennen von Normen und Werten und das Erkennen oder das Signalisieren adäquaten (oder auch nicht adäquaten) Handelns danach, ist ein Beitrag zum Aufspüren oder Verhindern von sexuellem Missbrauch. Es ist ein Gewinn, wenn man weiß, dass es eine Norm gibt, die da lautet: „Niemand darf dich berühren, wenn du das nicht willst". Es ist nicht anständig. Jana kennt diese Norm. Ihre Betreuerin hat die Norm mit Bildern visualisiert. „Du kannst dann ruhig wütend werden oder schreien", sagte sie noch. Das war ein wertvoller Hinweis. Also sagt Jana: „Lass das, Hans."

Mit Beziehungen adäquat umzugehen ist nicht einfach. Wir haben das bei Vincent und Marion (Kapitel 2.2.2) gesehen. War es sexueller Missbrauch, als er auf ihre Vagina pinkelte und sie nahm? Ganz klar ist das nicht. Unbewusst überschritt er eine Grenze, und sie gab, weil sie es nicht besser wusste, keine Grenzen an. Mit der Zeit erfuhr Marion großen Leidensdruck und zog sich in sich selbst zurück, wurde stiller, bleicher, dünner. Klarere, präzisere und bessere sexuelle Aufklärung sorgte dafür, dass beiden deutlicher wurde, was ein echtes Vorspiel sein könnte. Vincent brauchte sie nicht mehr zu nehmen, Marion brauchte sich nicht mehr nehmen zu lassen.

Sich zur Wehr setzen: Viele Menschen mit einer geistigen Behinderung belegen Kurse zur Schulung der Selbstbehauptung. Das ist eine sehr wertvolle Entwicklung. Im vorigen Kapitel haben wir ausführlich darüber gesprochen.

4.3.7 Hinweise erkennen

Es ist wichtig, die Hinweise zu kennen, die auf einen sexuellen Missbrauch verweisen könnten. Literatur, die gut als Ausgangspunkt für Teambesprechungen dienen kann, finden Sie z. B. in einer Liste am Ende dieses Buchs.

4.4 Homosexualität

4.4.1 Einleitung

Homosexualität ist eine häufig vorkommende sexuelle Veranlagung. Die Beschäftigung mit Homosexualität ist ein Teil sexueller Aufklärung. In Gesprächen und mithilfe von Bildern und Filmen wird während der sexuellen Aufklärung auch durchgenommen, dass Menschen heterosexuell, homosexuell und bisexuell sein können, dass Menschen sich gewaltig voneinander unterscheiden. Und dass das gut so ist, etwas, auf das man stolz sein kann.

4.4.2 Akzeptanzprobleme und Identitätsprobleme

Viele Klienten entdecken erst in späterem Alter, dass sie homosexuell sind. Denn früher gab es z. B. nur wenig Offenheit um zu erfahren, dass Homosexualität auch eine normale Option ist. Während der Aufklärung zeigt sich, dass viele Klienten bereits Jahre mit der Frage beschäftigt sind „bin ich homosexuell?" Sie können in der Beantwortung dieser Frage während der Aufklärungsstunden und auch bei anderen Gelegenheiten unterstützt werden. Oft geht es darum, akzeptieren zu lernen, dass man so ist wie man ist, dass man darauf stolz sein kann, dass die Gefühle normal sind und dass man als Mensch ebenso wichtig ist wie jeder andere. Manche Klienten müssen bei der Frage: „Wie sage ich es meiner Umgebung?", unterstützt werden. Manche können wir beraten, wie sie mit Widerständen in ihrer Umgebung umgehen und wie sie selbstsicherer sein können. Ein Mittel der Wahl könnte ein Training der sozialen Fähigkeiten sein. In einigen Orten der Niederlande gibt es Gesprächsgruppen für homosexuelle Menschen mit einer geistigen Behinderung.

4.4.3 Homosexualität in Einrichtungen

Viele Klienten, die schon seit Jahren in Einrichtungen wohnen, zeigen homosexuelles Verhalten. Sind sie tatsächlich homosexuell, oder ist es eine Lebensweise geworden, die aus der Tatsache hervorging, dass sie schon jahrelang miteinander (in geschlechtsgleichen Gruppen) sexuell experimentiert hatten? Wie auch immer: Viele Klienten erhalten durch diese Veranlagung oder diesen Lebensstil eine eigene Identität. Und es geht natürlich darum, dass jede Person sie selbst sein darf und sich dabei auch gut fühlt.

4.4.4 Die Bedeutung offener, konkreter und ausdrücklicher Aufklärung

Joris und Jakob kennen einander von der Arbeit. Joris, der in einer größeren Einrichtung lebt, hat eine leichte bis mittelgradige geistige Behinderung. Sein emotionales Entwicklungsniveau entspricht dem eines Dreijährigen. Häufig trägt Joris mit seinem Dreirad auf dem Einrichtungsgelände die Post aus. Joris spricht ständig über Frauen, gibt sich aber wie ein Homosexueller (später zeigt sich, dass hinter diesem Verhalten ein Identitätsproblem verborgen ist).

Joris hat zwei Freunde in der Einrichtung. „Einen echten Freund", erzählt Joris bei einem Aufklärungsgespräch, „es ist Jakob." Mit Jakob hat Joris täglich mehrmals sexuelle Kontakte, und zwar im Fahrradunterstand hinten auf dem Gelände. Sie haben oralen Sex miteinander und sprechen auch von analem Sex. Joris kann gut darüber reden, bis ins Detail.

Joris spricht viel über Sex. Oft beschäftigt er sich mit seinen Händen im Schritt und lacht dabei herausfordernd. Sein Hosenstall steht häufig offen, und außerdem erzählt er noch schmutzige Witze. Die Betreuer wissen wirklich nicht, wie damit umgegangen werden soll und verlangen fachkundige Hilfe. Man hatte Joris natürlich „auf sein Verhalten angesprochen", aber wenig damit erreicht.

Der Sexualpädagoge macht sich daran, das Problem aufzuklären. Es zeigt sich ziemlich schnell, dass Joris unter den Auswirkungen einer Störung seiner Impulskontrolle leidet. Wenn er eine Erektion hat, dann „muss einfach geblasen oder gevögelt" werden (so ein Zitat von Joris). Das entspannt dann für ein Weilchen. Einige Auffälligkeiten zeigen sich:

– Joris verhält sich ziemlich nötigend gegenüber Jakob. Er zwingt ihn regelmäßig zu Oralverkehr.
– Es gibt selbst in Momenten, in denen man eher von Gleichberechtigung sprechen könnte, kein Vorspiel.
– Der sexuelle Kontakt ist nicht sicher, es werden keine Kondome verwendet. Sex erfolgt ungestüm mit der Möglichkeit, den Anus zu beschädigen, aber auch beim Oralsex kann der Penis wund werden.
– Der sexuelle Kontakt ist oft schmerzhaft. Das ist nicht verwunderlich, wenn man realisiert, dass Bert, den Joris seinen anderen Freund nennt, ihn seinerseits zu analem Sex zwingt.

Es gibt eine medizinische Untersuchung. Mögliche Geschlechtskrankheiten und Verletzungen werden untersucht und behandelt. Joris' Betreuer fängt mit sexueller Aufklärung an. Dabei kommen folgende Aspekte zur Sprache:

1. Technische Aufklärung: Hygiene, Erläuterung von Geschlechtskrankheiten.
2. Technische Aufklärung im Sinne des Kondomgebrauchs: Die Sache mit dem Kondomgebrauch findet Joris anfangs ziemlich schwierig. Es wird mit einem Kunstpenis geübt, und der Betreuer rät Joris, auch an seinem eigenen Penis zu üben.
3. Die Bedeutung des Vorspiels: Es wird über Zärtlichkeit gesprochen und darüber, einander lieb zu haben. „Einfach lecker geil sein ist auch toll", sagt der Betreuer, „aber es geht auch anders." Davon hatte Joris noch nie etwas gehört. Er findet es interessant und fühlt sich ernst genommen."
4. Regulierung bzw. Kanalisierung:
   – Sex im Fahrradunterstand ist nicht alles. Es gibt aber auf dem Gelände einen kleinen Stall mit einem Raum, in den sich Joris und Jakob zurückziehen können. Hierhin verkriecht sich Joris auch bei schlechtem Wetter und verbringt hier seine Pausen. „Mir ist schon klar, dass das wenig normalisierend klingt", sagt ein Betreuer, „aber es hat viele Vorteile. Es kommt der Sexualität der Männer entgegen, die damit einen normaleren Ort bekommen hat."

– Eine Betreuerin ist Vertrauensperson geworden, sie fungiert als externes Gewissen. Sie versucht, die Frequenz der sexuellen Kontakte zu regulieren, und zwar von dreimal auf einmal pro Tag. Dies geschah hauptsächlich, weil Joris gesagt hatte, „aus meinem Pimmel kommt kein Sperma mehr, wenn ich es zu oft mache". Darüber hinaus hatte er Erektionsstörungen, was wiederum zur Anspannung führte. „Besser einmal gut als dreimal mit Stress", sagte die Betreuerin. Das kam bei Joris gut an.
– Absprachen über anständige Umgangsformen im Gegenzug für das Zimmer auf dem Gelände: Weniger schmutzige Witze, nicht so oft die Hand an den Geschlechtsteilen.
– Teilnahme an einer Schwulengesprächsgruppe. Da gab sich Joris anfangs noch dominant und eklig und suchte vor allem Kontakte durch sexuelle Bemerkungen und Annäherungen. Aber das änderte sich im Laufe der Zeit: Joris wurde ruhiger und lernt – insbesondere durch die Haltung der anderen Männer – auch über normale Dinge zu sprechen. „So finde ich dich netter", sagt Chris. „Ich will dich gern mal besuchen und mit dir Pommes essen gehen."

4.4.5 Kondome mit Geschmack:
Die große Bedeutung des Kondomgebrauchs

Die Verwendung von Kondomen fand Joris also ziemlich lästig. Eine kreative Betreuerin kam auf die Idee, Kondome mit Geschmack anzubieten: Pfirsich, Himbeere, ja sogar Likörgeschmack. Es wurden auch verschiedene Formen vorgestellt: Geriffelte Kondome, solche in Elefantenform, Kondome mit Händen. Das fand Joris sehr interessant. Er verdiente sich diese Kondome durch gutes Verhalten: Höchstens einmal pro Tag Sex haben und Kondome benutzen. Das wurde in einem wöchentlich wiederkehrenden und von Joris sehr geschätzten Gespräch besprochen. Die Funktion des Gesprächs war Bestätigung, Bekräftigung und Kontrolle.

Tom ist auch homosexuell. Er wohnt mit einem Freund in einer eigenen Wohnung. Mithilfe einer Schwulengesprächsgruppe hat Tom gelernt, seiner Umgebung zu sagen, wer er ist: dass er sich nur in Jungs verlieben kann. „Ich küsse immer meinen Freund", sagt er stolz, „und manchmal kuscheln wir miteinander."

Während der sexuellen Aufklärung erwies sich, dass die sexuellen Aktivitäten von Tom und seinem Freund tatsächlich nicht weiter gingen als bis zu diesem „Aneinanderkuscheln". Sie bekamen zwar eine Erektion, das war angenehm, aber masturbieren, das hatten sie noch nie getan. Und sie wollten es auch nicht lernen. Darin waren sie ziemlich entschieden. Die Betreuerin hat ihnen mit Bildern gezeigt, wie das geht. Aber die Männer fanden es gut so, wie es war.

4.5 Kinderwunsch

4.5.1 Erfahrungen

Ein nicht unwichtiges Thema sexueller Aufklärung ist die Beschäftigung mit dem Kinderwunsch. Eine zunehmende Anzahl von Menschen mit einer geistigen Behinderung hat, ebenso wie die meisten Menschen ohne eine geistige Behinderung, den Wunsch, Kinder aufzuziehen. Oft führt dieser Wunsch zu einem ethischen Problem. „Wer sind wir, dass wir einem Klienten verbieten könnten, ein Kind zu kriegen?", fragte ein Betreuer.

„Wer sind wir, wenn wir es ihnen nicht verbieten?", reagierte ein Kollege. „Erziehung führt zu selbstverantwortlicher Selbstbestimmung. Wenn du diese selbstverantwortliche Selbstbestimmung nicht hast, wie kannst du sie dann an ein Kind weitergeben? Ein Kind hat das Recht auf gute Betreuung und Erziehung. Können Menschen, die selbst von Betreuung abhängig sind, ihnen das bieten?"

Ein ethisches Problem, ein moralisches Dilemma.

In der Praxis zeigt sich, dass viele Beziehungen zwischen geistig behinderten Eltern und ihren Kindern schwierig verlaufen. Oft wird das Kind in eine Pflegefamilie vermittelt, das Jugendamt führt Aufsicht darüber, und es werden – auch das oft unter Betreuung – für die Eltern Besuchsregeln getroffen.

Wenn eine Klientin oder ein Klient ein Kind hat, hat die Betreuung oft unterstützende Funktion, damit der Kontakt gut verläuft. Manchmal sind die Kinder der Klienten selbst nicht geistig behindert und überholen ihre Eltern auf kognitivem Gebiet im Alter von sieben bis acht Jahren. Während der Pubertät kann das zu Problemen führen, viele Kinder schämen sich.

4.5.2 Ein Betreuer nimmt Papa an die Hand

Beide Eltern sind geistig behindert. Mutter wohnt mit dem Töchterchen Eva ambulant betreut, Vater wohnt – nach einem Gerichtsurteil – in einer Einrichtung mit 24-Stunden-Betreuung. Einmal im Monat besucht der Vater seine Tochter, es gibt eine Besuchsregelung, die gänzlich mit Betreuung abläuft. Der Vater würde sich völlig überfordern, wenn er allein mit seiner Tochter gelassen würde, und zwar als Folge seiner Behinderung und der auffälligen Diskrepanz zwischen Kognition und Emotion.

Der Betreuer nimmt den Vater buchstäblich an die Hand. Er sagt ihm, wie man zur Begrüßung „Guten Tag" sagen kann, wie man auf gute Weise Abschied nimmt. „Ja, gib ihr nur ein Küsschen. Ja, auf die Wange." Der Betreuer sagt dem Vater auch, wie er Interesse an seiner Tochter zeigen kann. Denn das kann der Vater nicht von allein. Sein emotionales Funktionsniveau liegt bei drei Jahren und ist ziemlich egozentrisch. Er kann sich nicht in einen anderen hineinversetzen, kann das entsprechende soziale Verhalten nicht zeigen, auch nicht gegenüber seiner Tochter.

Der Vater ist immer sehr froh, wenn seine Tochter auf Besuch kommt, wie ein Kind, das morgen Geburtstag hat. Folglich spricht er auch nur über sich selbst: „Ich war mit dem Betreuer im Dorf, hab neue Schuhe gekauft!" Mit Betreuung verlaufen diese Interaktionen dank einiger Regulierung gut. Der Vater spricht auch gern über Sex. „Nicht tun, wenn Eva da ist", sagt der Betreuer. „Das gehört sich nicht. Auch nicht immer im Supermarkt laut nach der Tochter rufen, da sind auch andere Menschen, die alles hören."

Ein Buch über Eva
Der Vater kann sich das alles nicht merken. Seine Betreuer machen mit ihm zusammen ein Buch. Darin steht alles über seine Tochter Eva: Babyfotos, Geburtstagsfotos, Besuchszeiten und was sie an den Besuchstagen gemacht haben. Das Buch ist ein Sinnbild für die Bindung an seine Tochter, und gleichzeitig ist es die Möglichkeit, anderen etwas Schönes über seine Tochter zu erzählen. Darauf kann der Vater stolz sein, und auch für Eva ist es schön. Dann kann sie auch mit gutem Gefühl an ihren Vater denken.

Das läuft anfangs gut. Aber dann kommt Eva in die Pubertät. Eva erweist sich nun als viel klüger als ihr Vater. „Mit dem Betreuer habe ich eigentlich einen besseren und echten Kontakt als mit Papa", sagt sie. „Ich schäme mich auch. Ich gehe nicht mehr mit ihm in ein Restaurant, denn er schreit immer so und erzählt immer dieselben Probleme." Eva hat großen Kummer, und sie führt ein einsames Leben.

Der Vater empfindet es auch, dass seine Tochter klüger ist und reagiert mit Versagensangst und Furcht. Er hat häufiger mit den Betreuern und den Mitbewohnern Krach. Intensive Unterstützung bleibt erforderlich. Vater kann die Besuche nicht selbstständig bewältigen. Im Gegenteil. Nachdem Eva nun Schwierigkeiten mit ihrem Vater hat, kommt dessen Verletzlichkeit besonders zum Ausdruck.

Es gibt auch positivere Erfahrungen. Von Paaren mit einer leichten geistigen Behinderung (oder Lernbehinderung), eigentlich verletzliche Menschen, die sehr motiviert und sorgsam ihre Kinder erziehen, unterstützt von Betreuern oder Sozialarbeitern:

„Mein Kind macht mich sehr glücklich", sagt die fürsorgliche Anja. „Mein Kind ist das Schönste, was ich habe. Die Betreuer hatten mir gesagt, dass ich die Pille nehmen müsste, ja, die hatte ich ganz vergessen", sie lacht, „und sieh nur, was für ein schönes Mädchen. Ohne sie möchte ich nicht sein!"

4.5.3 Aufklärung im Hinblick auf Kinderwunsch

Autonomie und Selbstbestimmung schließen Betreuung nicht aus. Die Betreuung hat die Verantwortung, romantische Vorstellungen zu relativieren und zu zeigen, was Erziehung von Kindern beinhaltet. Nicht um einem Menschen zu sagen, was dieser tun muss. Das nicht, aber es ist nicht schädlich, ein Wirklichkeitsbild neben ein anderes zu stellen. Ein nuanciertes Bild der Wirklichkeit vergrößert die Chance, die richtige Wahl zu treffen. Weiß denn dieser eine Mensch mit einer geistigen Behinderung, was es bedeutet, ein Kind zu erziehen, und was alles zur Verantwortung der Elternschaft gehört? Weiß der Klient oder die Klientin, worüber er bzw. sie spricht?

Die Beschäftigung mit solchen Fragen kann in der Aufklärung passieren. Am besten geht es dadurch, dass Dinge selbst erlebt werden. Jedoch muss der Wunsch nach Elternschaft ernsthaft angehört werden. Es ist aber zu empfehlen, nicht nur eine Wahrheit zu betrachten.

Ein Beispiel dafür ist das Wissen um die Bedeutung, die Verantwortung für ein Kind zu tragen. In dem Buch „Kein Kind mehr" gibt es das Beispiel mit dem Ei. Ein Ei, eventuell mit einem Gesicht bemalt und angekleidet, muss von dem Klienten oder der Klientin einige Zeit gepflegt werden. Das erweist sich in der Praxis häufig als recht schwierig. Du musst das Ei immer mitnehmen, es darf nicht kaputt gehen, oder du musst einen Babysitter besorgen. Dann ist zu bedenken, dass das Ei nicht in die Hose macht und auch nicht schreit, und wie es ist, wenn man während der Babyzeit immer wieder geweckt wird oder wenn es dich während der Kleinkindzeit bis aufs Blut reizt. Nach einer mehrwöchigen Betreuung des Eis wird zusammen mit der Betreuung ausgewertet, wie das gefallen hat. Viele Menschen sind überrascht über das Gefühl von Verantwortung und sehen von ihrem Kinderwunsch ab. Ein Kind zu haben, ist doch mehr als eine rosa Wolke.

Während der Betreuung werden auch Puppen eingesetzt. In diesen Puppen gibt es einen eingebauten Computer, wodurch die Puppe in gänzlich unerwarteten Momenten anfängt zu schreien oder in die Windeln macht. Mehrere Klienten sind vollkommen überrascht. Das eine oder andere Beispiel gibt oft gute Einblicke in die Verantwortlichkeiten, die Elternschaft mit sich bringt.

Sie können auch mit Klientinnen und Klienten darüber sprechen, was diese leicht oder schwierig an einer Elternschaft finden würden. Wie kombinierst du Elternschaft mit deiner Arbeit? Was tust du, wenn dein Kind krank ist? Was tust du, wenn dein Mann wegläuft?

Kein Klient ist wie ein anderer, keine Klientin wie eine andere.

– Die eine hat keine Vorstellung davon, was Elternschaft beinhaltet, und wird von den Konsequenzen abgeschreckt.

– Der andere findet es schön, sich um etwas oder jemanden zu kümmern. Der könnte vielleicht auch in einer Kinderkrippe arbeiten oder sich zuhause Kätzchen halten.

– Und wieder eine andere möchte wirklich ein Kind haben. Und dann stecken Sie vielleicht in einem moralischen Dilemma.

4.6 Pädophilie, Exhibitionismus und Fetischismus

4.6.1 Pädophilie

Bei der in diesem Band gebotenen Kürze möchten wir einen inhaltlichen Vorschlag zur Begriffsklärung machen:

Sexuelles Interesse an Kindern aufgrund von Handlungsverlegenheit

Hierbei denken wir an Klienten, die sich aus verschiedenerlei Gründen Kindern zuwenden, aber ohne intrinsisches sexuelles Interesse an Kindern. Der Betroffene fühlt sich aber bei Kindern wohl, und sein emotionales Funktionsniveau korrespondiert mit dem des Kindes. Wenn dann möglicherweise sexueller Kontakt entsteht, geschieht das auf der Basis emotionaler Motive. Bei einem Kind fühlt sich der Betroffene sicher, ist Kind unter Kindern. Wir können regelmäßig beobachten, dass jemand Körperlichkeit, Wärme, Geborgenheit bei einem Kind sucht, weil das bei Altersgenossen nicht klappte. Das Kind ist dann ein Ersatz.

Die Bedeutung dieses Verhaltens ist nicht auf ein tatsächliches sexuelles Interesse an Kindern zurückzuführen, sondern das Verhalten entspringt einem Mangel an anderen Möglichkeiten, einer Handlungsverlegenheit, eingeschränkter Einsicht, weniger entwickelter emotionaler Entwicklung, fehlenden sozialen Fähigkeiten, fehlenden Fähigkeiten, Beziehungen zu unterhalten, dem Fehlen eines Partners, einem schwachen Urteilsvermögen oder auch Störungen der Impulskontrolle.

Mit diesen Begründungen bezwecken wir keine Legitimierung oder Rechtfertigung übergriffigen Verhaltens. Im Gegenteil. Solches Verhalten ist (zum Glück) gesetzlich strafbar. Das gilt auch für Menschen mit einer geistigen Behinderung. Wenn wir aber die Bedeutung, die hinter dem Verhalten steht, zum Vorschein bringen, wird es oft einfacher, Menschen das zu bieten, was sie tatsächlich auf sexueller Ebene benötigen.

Im folgenden Beispiel von Gert handelt es sich um einen mittelgradig geistig behinderten Mann, der einige Zeit allein gelebt hatte. Eine Krise führt ihn zurück in die Wohneinrichtung. Gert hatte nämlich auffällig widersetzliches Verhalten gezeigt und Krach mit seinem Betreuer. Noch auffälliger war sein sexuell ausgerichtetes Verhalten gegenüber einem siebenjährigen Mädchen aus der Nachbarschaft. Er hatte sich ihr mit einer Erektion genähert und versucht, sie zu küssen. Das selbstständige Wohnen hatte sich als große Überforderung Gerds erwiesen.

Gerts emotionales Entwicklungsniveau ist das eines Dreijährigen, sein Einsichtsvermögen ist unzulänglich, und es gibt kein Bewusstsein für Normen und Werte. Die externe Kontrolle, die Gert für ein normalisiertes Leben benötigt, kann man ihm in der Wohneinrichtung mit einer 24-Stunden-Versorgung bieten; alle sind aber sehr von der Art, wie Gert mit dem Nachbarmädchen umgegangen ist, schockiert. Gert wurde vom Leiter der Einrichtung energisch zurechtgewiesen (er ist übrigens sehr empfänglich für Autorität), er wurde streng auf sein Verhalten angesprochen, ohne dass er als Person zurückgewiesen wurde. Sophie, eine Betreuerin, versucht in einer vertrauensvollen Atmosphäre die Bedeutung von Gerts auffälligem Verhalten herauszufinden.

Sie fragt – und verwendet als Unterstützung Zeichnungen und Bilder – unter anderem, ob Gert weiß, was Masturbieren ist. Das ist ihm unbekannt. Mithilfe des hermeneutischen Kreises konstatiert Sophie Folgendes:

1. Gert ist körperlich gesehen ein gesunder Mann. Aufgefallen waren übrigens immer schon seine Geschichten über Frauen, Sex und Liebe und seine sexuell gefärbten Bemerkungen. Das hatten die Betreuer schon korrigiert, aber doch keine tiefere Aufmerksamkeit darauf verwendet. Eine vertane Chance.
2. Auf geistiger Ebene ist Gert jemandem mit einem Entwicklungsalter von fünfeinhalb Jahren vergleichbar.
3. Emotional gesehen ist Gert „ein kleiner Mann": Drei Jahre, mit viel Bedürfnis nach Bestärkung, Struktur und Normen, um sich daran auszurichten.
4. In sozialer Hinsicht zeigt Gert ein entsprechendes Entwicklungsalter mit geringer Kenntnis von Normen und Werten; er zeigt ein primäres Verhalten, wenn er auf das Mädchen losgeht. Eine Erektion ist angenehm und ein Kind ist lieb. Wäre da ein Kuscheltier gewesen, hätte er es möglicherweise damit getan.
5. Gert hatte in seiner Erziehungs- und Entwicklungsgeschichte keine sexuelle Aufklärung. Zuhause gab es große Probleme, von Alkoholismus war die Rede, und es wurde geschlagen. Gert ist immer sehr ängstlich gewesen.

Sophie kam schnell dahinter, dass Gert praktisch nichts von Sexualität wusste. Er kannte die Wörter nicht, wusste nur, dass er „ein schönes Gefühl an seinem Pimmel" hatte, wusste das aber nicht in sexuelles Tun umzusetzen. Ausgehend von dem angenehmen Gefühl machte Gert „eine Bewegung mit meinem Pimmel", so nannte er das, „das war schön, ich dachte, dass das Mädchen auch froh darüber war". Es zeigte sich, dass dieses Verhalten mit einem adäquaten sexuellen Aufklärungsprogramm gut zu regulieren war. Gert bekam erklärt, wie man masturbiert und wo man das tut. Wie man anständig mit Menschen umgeht. In der Offenheit der Aufklärung werden leichter Grenzen gezogen. Gert geht nun sehr höflich mit Menschen um. Ein bisschen schämt er sich auch. Man hatte ihm das noch nie erklärt.

Später geht Gert mit einer Frau der holländischen Stiftung Alternative Beziehungsvermittlung ins Bett. Wer hätte das erwartet, wenn wir Gerts scheinbares Interesse an Kindern und die große Betroffenheit der Menschen in seiner Umgebung betrachten.

Bewusstes sexuelles Interesse an Kindern: Pädophilie

Als pädophil bezeichnen wir einen Menschen mit intrinsischem sexuellen Interesse an Kindern. Kinder erregen ihn. Das sexuelle Interesse und alle Fantasien sind ausschließlich auf Kinder unter zwölf Jahren gerichtet, im Allgemeinen auf Kinder, die noch nicht die Pubertät erreicht haben. Die Täter sind älter als sechzehn Jahre und jedenfalls fünf Jahre älter als das Kind. Pädophilie ist häufig bewusst mit Zwang verbunden und mit Geheimhaltungspflicht für das Kind. Sexuelle Kontakte werden durch komplizierte Strategien ausgeübt.

Josef hat eine leichte geistige Behinderung. Jahrelang wohnte er in einer psychiatrischen Einrichtung, wo er mehrere sexuelle Kontakte mit Männern hatte. Jetzt wohnt er in der Nachbarschaft einer kleinen Einrichtung in einer Wohnumgebung mit vielen Kindern. Josef lockte – so erwies es sich zur großen Bestürzung einer Betreuerin – kleine Jungen aus der Nachbarschaft in sein Zimmer. Er zeigte ihnen seinen Penis. Für eine Tüte Lakritz zogen die Jungen gern ihre Hosen aus. Es wurden Masturbationsspiele gespielt.

Es wurde sofort eingegriffen, und es wurden Normen formuliert: „Kein Sex mit Kindern!" Das war Josef neu. Sollte es noch einmal passieren, dann würde die Polizei eingeschaltet, und er würde seine erworbene Freiheit gänzlich verlieren (und zurück in die 24-Stunden-Betreuung kommen). „Wenn ihr mich nicht kontrolliert, geht das schief", erklärt Josef bei einem Gespräch über Normen. Es muss mehr geschehen: Wohnen, Arbeiten und Freizeit werden näher zusammengebracht. Josef wird von der Wohnstätte beobachtet und arbeitet im Prinzip auf demselben Gelände. Es gibt Absprachen. Im Prinzip ist Josefs ganzer Tag strukturiert. Sein Leben ist derart eingebunden, dass Rückfälle praktisch ausgeschlossen sind. Selbst sein Abendprogramm bis zum Schlafengehen verläuft in vorgezeichneten Bahnen.

Josef hat – zur Überraschung vieler – nicht das Gefühl, dass er in einem Gefängnis lebt. „Ich bin nämlich froh, dass ich selbstständig wohne. Und dass ich auch immer den Mülleimer rausbringe."

Auch Josefs sexuelles Verhalten wurde kanalisiert. Durch eine Kontaktanzeige hat Josef einen homosexuellen Mann getroffen, mit dem er jeden Monat Sex hat. Auch das wird betreut. Josef wohnt noch immer inklusiv. Die Betreuung auf sexueller Ebene ist aber sehr exklusiv. „Wie gut, dass man mit sexueller Betreuung so viel in richtige Bahnen lenken kann", fand ein Mitarbeiter.

Dieser Beobachtung schließen wir uns gern an. Oft jedoch gibt man sich wenig Mühe, bei solchen Verhaltensweisen noch den Menschen, der hinter diesem Verhalten steckt, zu sehen. Ein Mensch ist aber mehr als sein Stigma.

4.6.2 Exhibitionismus

Einige Merkmale des Exhibitionismus
- Die Geschlechtsteile werden Unbekannten gezeigt.
- Manchmal wird bei diesem Herzeigen gleichzeitig masturbiert.
- Meistens gibt es keine Neigung zu körperlichen Kontakten.
- Manchmal möchte man schockieren.
- Man wünscht sich Aufmerksamkeit.
- Man wünscht sich, die fremde Person zu erregen.
- Dieses Verhalten kommt gewöhnlich nur bei Männern vor, sehr selten bei einer Frau.
- Der Penis wird meistens nur gegenüber Frauen oder Kindern gezeigt.

Ein Beispiel
Im Nachhinein wurde festgestellt, dass Michel sich ungefähr einmal pro Woche exhibitionierte und öfter, wenn er unter Anspannung stand. Dann ging er zum Tennisplatz, auf dem Frauen spielen, oder zur Tanzschule, in der Mädchen von dreizehn und vierzehn Jahren Tanzstunden nahmen. Dort zeigt er aus großer Entfernung sein Geschlechtsteil den unbekannten Personen und masturbiert dabei. Den Drang dazu empfand er jeden Tag und konnte ihm nur schwer Widerstand leisten. Das Exhibitionieren wurde entdeckt, als er im Alter von zwanzig in eine Wohnstätte zog.

Michel hat ein ordentliches Mundwerk, er ist ziemlich angeberisch und dominant. Immer wenn seine Dominanz gebremst wird, fühlt er sich verletzt und abgewiesen, und wir beobachten, dass seine Neigung zum Exhibitionismus in diesen Momenten zunimmt. Ebenso geschieht es bei einer Erhöhung seiner Anspannung, etwa bei der Arbeit. Michel fühlt sich schnell anderen unterlegen. Ein solches Gefühl versucht er niederzuschreien. Aus diesem Erleben heraus fing Michel an, Fantasien über Exhibitionismus zu entwickeln, nachdem er so etwas einmal im Fernsehen gesehen hatte. In seiner Allmachtsfantasie (seinem Größenwahn) erzählten Frauen ihm, wie schön sie ihn fanden, insbesondere seinen Penis.

Von solchen Gedanken wurde Michel sexuell erregt, und dann entblößte er sich vor unbekannten Frauen.

Dies alles erzählte Michel einer Betreuerin bei einem Aufklärungsgespräch.

Begleitung

Exhibitionismus ist ein schwer zu beeinflussendes Problem, wenn es bereits seit langer Zeit ausgeübt wird. Dann entstehen nämlich schwer zu verändernde Verhaltensmuster. Häufig ist neben Betreuung auch von Behandlung die Rede. Und zwar aus zwei Gründen: Einerseits kann der Klient selbst sehr unter seinem Drang, sein Geschlechtsteil zeigen zu müssen, leiden; er kann auch darunter leiden, dass er seine Fantasien nicht loslassen kann. Andererseits wird Behandlung infolge von Klagen der Umgebung notwendig. Bei dem Begriff Behandlung denken wir unter anderem an Psychotherapie, Verhaltenstherapie und eine adäquate Einschätzung der Betreuung durch einen Psychiater.

Möglichkeiten der Verhaltensänderung bestehen, wenn der Klient einsieht, was er in seinem Umfeld bewirkt, und wenn er motiviert ist, z. B. durch das Lernen sozialer Fähigkeiten, durch eine andere Kanalisierung des sexuellen Drangs und durch Selbstbehauptungstraining.

Eine Reihe von Aspekten wirkte bei der Betreuung von Michel zusammen:

– Klärung seines Betreuungsbedarfs: Was genau ist der Inhalt seines Verhaltens? Welche Intensität, welche Frequenz, welche Folgen, wie schwerwiegend ist es, welchen Platz nimmt es ein? Anlässlich einer Klärung seines Betreuungsbedarfs erwies sich, dass soziale Fähigkeiten und Fähigkeiten im Unterhalten von Beziehungen einen besseren Platz in Michels Leben erhalten müssten. Michel verhält sich unterwürfig. Bei Anspannung zeigt er seinen Penis. Ein Selbstbehauptungstraining erwies sich dann auch als sehr geeignet für ihn.

– Akzeptierte Spannungsregulierung: Was kann man tun, wenn man angespannt ist? Schöne Dinge tun, Sport treiben, Gefühle äußern und auf sexueller Ebene masturbieren mit oder ohne erregende Fotos (Hefte oder Videos). Das ist eine legitimierte sexuelle Äußerung, die von der Betreuerin positiv bekräftigt wird.

– Die Suche nach alternativen Verhaltensweisen, also Masturbation.

– Externe Normierung: „Du darfst deinen Pimmel nicht zeigen, auch wenn du das möchtest. Dann müssen wir eingreifen. Was du aber natürlich gern tun kannst: In deinem Zimmer mit deinem Pimmel spielen." Es gelingt besser, unerwünschtes Verhalten abzubremsen, wenn dafür in einer offenen Atmosphäre Alternativen genannt werden.

– Eventuell ein Token-System einsetzen. Viele Klienten erleben das als positive Unterstützung.

4.6.3 Fetischismus

Mit Fetischismus wird der Einsatz lebloser Gegenstände zur Erreichung sexueller Erregung bezeichnet. Die Erregung wird dann in Masturbation umgesetzt. Das erregende Material ist ein wichtiges Hilfsmittel, den Orgasmus herbeizuführen. Denkbar sind Slips von Frauen, Schuhe, Stiefel, Kleidungsstücke (insbesondere aus Gummi oder Leder). Fetischismus beginnt häufig in der Adoleszenzphase und bleibt später meistens bestehen.

So ist der leicht geistig behinderte Mark ganz versessen auf kurze Röcke. „Das Gefühl habe ich schon lang", sagte er kürzlich. Fernsehreklame und Bilder in Werbebeilagen erregen ihn. Mark kann kaum die Neigung unterdrücken, Mädchen und Frauen auf der Straße an den Rock zu fassen.

Sexuelle Aufklärung bringt diese – schon seit Jahren vorhandenen – Bedürfnisse Marks zutage. Es ist für Mark eine enorme Erleichterung, diesen Wunsch, dieses Bedürfnis jemandem anvertrauen zu können. Aber jemandem an den Rock zu gehen, das darf natürlich nicht sein. Also schlägt der Betreuer als Alternative vor, in seinem Zimmer mithilfe von Bildern, Zeitschriften und Katalogen zu masturbieren; insbesondere Damenkleidung findet Marks Interesse. Anfangs funktioniert es gut, aber bald hat sich Mark sattgesehen. Nun steht eine Schaufensterpuppe aus zweiter Hand in Marks Zimmer, eine blonde Dame mit Pulli und Rock. Diese Puppe lebt in Marks Fantasiewelt. Einmal im Jahr geht er zum Flohmarkt und sucht einen neuen Rock für seine Puppe. Das erregt ihn enorm. Mit diesem Inhalt seines Sexuallebens ist Mark sehr zufrieden.

4.7 Sexsucht

Viele Klienten kommen auf sexuellem Gebiet gut zurecht, insbesondere, wenn sie auf dieser Ebene Unterstützung und gute sexuelle Aufklärung erhalten. Eine Reihe von Klienten findet es aber schwierig, sexuelle Reize angemessen zu verarbeiten. Das kann dazu führen, dass sie übertrieben oder zwanghaft auf Sex ausgerichtet sind, z. B. indem sie regelmäßig den Telefonsex anrufen oder viele Pornovideos ansehen. Auch Sex am Computer kommt auf. Die Kunst besteht darin, dahinter zu kommen, was die Bedeutung des Verhaltens für den Betroffenen ist. Geht es um eine Form, auf angenehme Weise mit sich selbst Sex zu erleben? Oder verliert sich die infrage kommende Person darin? Was sagt der hermeneutische Kreis über diesen Menschen?

Es empfiehlt sich auch, herauszufinden, welches Frauenbild diese Aktivitäten bei einem Klienten hervorrufen. Werden Fiktion und Wirklichkeit angemessen auseinandergehalten? Sexuelle Aufklärung erweist sich in der Praxis als probates Mittel, diese Art von Fragen zu beantworten.

So kann es Norbert, ein Mann mit einer leichten geistigen Behinderung, nicht lassen, die Nummern für Telefonsex anzurufen. Diese Gespräche sind zu spannend! Es entsteht eine Fixierung. Sexsucht bewirkt einen starken Adrenalinstoß, und es entsteht eine Rechnung von 7.000 Euro. Es fällt den Damen leicht, Norbert in ein Gespräch zu verwickeln. Norbert ruft auch nachts an. Das bringt seinen Schlafrhythmus durcheinander (auch das ist ein Kennzeichen von Sexsucht).

Der Betreuer greift ein. Das Telefon wird durch ein Handy mit Telefonkarte ausgetauscht, so können die Kosten in Grenzen gehalten werden. Man bemüht sich um Klärung des sexuellen Hilfebedarfs und kommt zu dem Schluss: Norbert möchte gern eine Freundin haben, er sucht Aufmerksamkeit und Bestätigung. Die Betreuer helfen Norbert mit einer Kontaktanzeige bei seiner Suche. Norbert besucht einen Kursus zur Schulung seiner sozialen Fähigkeiten. Während der sexuellen Aufklärung kommt zutage, dass Norbert während seiner Telefongespräche eine Erektion bekommt („Das kribbelt in meinem Pimmel", sagt Norbert). Er kann aber nicht masturbieren. Davor hat er Angst, es tut ihm weh. Auch lang dauernde Erektionen verursachen Schmerzen, weil es nicht zum Samenerguss kommt. Norbert musste von Neuem lernen zu masturbieren. Das dauerte lang, weil erst seine große Angst ausgeräumt werden musste. Aber dank der Tatsache, dass schnell eingegriffen wurde und eine deutliche Problemanalyse erfolgte, ist Norbert geholfen worden.

Schwieriger ist es bei Frank. Frank hat schon seit Jahren zwanghafte sexuelle Obsessionen und lädt Männer telefonisch in sein Appartement ein. Frank geht tagtäglich auf Suche, inzwischen verfügt er über ein ganzes Netzwerk von Kontakten. Die Männer machen gern von Franks sexuellen Diensten Gebrauch (oder Missbrauch).

Nach intensiver Betreuung ist einige Veränderung spürbar: Franks Vertrauen wurde gewonnen, man konnte über das Problem sprechen. Frank sieht auch, dass er in gewisser Weise missbraucht wird, aber das möchte er auch. Wenn ein Mann wieder weg ist, fühlt er sich einsam und geht auf Suche nach dem nächsten Mann. Die Betreuer versuchen, ihm Einsicht über die lauernden Gefahren zu vermitteln: Geschlechtskrankheiten, Aids. Besonders betont wird die Bedeutung von Safersex. Außerdem wird angeregt, dass Frank bei einem bestimmten Gefühl der Einsamkeit (das sich in Unruhe und Wut zeigt) Nummer eins des Telefons verwendet, dann wird er direkt mit jemandem aus der Wohneinrichtung verbunden, der ihm hilft, die Anspannung zu überwinden.

Frank führt seine Betreuer vor ein moralisches Dilemma. Er möchte nämlich doch sehr gern den Umgang mit den Männern haben. Gleichzeitig sieht er, dass sie ihn „gebrauchen". Aber es ist sein Leben. Die Betreuer kommen in Konflikt mit ihren eigenen Normen und Werten. Wann greift man einschneidend in jemandes Leben ein?

Sexsucht ist eine fortschreitende Krankheit. Man kann sie nicht heilen. Doch kann sie zum Stillstand gebracht werden, was intensive Betreuung erfordert, Unterstützung und Strukturierung. Manchmal ist dabei (zeitweise) Medikation erforderlich.

5. Das Profil derjenigen, die sexuelle Aufklärung geben

Zum Schluss möchten wir uns gern mit dem Persönlichkeitsprofil der sexuellen Aufklärer befassen. Das tun wir hier nicht ausführlich, aber als Ergebnis des Inhalts der vorangegangenen Kapitel kommen wir zu der Auffassung, dass „ein idealer Aufklärer" eine Anzahl Kriterien erfüllen muss. Wir sprechen bewusst von dem idealen Aufklärer. Jedenfalls beschreiben wir eine Richtung, der man nachstreben sollte, ein Idealbild. Aber dieses Idealbild ist es wert, in der Praxis Wirklichkeit zu werden. Unsere Klienten haben darauf ein Recht.

1. Der ideale Aufklärer, die ideale Aufklärerin hat eine Neigung zum Thema Sexualität, Beziehungsbildung und Intimität im Leben der Menschen mit einer geistigen Behinderung. Es interessiert ihn oder sie einfach, weil Sex, Sexualität, Beziehungen und Intimität zum Leben gehören (das ist ihr Menschenbild). Dieses Interesse zeigen sie mit ihrer Haltung und ihrem Vorbildverhalten.

2. Dieser Aufklärer kann auf anteilnehmende, offene Art und Weise über Sexualität sprechen und ist sich der eigenen persönlichen und professionellen Grenzen dabei bewusst. Der Umgang mit Grenzen ist sehr wichtig. Wir können jedenfalls in der Beziehung zu Klienten von einem enormen Ungleichgewicht der Mächte sprechen. Ein Klient ist von einem bestimmten Betreuer abhängig und hat mit an Sicherheit grenzender Wahrscheinlichkeit nicht selbst diese Person ausgesucht. Gleichzeitig kommen aber eher intime Themen zur Sprache. Dann ist es nötig, sich der Zielsetzung bewusst zu bleiben, so mit dem anderen umzugehen, dass dieser so viel Unabhängigkeit wie möglich erlebt, die Regie über sein eigenes Leben führt. Es geht um Gleichberechtigung in einer ungleichen Beziehung.

3. Ein Aufklärer ist jemand, der leicht seine Schwierigkeiten benennen kann und diese mit seinem Kollegen bespricht. Verletzlichkeit zeigen zu können, ist Stärke. Wenn jemand denkt, keine Aufklärung geben zu können, sollte das ein anderer übernehmen, denn der Hilfebedarf des Klienten steht im Mittelpunkt. Man kann dann daran arbeiten, mit der Zeit selbst Aufklärung geben zu können.

4. Ein Aufklärer kann eine Haltung zu Gefühlen, Meinungen und Grenzen in Bezug auf Sexualität und Intimität von Klienten, Kollegen, Eltern und Familien haben, ohne zu urteilen. Es gibt keine alleingültige Wahrheit. Ein Aufklärer respektiert die Normen und Werte seines Gegenübers. In

dieser Hinsicht hält er sich mit eigenen Normen und Werten zurück. Außer er könnte nachweisen, dass der Betroffene sich selbst oder anderen mit seinem Verhalten ernsthaft Schaden zufügt.

5. Es gibt eine Reihe wichtiger Fähigkeiten für Menschen, die Aufklärung erteilen: Sie können gut zuhören, verfügen über Einfühlungsvermögen, können gut kooperieren, verstehen es, Vertrauen zu gewinnen und können in der Gruppe mitarbeiten. Ein guter Aufklärer hat Fühler dafür entwickelt, im richtigen Moment empathisch oder direktiv zu handeln, je nachdem, wie es dem Klienten und dessen hermeneutische Kreis gerecht wird.

6. Ein guter Aufklärer kann während der Aufklärung den richtigen Ton finden. Dabei ist ihm die Kenntnis des hermeneutischen Kreises eine Hilfe. Die Kenntnis insbesondere des emotionalen und sozialen Niveaus des Klienten ist von Bedeutung, um den rechten Tonfall zu finden.

7. Ein idealer Aufklärer versteht sich in der Kunst, das Spannungsfeld zwischen Abstand und Nähe auszubalancieren. Man kann von einem Klienten zu großen Abstand haben, dann gelingt es wahrscheinlich nicht, dessen Erleben nachzuvollziehen. Man kann aber auch zu nah sein, wodurch man so in dem Klienten aufgeht, sich in ihm oder ihr verliert, dass es nicht mehr möglich ist, die Dinge methodisch zu durchschauen.

Viel Vergnügen und Erfolg bei der Aufklärung!

Wenn Sie Fragen oder Vorschläge haben, sagen Sie sie uns bitte.

Ellen Suykerbuyk, Erik Bosch

Literatur

(Auf diesen Angaben basieren die Zitate des niederländischen Originals.)

Andel, C. van: 'Weerbaarheid, baas over mijn eigen lijf' (videoserie en lesmateriaal), Philadelphia, Zorg, Nunspeet, 1997

Baartman, H.: *Psychotische kinderen, verhaal als hulpvraag in de specia/e pedagogiek.* Swets en Zeitlinger, Lisse 1995[2]

Berlo, Willy van: *Seksueel misbruik bij mensen met een verstandelijke handicap.* Eburon Uitgeverij, Delft 1995

Bosch, E.: *Visie en Attitude, respectvolle bejegening van mensen met een verstandelijke handicap.* H. Nelissen, Baarn 1999[4]

Bosch, E.: *Seksualiteit en relatievorming van mensen met een verstandelijke handicap.* H. Nelissen, Baarn 1997[3]

Bosch, E.: 'Het leven valt of staat met de relaties die je hebt', in: *'n Praotpaol, ontwikkelingen rond mensen met een verstandelijke handicap,* Hengelo, 19de jrg, nr. 3, 1997

Bosch, E.: *Dood en sterven in het leven van mensen met een verstandelijke handicap.* H. Nelissen Baarn, 1999[2] Bosch, E.: *Bejegening in de zorg, respectvol omgaan met clienten.* H. Nelissen, Baarn 1999[2]

Brongers, P.: 'Jij en Ik', zeven videofilms rondom het thema 'relaties en seksualiteit', ten behoeve van mensen met een verstandelijke handicap. Sintmaheerdt, Tolbert 1995

Bruinsma, F.: *De jeugdige zedendelinquent.* Uitgeverij SWP, Utrecht 1996

Douma, J., P. van den Bergh en J. Hoekman: *Verstandelijke handicap* en *seksueel misbruik.* Lemniscaat, Rotterdam 1998

Erikson, E.: *Identiteit, jeugd en crisis.* Het Spectrum, Utrecht/Antwerpen 1983

Gemert, G. van, R.B. Minderaa (red): *Zorg voor verstandelijk gehandicapten.* Van Gorcum & Comp., Assen 1993

KLOS-TV: 'Veilig vrijen' (videofilm, inclusief voorlichtingspakket). Huis tee Heide, 1991

Kohnstamm, R.: *Kleine ontwikkelingspsychologie, deell. Hetjonge kind.* Van Loghum Slaterus, Deventer 1987[3]

Lammers, M.: *Over grenzen, grensoverschrijdend gedrag en seksueel misbruik bij mensen met een verstandelijke handicap* (boek en videoband). Utrecht 1997

MOG/Groesbeekse tehuizen: „Lief en Lijf, een educatie van volwassen verstandelijk gehandicapten op het gebied van seksualiteit en relaties" (boeken, films en handleiding). Groesbeekse, Tehuizen/Hogeschool Nijmegen 1995[2]

Philadelphia Zorg: „Themanummer Weerbaarheid," in: *Zinnovatief.* Nunspeet, april 1999

Rutgers Stichting/PSVG: *Geen kind meer, seksuele voorlichting aan jüngeren met een verstandelijke handicap vanaf 12 jaar.* Den Haag 1992

Slob, A.K., C.W. Vink, J.P.C. Moors, W. Everaerd: *Leerboek seksuologie.* Bohn Stafleu Van Lochum, Houtem-Diegem 1998

Tempelman, C.: *Zelfbeleving bij ouderen.* Van Loghum Slaterus, Deventer 1989 (2de druk)

Timmers-Huigens, D.: *Mogelijkheden voor verstandelijk gehandicapten, een weg naar vreugde beleven.* Lemma, Utrecht 1995

Vandereyken, W., c.A.L. Hoogduin en P.M.G. Emmelkamp: *Handboek psychopathologie, deel1.* Bohn Stafleu Van Loghum, Houtem-Antwerpen 1990

Verberne, G. J. en W. Verzijl: *Minder vaak uit de bocht.* De Wendel, Venray 1977

Wodagg: Nota Seksualiteit. Stichting Wodagg, Uden 1999

Zipper, G.: 'Autisme', in: *'n Praotpaol, ontwikkelingen rond mensen met een verstandelijke handicap in Twente.* Hengelo, 18de jaargang 1996, nr. 3

Zipper, G.: 'Autisme en relaties', in: *'n Praotpaol, ontwikkelingen rond mensen met een verstandelijke handicap in Twente.* Hengelo, 19de jaargang 1997, nr. 3

Sexualität und Partnerschaft – eine Literaturauswahl ab 2001

Diese Literaturliste wurde aus dem Bestand der Lebenshilfe-Bibliothek Marburg zusammengestellt. Unter http://mail.lebenshilfe.de/lars/html/start.htm werden fortlaufend Aktualisierungen eingetragen. Hinweise auf Arbeitsmaterialien und weiterführende Ansprechpartner finden Sie in den von der Bundesvereinigung Lebenshilfe herausgegebenen „Sexualpädagogischen Arbeitsmaterialien ..."

Achilles, Ilse (2005): „Was macht Ihr Sohn denn da?" Geistige Behinderung und Sexualität. Mit e. Geleitwort v. Joachim Walter. – 4., überarb. Aufl. – München [u.a.]: Reinhardt. – 135 S.

Bannasch, Manuela [Hrsg.] (2002): Behinderte Sexualität – Verhinderte Lust? Zum Grundrecht auf Sexualität für Menschen mit Behinderung. – 1. Aufl. – Neu-Ulm : AG-SPAK-Bücher. – 242 S.

Bosch, Erik (2004): Sexualität und Beziehungen bei Menschen mit einer geistigen Behinderung. Ein Hand- und Arbeitsbuch. (Aus d. Niederländ. übers. v. Brigitte van de Raadt). – Tübingen: dgvt-Verl. – 203 S. (In Kooperation mit dem Lebenshilfe-Verlag)

Bosch, Erik (2006): Wir wollen nur euer Bestes. Die Bedeutung der kritischen Selbstreflexion. Tübingen: dgvt-Verl. – 160 S.

Bundesvereinigung Lebenshilfe (Hrsg.) (2005): Sexualpädagogische Materialien für die Arbeit mit geistig behinderten Menschen. 4., unveränd. Aufl. - Weinheim: Juventa. – 156 S.

Bundeszentrale für Gesundheitliche Aufklärung (2001): „meine Sache". Mädchen gehen ihren Weg ; Fachtagung zur Sexualpädagogischen Mädchenarbeit, 19.-21. Juni 2000, Hohenroda. Köln. – 362 S.: Ill.

Delisle, Birgit [Hrsg.] (2003): Schluss mit Lust und Liebe? Sexualität bei chronischen Krankheiten und Körperbehinderungen/Birgit Delisle; Gerhard Haselbacher ; Nikolaus Weissenrieder (Hrsg.) . – München [u.a.]: Reinhardt. – 255 S.: 8 Tab.

Fegert, Jörg M. (2001): Sexuelle Selbstbestimmung und sexuelle Gewalt bei Menschen mit geistiger Behinderung. Sexualpädagogische Konzepte und präventive Ansätze ; eine kommentierte Bibliografie/Mediografie. – Bonn: Mebes und Noack. – 163 S.

Fegert, Jörg M. [Hrsg.] (2002): Sexueller Missbrauch durch Professionelle in Institutionen. Prävention und Intervention ; ein Werkbuch. – Münster: Votum Verl. – 303 S.

Fürll-Riede, Christian (2001): Sexualität trotz(t) Handicap. – Stuttgart [u.a.]: Thieme. – 64 S.: 48 Ill.

Hessing, Werner (2000): Das erste Mal. Eine Geschichte über Freundschaft und Liebe. Hrsg. v. Bundesverband Alphabetisierung e.V.– Münster. – 32 S.: Ill.

Hilgers, Andrea (2004): Richtlinien und Lehrpläne zur Sexualerziehung. Eine Analyse der Inhalte, Normen, Werte und Methoden zur Sexualaufklärung in den sechzehn Ländern / Eine Expertise im Auftrag der BZgA von Andrea Hilgers unter Mitarbeit v. Susanne Krenzer u. Nadja Mundhenke. – Stand: August 2003. – Köln. – 252 S.

Insieme, Schweizerische Vereinigung der Elternvereine für Menschen mit geistiger Behinderung (2003): „Erklär mir Liebe ...“ insieme-Materialien: Geistige Behinderung, Sexualität und Zärtlichkeit. – 3. überarb. Aufl. – Bern. – Losebl.-Ausg.

Kaiser, S. (2003): Anna wehrt sich. Ein Bilder- und Vorlesebuch über sexuellen Missbrauch; eine Broschüre für Mädchen mit geistiger Behinderung von 13 bis 17 Jahren über sexuellen Missbrauch und Hilfe holen / Wildwasser Würzburg e.V. Idee u. Text: S. Kaiser ; R. Schüßlbauer & S. Fein. Ill.: Barbara Breen. – 1. Aufl. – Würzburg. – 15 S.: zahlr. Ill.

Kaiser, S. (2003): Frauen wehren sich. Eine Broschüre über sexualisierte Gewalt; eine Broschüre für Frauen mit Lernschwierigkeiten und geistiger Behinderung über sexualisierte Gewalt und Hilfe holen / Wildwasser Würzburg e.V. Idee u. Text: S. Kaiser ; R. Schüßlbauer & S. Fein. Ill.: Barbara Breen. – 1. Aufl. – Würzburg. – 15 S. : zahlr. Ill.

Kleinevers, Sonja (2004): Sexualität und Pflege. Bewusstmachung einer verdeckten Realität. – Hannover: Schlütersche. – 111 S.

Lernen konkret, Themenheft: Sexualerziehung. In: Lernen konkret, 23(2004)2. S. 1-32.

Leue-Käding, Susan (2004): Sexualität und Partnerschaft bei Jugendlichen mit einer geistigen Behinderung. Probleme und Möglichkeiten einer Enttabuisierung. – Heidelberg: Ed. S, Univ.-Verl. Winter. – 345 S.: graph. Darst.

Orientierung, Themenheft: Let's talk about sex. – In: Orientierung, (2003)2, S. 1-57.

Praxis-Info-G, Themenheft: Sexualität, Teil 1. In: Praxis-Info G, 21(2003)3, S.1-62.

Praxis-Info-G, Themenheft: Sexualität, Teil 2. In: Praxis-Info G, 22(2004)1+2, S.1-126.

PRO FAMILIA/LV Niedersachsen (2002): Dokumentation des Forschungsprojektes „Sexualität und Behinderung“. Entwicklung von Modellkonzepten für Beratung, Fortbildung und Supervision. – Hannover. – 83 S.

Sandfort, Lothar (2002): Hautnah! Neue Wege der Sexualität behinderter Menschen. – 1. Aufl. – Neu-Ulm: AG-SPAK-Bücher. – 146 S.

Walter, Joachim [Hrsg.] (2004): Sexualbegleitung und Sexualassistenz bei Menschen mit Behinderungen. Heidelberg: Ed. S, Univ.-Verl. Winter. – 222 S.

Walter, Joachim [Hrsg.] (2005): Sexualität und geistige Behinderung. 6. unveränd. Aufl. – Heidelberg: Ed. S, Univ.-Verl. Winter. – 473 S.

Zinsmeister, Julia [Hrsg.] (2003): Sexuelle Gewalt gegen behinderte Menschen und das Recht. Gewaltprävention und Opferschutz zwischen Behindertenhilfe und Strafjustiz. – Opladen : Leske + Budrich. – 276 S.

Weitere Hinweise über Literatur und Materialien finden Sie auch beim Institut für Sexualpädagogik, www.isp-dortmund.de

Die Autoren

Ellen Suykerbuyk (1961) arbeitet in den Niederlanden seit über 25 Jahren in der Betreuung von Menschen mit einer geistigen Behinderung. Zugleich arbeitet sie als Sexologin, Dozentin und Ausbilderin. In Arnhem hat sie ein eigenes Beratungsbüro für Fragen zur Sexualität. Sie bietet Ausbildung und Rat für Führungskräfte und Mitarbeiter in Einrichtungen für Menschen mit einer geistigen Behinderung. Dabei ist sie auf sexuelle Aufklärung und individuelle Selbstverteidigung für Klienten mit einer leichten oder mittelgradigen Behinderung spezialisiert.
Ellen Suykerbuyk, ursprünglich Krankenpflegerin, hat neben Führungsqualifikation psychosoziale und sexuelle Beratung studiert. Später besuchte sie die grundlegenden sexologischen Kurse der Erasmusuniversität Rotterdam. Danach spezialisierte sie sich innerhalb der Sexologie in den Gebieten Aufklärung, Prävention und Unterricht für Menschen mit einer geistigen Behinderung.

Erik Bosch (1958, Sonderpädagoge) arbeitet als selbstständiger Trainer (unter dem Namen „Bosch, Training und Beratung"), Teambegleiter, Coach und Berater und als Autor im Bereich der Behindertenhilfe. Er schrieb eine Anzahl von Büchern über den respektvollen Umgang miteinander. Einige seiner Themen lauten: Der Klient steht im Mittelpunkt (mit seinen eigenen Normen und Werten), uneingeschränkte Bürgerrechte für jeden Menschen, Wahlfreiheit, Privatheit, respektvolle Begegnung (Menschenbild, Haltung und kritische Selbstreflexion). Die Bedeutung des Verhaltens, Handlungsverlegenheit, Abhängigkeit, Tod und Sterben, Sterbebegleitung, Sexualität und Beziehungen, Intimität, Grenzen, Selbstbehauptung, Aggression, morale Dilemmata.
Erik Bosch entwickelte seine Theorien in erster Linie im Hinblick auf Hilfen für Menschen mit einer geistigen Behinderung. Manches davon erwies sich aber als sehr gut umsetzbar in jeder Form von Beziehung in der Pflege: Altenpflege und Pflegeheime, Betreuung von Menschen mit körperlicher Behinderung, Psychiatrie, Pflege in allgemeinen Krankenhäusern. Erik Bosch arbeitet in verschiedenen Bereichen der Pflege in den Niederlanden, in Deutschland und Belgien.

Ein Buch kann eine Begegnung zwischen Leser und Autor schaffen. Sollten Sie als Leserin oder Leser Bedenken haben, Fragen, kritische Anmerkungen oder Vorschläge, können Sie sich selbstverständlich an uns wenden:

Ellen Suykerbuyk
Schavenmolenstraat 45a
6824 AA Arnhem
Tel.: (026) 4430348
Mobil: 06-29254024
ellen.suykerbuyk@wxs.nl
www.ellen-suykerbuyk.nl

Erik Bosch
Lampertheimstraat 21
7641 DR Wierden
Tel.: (0546) 576137, Fax: (0546) 572667
Mobil: 06-20428185
e-bosch@cistron.nl
www.bosch-training-en-advies.nl/deutsch

www.bosch-suykerbuyk.nl